OPORTUNIDADES DISFARÇADAS

CARLOS DOMINGOS

OPORTUNIDADES DISFARÇADAS

Histórias reais de empresas que transformaram
problemas em grandes oportunidades

SEXTANTE

Copyright © 2009, 2024 por Carlos Alberto Domingos

Todos os direitos reservados.
Nenhuma parte deste livro pode ser utilizada ou reproduzida sob quaisquer meios existentes sem autorização por escrito dos editores.

preparo de originais: Eliane Azevedo e Sheila Louzada
revisão: Ana Grillo, Hermínia Totti, Jean Marcel Montassier, Luis Américo Costa e Sheila Til
diagramação: Ana Paula Daudt Brandão
capa: Valdir Bianchi (agência OD Brasil)
impressão e acabamento: Lis Gráfica e Editora Ltda.

CIP-BRASIL. CATALOGAÇÃO NA PUBLICAÇÃO
SINDICATO NACIONAL DOS EDITORES DE LIVROS, RJ

D715o
2. ed.

Domingos, Carlos, 1968-
    Oportunidades disfarçadas / Carlos Domingos. - 2. ed. - Rio de Janeiro : Sextante, 2024.
    288 p. ; 23 cm.

    Inclui índice
    ISBN 978-65-5564-759-4

    1. Administração de empresas. 2. Planejamento empresarial. 3. Administração de crises. 4. Sucesso nos negócios. I. Título.

24-88873

CDD: 658.4012
CDU: 658.012.2

Meri Gleice Rodrigues de Souza - Bibliotecária - CRB-7/6439

Todos os direitos reservados, no Brasil, por
GMT Editores Ltda.
Rua Voluntários da Pátria, 45 – 14º andar – Botafogo
22270-000 – Rio de Janeiro – RJ
Tel.: (21) 2538-4100
E-mail: atendimento@sextante.com.br
www.sextante.com.br

*Para Fernanda, que tem tornado minha vida
mais feliz do que jamais sonhei.*

*E para Alice, que veio ao mundo praticamente
ao mesmo tempo que este livro.*

SUMÁRIO

Prefácio póstumo	9
Introdução	11
Oportunidades disfarçadas nas crises	13
Oportunidades disfarçadas na concorrência acirrada	29
Oportunidades disfarçadas na insatisfação de clientes	55
Oportunidades disfarçadas na falta de recursos	79
Oportunidades disfarçadas nos problemas com a equipe	91
Oportunidades disfarçadas nos erros	103
Oportunidades disfarçadas nos problemas pessoais	115
Oportunidades disfarçadas nos fracassos	143
Oportunidades disfarçadas no sofrimento	159
Oportunidades disfarçadas ao seu redor	165
Oportunidades disfarçadas nas fatalidades	185
Oportunidades disfarçadas nos ressentimentos	207
Oportunidades disfarçadas nas dificuldades de mercado em geral	227
10 maneiras de identificar uma oportunidade disfarçada	245
Explicação do prefácio póstumo	259
Fontes de consulta	261
Índice remissivo	273

PREFÁCIO PÓSTUMO

Meu prezado senhor,

Direi apenas algumas poucas palavras.
A vida fez de mim um homem bem familiarizado com as decepções.
Aos 23 anos, tentei um cargo na política e perdi. Aos 24, abri uma loja que não deu certo. Aos 32, tentei um negócio de advocacia com amigos, mas logo rompemos a sociedade. No mesmo ano, tive um grave colapso nervoso e passei um bom tempo no hospital. Aos 45, disputei uma cadeira no Senado e não ganhei. Aos 47, concorri à nomeação pelo Partido Republicano para a eleição geral e fui derrotado. Aos 49, tentei novamente o Senado e novamente fracassei. Mas aos 51 anos, finalmente, fui eleito presidente dos Estados Unidos da América.
Por isso, não venha me falar de dificuldades, tropeços ou fracassos. Não me interessa saber se você falhou. O que me interessa é se você soube aceitar o tropeço.
Todos os infortúnios que vivi me tornaram um homem mais forte, me ensinaram lições importantes. Aprendi a tolerar os medíocres, afinal, Deus deve amá-los, porque fez vários deles. Aprendi que os princípios mais importantes podem e devem ser inflexíveis. Aprendi que, quando se descobre que uma opinião está errada, é preciso descartá-la. Aprendi que a melhor parte da vida de uma pessoa está nas suas amizades. Aprendi que nunca se deve mudar de cavalo no meio do rio.
Se você está vivendo um momento temporário de fracasso, posso afirmar, com a certeza da minha maturidade, ou dolorida experiência, que você jamais falhará se estiver determinado a não fazê-lo.

Por mais que encontre dificuldades pelo caminho, não desista. Pois saiba que o campo da derrota não está povoado de fracassos, mas de homens que tombaram antes de vencer.

Sinceramente,

Abraham Lincoln,
16º presidente americano

INTRODUÇÃO

É COM GRANDE SATISFAÇÃO QUE apresento a edição atualizada de *Oportunidades Disfarçadas*, obra que desde o seu lançamento, há 15 anos, provocou um impacto significativo no mundo corporativo.

Best-seller com mais de 100 mil exemplares vendidos no Brasil e no exterior, esta obra vem transformando a vida e a trajetória de inúmeras pessoas e empresas.

Executivos foram promovidos por colocarem em prática a mentalidade difundida neste livro. Empreendedores lançaram negócios inovadores, muitos deles com diferenciais únicos, inspirados nos casos relatados. Estimulados pela leitura, diversos empresários conseguiram evitar, em momentos de dificuldade, o fechamento de sua companhia ao vislumbrarem saídas que até então não viam.

E o título ultrapassou o mundo corporativo, chegando ao acadêmico. Escolas e universidades adotaram o conteúdo para levar alunos a abraçarem a mudança, irem além do óbvio e transformarem desafios em oportunidades.

Tamanha repercussão impactou também minha própria trajetória. Algumas das maiores empresas nacionais e internacionais me solicitaram palestras sobre o tema e fui convidado a integrar associações empresariais formadas por líderes, CEOs e empreendedores.

O sucesso me levou ainda a fundar uma inovadora empresa de estratégia criativa, a OD Brasil (Oportunidades Disfarçadas Brasil), com a qual venho aplicando em organizações de todos os tipos e tamanhos a abordagem desenvolvida ao longo de tantos anos de pesquisa.

Por falar em anos, os últimos foram marcados por crises profundas, pandemia, guerras, conflitos, aumento da desigualdade e incertezas crescentes no mundo inteiro. Tudo isso torna a reedição da obra, agora revista e atualizada, mais do que necessária – quase obrigatória.

Diante do complexo cenário atual, espero que esta publicação vá ainda mais longe em seu potencial de provocar mudanças. Que seja capaz de transformar não apenas carreiras e empresas, mas, talvez, até o futuro de nosso país.

Que o relançamento deste título seja uma celebração da capacidade humana de se reinventar e construir um futuro melhor para todos.

Boa leitura e mãos à obra!

OPORTUNIDADES DISFARÇADAS
NAS CRISES

Em 2001, a gigante Xerox atravessava a maior crise de sua história. As dívidas ultrapassavam os 17 bilhões de dólares e as ações tinham caído 90%. Muitos analistas apostavam na falência da companhia. Foi quando a executiva Anne Mulcahy assumiu a direção da empresa e realizou aquela que foi apontada pela revista Money como a maior reviravolta corporativa do início do século 21. A Xerox Corporation reassumiu seu lugar de direito como uma das líderes globais em soluções de gestão de documentos.

Indagada sobre de onde tinha retirado energias para enfrentar um desafio tão grande, Anne respondeu: "Minha experiência na Xerox me ensinou que a crise é um motivador muito poderoso. Ela nos força a fazer escolhas que provavelmente não faríamos em outras circunstâncias. Aguça nosso foco, nossa competitividade, nosso desejo incessante de chegar ao topo da nossa categoria."[1]

No final dos anos 1980, a União Soviética iniciou o processo de abertura econômica, pondo fim a 70 anos de dominação comunista.

Foi apenas nesse momento que um jogo de tabuleiro pôde ser impresso em russo pela primeira vez, após mais de 50 anos de proibição: o *Monopoly*[2] (lançado no Brasil como *Banco Imobiliário*).

Para os membros do Partido Comunista, o jogo promovia princípios capitalistas, como acúmulo de riquezas, propriedades e o individualismo, considerados uma ameaça à ideologia e aos valores do regime soviético.

Curioso que esse símbolo do capitalismo tenha surgido justo no momento da maior crise econômica da história: na Grande Depressão que se seguiu à quebra da Bolsa de Valores de Nova York.

Início dos anos 1930. O mundo vivia uma destruição de riqueza sem precedentes: entre 1929 e 1933, o Produto Interno Bruto dos Estados Unidos encolheu 45%. Milhares de empresas fecharam as portas. Bancos, indústrias e negócios rurais reduziram drasticamente suas operações. Um em cada quatro trabalhadores perdeu o emprego. Mais de 12 milhões de americanos foram colocados na rua.

Em meio a essa turbulência, nos arredores da Filadélfia, Pensilvânia, o engenheiro Charles Darrow era uma das vítimas do desemprego. Em casa e sem nada para fazer, ele tentava distrair os filhos contando histórias e improvisando brincadeiras.

Certo dia, enquanto esperava a esposa preparar a refeição, Charles se lembrou de um antigo jogo, que andava meio esquecido (criado originalmente em 1903 pela americana Lizzie Magie), em que os participantes simulavam negociar imóveis.³ Ele então começou a desenhar na toalha da mesa uma cidadezinha, com casas e prédios inspirados nas construções da vizinhança. Definiu algumas regras e pronto.

A diversão conquistou os filhos, depois os vizinhos e também os amigos. A única pessoa que não aprovou a novidade foi a esposa de Charles, que implicou com a toalha rabiscada. Mas o engenheiro logo a convenceu de que ali poderia estar o futuro de toda a família. Na situação crítica em que todos estavam vivendo, sonhar com propriedades, riqueza e fartura proporcionava alívio. Bastava ver o interesse de adultos e crianças para perceber o potencial da ideia.

Pensando em faturar com aquilo, Charles procurou o principal fabricante de jogos da região: a Parker Brothers. Foi recebido pelos diretores e explicou detalhadamente a novidade. Para sua surpresa e decepção, os executivos não se animaram. "O jogo é chato, lento...", "As regras são complicadas", "Isso não tem a menor chance".

Mas Charles não se deixou abater. Partiu para produzir sua invenção por conta própria. Reuniu familiares e amigos desempregados como ele e fabricou 5 mil unidades, que negociou com uma loja de departamentos local. Os primeiros a comprar foram os próprios vizinhos, que já conheciam a novidade. Logo o estoque acabou. Uma nova leva foi produzida a toque de caixa e também vendida rapidamente. O jogo virou sensação na região, gerando uma propaganda boca a boca tão grande que chamou a atenção da... Parker Brothers. Isso mesmo: a mesma empresa que anteriormente não havia demonstrado interesse no produto.

Ah, as voltas que o mundo dá! Chamado às pressas pela diretoria, Charles dessa vez recebeu um tratamento bem diferente: "Que jogo imaginativo, hein?", "E crianças e adultos podem jogar juntos", "Aceita produzir com a gente, Charles?".⁴

Fabricado em escala industrial, o *Monopoly* logo conquistou não apenas os Estados Unidos, mas o mundo inteiro. E, de simples desempregado, Charles Darrow se transformou no primeiro criador de jogos milionário da história. Atualmente, sua criação é produzida em 43 línguas diferentes e está presente em 114 países. Estima-se que mais de 1 bilhão de pessoas já tenha jogado *Monopoly* em algum momento da vida.⁵

Cabe lembrar que a criadora original do jogo, a designer americana

Lizzie Magie, nunca recebeu crédito por sua criação nem royalties pelas vendas. Ainda assim, destacamos o papel de Charles em driblar as dificuldades ao recuperar e popularizar o *Monopoly*, encontrando assim uma forma de faturar.

Por mais profunda que seja uma crise, sempre haverá espaço para mentes imaginativas. Veja outro caso de um negócio que prosperou não apesar da crise, mas *por causa dela*. Como uma flor que brota do estrume.

No final de 2000, o estouro da bolha da internet gerou um deus nos acuda. De um dia para outro, as ações das empresas de tecnologia despencaram. Montanhas de dinheiro viraram pó. Gênios da internet foram dormir milionários e acordaram novamente garotos comuns, e investidores do mundo inteiro entraram em desespero. Impossível saber onde estava o fundo do poço.

Curiosamente, foi nesse caos generalizado que um site nasceu, cresceu e se fortaleceu. Enquanto portais quebravam, ele se valorizava. Como é possível? Simples: o novo site se alimentava da própria demolição do setor. Criado pelo então webdesigner desempregado Philip J. Kaplan, o endereço informava em primeira mão quais portais estavam para quebrar, anunciar falência, demitir funcionários ou entrar em processo de venda ou fusão. Ou seja, contava tudo que o mercado estava ansioso para saber.

Em pouco tempo, acessar o site virou obrigatório para empresários do Vale do Silício e investidores. No auge da crise, a página chegou a registrar 1,2 milhão de acessos por dia. Seu faturamento, gerado pela venda de espaços publicitários, garantiu a sobrevivência do endereço até meados de 2007.[6]

Por que não revelei ainda o nome do site? Deixei a melhor parte para o final. O domínio não poderia ser mais adequado: fuckedcompany.com.

Ainda que você não tenha uma ideia para lucrar em cima da crise, saiba que mesmo momentos de recessão são bons para lançar um novo negócio. Veja a explicação do jornalista e escritor James Surowiecki:

> Durante um boom, é mais fácil obter investimentos e mais fácil vender. Seria de imaginar, portanto, que seja uma boa época para se aventurar em algo novo. O problema é que todo mundo pensa assim; quando a economia está aquecida, todos são empreendedores. Quanto mais em-

presas existem, menos provável é que alguma consiga manter uma grande competitividade no longo prazo, por mais aquecido que o mercado esteja. [...] Além disso, quanto mais fácil é para empresas iniciantes levantar capital e investimento, mais difícil é que elas gerenciem esse dinheiro sabiamente. [...] Empresas são como seres humanos: origens difíceis moldam pessoas maduras.[7]

Um dos grandes problemas do mercado é justamente esse efeito manada: quando as coisas vão bem, todos apostam. Ao menor sinal de dificuldade, os empresários recuam todos ao mesmo tempo. O resultado é devastador. O temor de uma recessão econômica leva a recessão. Crise é como impotência: se o sujeito achar que vai ter, com certeza terá.

• • •

Mas, historicamente, quem pensa diferente colhe bons resultados. Acelerar enquanto os outros freiam é ganhar terreno na certa – como demonstram os casos a seguir.

Pouco tempo após o 11 de Setembro, o setor de turismo e aviação mundial mergulhou em uma das maiores crises de sua história. Amedrontados com a ameaça terrorista, os passageiros desapareceram. Com voos vazios, as companhias tiveram que demitir funcionários e encolher – mesmo caminho seguido pelos fabricantes de aeronaves, que viram as encomendas despencarem. Muitas das dificuldades vividas atualmente pelas empresas aéreas surgiram ou se agravaram naquele momento terrível.

Entretanto a brasileira Gol seguiu corajosamente por uma rota contrária à da concorrência, investindo em vez de cortar gastos: procurou os fabricantes e negociou bons contratos. Aproveitou o momento de baixa para adquirir aeronaves por condições extremamente vantajosas. Além do excelente negócio financeiro imediato, a Gol saiu na frente quando a crise amenizou e as rivais começaram a reaquecer os motores. Não por acaso, a empresa apresentou crescimento espantoso nos anos que se seguiram.[8]

Pense nisto: será que o quadro de desaquecimento da economia, crise de crédito e mergulho na recessão não esconde alguma oportunidade para o seu negócio? Quando todo mundo estiver deixando um segmento, pode ser o momento certo para entrar.

Em meados dos anos 1980, o mercado de videogames deu sinais de esgotamento. De uma hora para outra, as pessoas deixaram de comprar e os jogos encalharam nas prateleiras. Pesquisas confirmaram que realmente os consumidores haviam perdido o interesse. Os fabricantes principais – como Atari e Odissey – resolveram abandonar o segmento.

Mas outro concorrente, com as mesmas pesquisas na mão, tirou conclusões diferentes: a queda nas vendas poderia ser resultado da falta de novidades ou de lançamentos empolgantes. Ou seja, a culpa era dos próprios fabricantes que haviam se acomodado. Talvez a era dos eletrônicos mal tivesse começado. A empresa fez então o movimento contrário: entrou com tudo no filão das diversões eletrônicas.

Sua primeira ação foi direcionar os produtos e a comunicação para as crianças de 5 a 7 anos, que não tinham conhecido os jogos tradicionais – e que, portanto, não possuíam resistência a eles. Assim a empresa conseguiu colocar seus jogos de última geração na casa das pessoas.

Foi uma estratégia genial: ao observar os irmãos mais jovens se divertindo para valer com jogos eletrizantes como *Super Mario Bros.*, os mais velhos voltaram a se interessar. A marca lançou então jogos mais desafiadores. Foi assim que a Nintendo ressuscitou o negócio do videogame e aproveitou a debandada para se apoderar do segmento. Pouco tempo depois, detinha 80% de um mercado que não parou mais de crescer.[9]

❖ ❖ ❖

Contrariando o senso comum, até marcas de luxo e produtos sofisticados podem prosperar num ambiente recessivo. Você acredita que, apenas quatro meses após o crash de 1929, foi lançada uma revista de luxo nos Estados Unidos?

Como diria Luis Fernando Verissimo: "Poesia numa hora dessas?" Em pleno terremoto financeiro surgiu uma publicação refinada falando de economia, vinhos raros, hobbies elitizados e artigos caros. A direção de arte, primorosa, exibia fotos artísticas em páginas inteiras.

O preço também parecia inadequado: quatro vezes mais que o das outras revistas destinadas ao mesmo público. Para dificultar ainda mais, a nova publicação não estava disponível nas bancas, só podia ser adquirida por assinatura.

E não é que, apesar de tudo, em pouco tempo o novo título cresceu e conquistou o que restava dos leitores de alta renda? Esse público qualificado atraiu anunciantes de peso – e a publicação se consolidou. Essa é a história da *Fortune*, uma revista de tamanho impacto que praticamente inventou o jornalismo de negócios como o conhecemos hoje.[10]

Quando as vendas minguam, é comum que as empresas apelem para descontos, promoções e até guerras de preço. Mas é preciso conter o desespero e fazer isso de forma planejada, sob o risco de destruir a imagem da marca.

O preço tem um importante papel emocional para o consumidor. Quando compra algo, ele atribui ao produto um valor percebido. Ao ser impactado por descontos e promoções de forma indiscriminada, passa a colocar em dúvida o real valor do item. Resultado: passada a crise, o fabricante terá dificuldade para voltar a praticar os preços anteriores. Restaurar a aura de uma marca costuma ser tarefa difícil, demorada e bastante cara. O ideal, portanto, é buscar saídas alternativas – como mostra o exemplo a seguir, envolvendo outra marca sofisticada que aproveitou a Grande Depressão para crescer.

Assim como aconteceu com toda a indústria automobilística americana, as vendas da Cadillac despencaram nos anos 1930. Mas, ao contrário da concorrência, que partiu para a guerra de preços pura e simples, a Cadillac seguiu por outro caminho.

O novo presidente da montadora, Nicholas Dreystadt, acreditava que o consumo havia baixado momentaneamente, mas que as pessoas continuavam a sonhar com luxo e status. Assim, em vez de se render às liquidações, Nicholas resolveu apostar mais ainda na exclusividade. Ele anunciou, para uma equipe perplexa: "Ao contrário do que vocês e todos pensam, a Cadillac não compete com outras montadoras. Nós competimos com diamantes e casacos de vison. O cliente Cadillac não compra meio de transporte, compra status. Nossa única saída é tornar nossos carros ainda mais exclusivos, a marca ainda mais desejada."[11]

Para oferecer preços competitivos sem comprometer a margem de lucro da companhia, o presidente lutou ferozmente para baixar os custos de fabricação. Mas o foco do executivo era outro: descobrir alguma oportunidade disfarçada.

E Nicholas conseguiu. Ele percebeu que havia despontado na sociedade uma elite negra endinheirada, formada por advogados, médicos, lutadores de boxe e cantores, gente que não tinha acesso a símbolos de status. Na época, havia uma rígida segregação racial nos Estados Unidos e diversos produtos de luxo, incluindo carros, eram vendidos somente para brancos.

De olho nesse mercado inexplorado e pressionada pela situação, a Cadillac ousou oferecer seus veículos também para os negros. Claro que houve retaliações e manifestações contrárias, mas o resultado compensou: em apenas dois anos, as vendas subiram 70%.[12] As pessoas acreditam que em momentos de dificuldades financeiras devem investir em produtos populares, de preferência aqueles relacionados às necessidades básicas da população: alimentação e vestuário. Afinal, por pior que esteja a economia, o ser humano nunca deixa de comer e se vestir. Faz sentido. O problema é que, novamente, todo mundo pensa da mesma forma. E o que ocorre nesses casos é uma hiperconcorrência nos itens destinados à baixa renda e um abandono dos artigos de alto valor agregado.

A verdade é que o ser humano nasceu para sonhar. Qualquer que seja a situação, as pessoas nunca deixam de acreditar em dias melhores, quando então poderão acumular bens, riquezas e se destacar socialmente. Esse desejo fica ainda mais latente durante crises prolongadas, quando é mais impactante exibir um produto de grife, pela simples razão de que é ainda mais difícil adquiri-lo.

. . .

Não desanime quando o mercado estiver ruim. Até porque, por mais difícil que esteja, poderia ser muito pior. Você poderia ser um vendedor japonês na Europa logo após a Segunda Guerra Mundial.

Normalmente as pessoas já não gostam de vendedores, tentando empurrar produtos que nem sempre a gente quer. Os mais irritantes são os vendedores de porta em porta, em sua grande maioria invasivos e insistentes. Agora imagine um vendedor de porta em porta japonês na Europa no período do pós-guerra!

Ao lado de alemães e italianos, os japoneses eram apontados como os grandes responsáveis por todo o sofrimento, morte e destruição que assolavam o Velho Continente. Por isso, aonde ia o vendedor Komashio era recebido com hostilidade, desconfiança e até ameaças.

Como desgraça pouca é bobagem, ele tentava vender rádios japoneses, numa época em que eletrônicos orientais eram sinônimo de péssima qualidade.

Então por que Komashio não retornou a seu país? Simples: se na Europa estava ruim, no Japão estava ainda pior. Com a nação destruída, o comércio tinha praticamente parado. A situação era de calamidade pública. Para não fechar as portas, o fabricante dos tais rádios portáteis decidiu enviar seus vendedores para mercados mundo afora. Mas, depois de meses em território europeu, Komashio não havia vendido um único aparelho.

Certo dia, em Hamburgo, ao oferecer os rádios a uma loja de pianos, o japonês escutou do proprietário:

– Não estou interessado. Só trabalho com produtos de qualidade.

– Se eu pagar, o senhor aceita ao menos expor o produto?

O homem coçou a cabeça, pensativo, viu que não tinha razão para recusar e, em troca de pagamento antecipado e em dinheiro vivo, aceitou expor o aparelho na vitrine por uma semana.

Komashio ficou animado: era a primeira vez que expunha seu produto. Ficou preocupado também. Sabia que, se os rádios não vendessem, ele teria que retornar a seu país com a missão fracassada.

O japonês parou numa esquina próxima e ficou observando os pedestres que passavam em frente à loja. Para sua decepção, ninguém prestava atenção nos seus produtos. Afinal, eram apenas rádios comuns de uma marca desconhecida.

Ele ficou matutando sobre como reverter aquela situação. Enfiou a mão no bolso e contou o que restava de seu dinheiro. Era pouco. Não daria para investir em propaganda, divulgação, nada. Nada? Pensava nisso quando avistou um grupo de estudantes que vinha conversando animadamente pela rua.

Foi então que o vendedor teve uma ideia insólita: convidou os jovens a assistir a uma demonstração sobre a qualidade e a potência dos rádios. Depois, perguntou quem havia gostado dos aparelhos. Seis rapazes ergueram a mão. Komashio perguntou: "Se eu pagar uma pequena quantia, vocês aceitam promovê-lo?"

Ontem ou hoje, aqui ou na Europa, estudantes são sempre iguais: vivem duros. Por isso, os rapazes aceitaram fazer o que o homem pedia. Eles deveriam entrar, um a um, na loja de pianos e dizer ao proprietário: "Gostaria de ouvir aquele rádio." Depois de experimentá-lo, deveriam tecer elogios. Algo do tipo: "Além de portátil e fácil de mexer, o som é muito bom." E, finalmente, deveriam comprar o produto e entregá-lo a Komashio.

Antes que você pense que isso é absurdo, saiba que foi dessa forma que a marca Sony entrou na Europa.[13] No final daquela semana, o gerente recebeu Komashio com um largo sorriso: "Me mande mais rádios. Estão tendo boa saída." Com a divulgação dos estudantes e a exposição permanente na loja, os aparelhos começaram de fato a girar. A estratégia foi repetida em cidades importantes da Alemanha, como Munique, Frankfurt e Dusseldorf, e em outros países, como a Polônia.

Como disse certa vez Albert Einstein: "Em momentos de dificuldades, a imaginação é mais importante do que o conhecimento." Um dos benefícios da crise é justamente nos obrigar a pensar diferente, a tomar decisões que não tomaríamos de outra forma. Em 2008, o designer e arquiteto Philippe Starck afirmou, referindo-se à retração econômica daquele momento: "Quando os problemas e os desafios são grandes, nós nos forçamos a tirar mais de nossa criatividade. Uma crise desse porte nos permite a reinvenção, chegando a mudar as leis da economia e a visão sobre o capitalismo. A crise permite às pessoas repensarem suas visões. Eu amo crises."[14]

Ok, você não precisa amar crises. Só precisa saber que esses são os momentos ideais para se destacar com grandes ideias – como fizeram os dois rapazes que protagonizam os próximos dois casos, ambos também longe de casa, sozinhos e sem a possibilidade de falhar.

Com apenas 16 anos, David tentava ganhar a vida em Nova York vendendo enciclopédias de porta em porta. Mas bastava que as donas de casa o vissem com os livros debaixo do braço para dizerem: "Não estou interessada, obrigada." Era o final do século 19 e a situação econômica dos Estados Unidos não ia nada bem. Havia ameaça de recessão, muitos desempregados e o dinheiro andava curto.

– Se ao menos elas me ouvissem, tenho certeza de que se interessariam pelos livros – resmungava David para um amigo farmacêutico, proprietário da drogaria que ficava na esquina da pensão onde ele morava.

Mais velho e experiente, o homem o aconselhava:

– David, mulheres não querem saber de livros. Sabe o que elas querem? Ficar mais bonitas e atraentes.

Observando os produtos expostos no balcão da drogaria, o rapaz pensou alto:

– E se eu oferecer algum brinde, sei lá, um perfume, será que elas topam ver meus livros?

Podia dar certo. Para ajudar o amigo, o farmacêutico misturou diversos ingredientes até chegar a uma fragrância que ambos julgaram agradável. David comprou então pequenos frascos de vidro e os preencheu com o líquido. No dia seguinte, animado, saiu mais cedo do que de costume. Bateu na primeira casa. Assim que a mulher apareceu, ele falou rápido:

– A senhora aceita uma amostra grátis de um delicioso perfume?

– Perfume? – quis saber a mulher, interessada.

Enquanto ela se entretinha com a fragrância, colocava atrás das orelhas, nos pulsos, o rapaz aproveitou para falar das enciclopédias. Destacou o conteúdo primoroso, as ilustrações elaboradas, o acabamento de luxo. Disse que ajudariam os filhos na escola, o marido no trabalho e a mulher nas reuniões sociais. De repente, como se o encanto tivesse se quebrado, a senhora voltou a si, fechou o frasco e disse para o rapaz, com voz séria:

– Lamento, moço, mas não posso comprar livros agora. Até gostaria, mas o orçamento está apertado. Adorei o perfume. Posso ficar com ele?

David sentiu um misto de alegria e decepção. Alegria porque seu plano tinha dado certo: aquela cliente o ouvira mais do que qualquer outra até então. E decepção porque, afinal, não tinha conseguido vender a bendita enciclopédia.

O jeito era insistir. Ele repetiu a estratégia em diversas casas e a história foi a mesma. As mulheres aceitavam o perfume, mas não queriam saber das publicações. Quando os frascos acabaram, David desanimou. Cansado, sem dinheiro, pensou em abandonar tudo e voltar para a casa dos pais. Quando caminhava pensativo pela rua, uma senhora o interceptou:

– Moço, você ainda tem aquele perfume maravilhoso? Meu marido adorou. Eu queria comprar dois frascos.

Uma luz se acendeu na cabeça do rapaz. Por que não deixar os livros de lado e vender os perfumes? Foi assim que David McConnell criou a Avon.[15]

As vendas de porta em porta foram fortes desde o início. Estimulado pelo sucesso, o rapaz foi incrementando sua linha com outros produtos, como cremes e xampus. Em pouco tempo, 5 mil mulheres percorriam os Estados Unidos vendendo os itens da marca.

Provavelmente David não sabia, mas, ao oferecer cosméticos e perfumes na casa das clientes, estava popularizando um artigo até então restrito às classes abastadas. Outra razão para o rápido crescimento da Avon foi a comodidade: mulheres que trabalham em casa vivem tão ocupadas com seus afazeres que não encontram tempo para cuidar de si mesmas. Ao ir até elas, as revendedoras da marca funcionam como amigas e confidentes, realizando uma espécie de terapia.

Agora vamos para Goiás, década de 1960.

Na época, o estado era um dos mais atrasados do Brasil, por isso recebeu ajuda financeira do governo Juscelino Kubitschek. Incentivados pelos recursos federais, os produtores rurais da região partiram para o crescimento, ampliando áreas de plantio e criação de gado. Para inspecionar as extensas propriedades, contrataram empresas aéreas de São Paulo, já que Goiás não dispunha do serviço. E, devido à enorme distância entre os estados, os agricultores pagavam uma exorbitância às companhias.

Uma das fazendas achou mais vantajoso ter um piloto para cuidar da propriedade, por isso buscou em São Paulo um rapaz chamado Adolfo, de 24 anos. Ao chegar à região, ele ficou impressionado. Não fazia ideia do alto valor cobrado por um simples voo de inspeção. Imediatamente identificou uma enorme oportunidade ali: atender os fazendeiros do local por um valor menor que o preço cobrado pelas empresas. Empolgado, largou o emprego e financiou a compra de um avião Cessna 170.

O plano parecia bom, mas o imprevisível aconteceu: os agropecuaristas se recusaram a contratar o jovem piloto de forma independente. Por quê? Primeiro porque, sem pertencer a uma grande empresa, ele não oferecia garantias, o que causou receios. Segundo – e talvez mais grave – porque, para os emergentes homens do campo, recrutar pilotos da capital paulista era uma questão de status e, agora que se instalara ali, Adolfo perdera essa vantagem.

Imagine o desespero de Adolfo, longe de casa e com um problema gigantesco nas mãos: um *avião* financiado. Porém, em vez de desistir, o piloto apelou para a criatividade. Comprou rádios intercomunicadores e os distribuiu gratuitamente entre os fazendeiros, alegando que seria muito mais rápido: "Quando precisarem de serviço aéreo, não liguem para São Paulo. Passem uma mensagem pelo rádio que eu venho rapidinho atendê-los."

Dirá você: mas a estratégia não atacava diretamente nenhum dos dois problemas – a necessidade de garantias e o desejo de status. Nem o argumento de ser atendido mais rápido foi o determinante. A questão é que tinha um impacto emocional. Como os rádios funcionavam na mesma frequência, quando o primeiro fazendeiro chamou o piloto, os outros ouviram. Assim, foram se sentindo encorajados a experimentar o serviço. E, como acompanhavam os planos uns dos outros, foi possível combinar viagens em conjunto e economizar ainda mais.

Foi uma tacada certeira. Grande parte dos produtores da região se tornou cliente do jovem piloto. E a visão empreendedora do rapaz não parou por aí. Ele percebeu que alguns fazendeiros possuíam aeronaves próprias para transporte pessoal e gastavam fortunas com combustível e manutenção. Espertamente, propôs que vendessem seus aviões para ele em troca de serviços prestados por sua pequena e novata empresa de táxi aéreo. Os homens, que eram bons de conta, rapidamente identificaram os benefícios da operação. Em pouco mais de um ano, sua frota passou de um para nove aviões.

Foi assim, com a cara e a coragem, que o piloto Rolim Adolfo Amaro começou sua trajetória como um dos maiores empreendedores brasileiros.[16] Anos depois, em 1972, o comandante adquiriu metade das ações de uma empresa denominada Táxi Aéreo Marília. Com tacadas certeiras como essa, nas décadas seguintes ele transformou o pequeno negócio na gigante TAM, atualmente parte do grupo Latam.

GRANDES IDEIAS EM GRANDES CRISES

TAM, Avon, Sony, Cadillac, *Fortune*, Gol e Nintendo não são exceções. Microsoft, Honda, General Electric, *Businessweek*, Chase Manhattan, Procter & Gamble, IBM e 3M também tiveram início ou realizaram grandes saltos em períodos turbulentos. Além de criatividade e persistência, existe outro fator determinante para uma empresa sobreviver a momentos difíceis: a fé dos administradores.

Por mais que sejam atingidos por dificuldades e obrigados a fazer ajustes, eles não deixam de acreditar. Isso pode definir quais empresas vão triunfar e quais ficarão pelo caminho.

A própria Amazon passou por isso. Você sabia que a maior empresa de comércio eletrônico do planeta quase sucumbiu ao estouro da bolha da internet? Além de acumular dívidas de centenas de milhares de dólares, a Amazon foi obrigada a reduzir as operações e o quadro de pessoal. Seu valor de mercado despencou nada menos que 95%. Muitos davam como certo o fechamento do site, o que só não aconteceu pela fé inabalável de seu fundador, Jeff Bezos.

Em fevereiro de 2001, auge da crise, Bezos acabara de enviar uma mensagem aos acionistas afirmando que a empresa estava mais forte do que nunca quando deu a seguinte declaração ao *Washington Post*: "O presente da Amazon é fantástico e seu futuro é ilimitado."[17]

OPORTUNIDADES DISFARÇADAS
NA CONCORRÊNCIA ACIRRADA

No início do século 20, os produtores de açúcar de São Paulo entraram numa guerra de preços quase suicida.

Prevendo o desfecho trágico, um dos refinadores resolveu procurar os concorrentes e propor uma trégua. Do encontro surgiu uma ideia ainda melhor: unir os pequenos fabricantes e criar uma empresa maior, mais sólida, capaz de competir em outros mercados e representar o setor perante o governo.

Não por acaso, a nova companhia recebeu o nome de... União.[1]

F ÁBRICAS FECHANDO, EMPRESAS DECLARANDO falência, milhares de trabalhadores perdendo seus empregos, produtos asiáticos baratos invadindo o mercado, crise para todo lado.

Parece uma situação bastante atual no mundo, não é mesmo? Mas acredite: estou falando da Suíça nos anos 1970 – prova de que os problemas se repetem, em lugares e épocas distintos.

O cenário descrito acima retrata a indústria relojoeira daquele país. Tradicional fabricante do produto, a Suíça tinha seu posto ameaçado pelos japoneses, chineses e coreanos. Os relógios digitais dos países orientais eram extremamente baratos, resultado de uma combinação entre produção em série e mão de obra não especializada. Enquanto isso, os suíços continuavam com a cara e lenta fabricação artesanal. Alguns modelos levavam até três meses para ficarem prontos.

Para reagir, o país enfrentava outra barreira além da concorrência: a tradição. Ao lado do chocolate, o relógio é um dos maiores orgulhos da Suíça. Fabricar os melhores, mais exatos e mais perfeitos relógios do mundo sempre foi questão de honra. O orgulho é um sentimento perigoso. Em excesso, tem efeito paralisante. E pode levar os negócios à ruína.

A bancarrota seria o destino da indústria relojoeira suíça se não se adaptasse. E tinha que ser rápido: as marcas orientais, principalmente Seiko e Citizen, avançavam como gafanhotos. Entre 1977 e 1983, a participação da Suíça no mercado encolheu de 30% para 9%. De líder mundial, o país recuou para a terceira posição, ficando atrás da China e do Japão.[2]

Desesperadas, duas grandes empresas rivais resolveram se aliar. A

General Company of Swiss Watchmaking e a Société Suisse pour l'Industrie Horlogère uniram forças para enfrentar os inimigos.

O primeiro passo foi deixar o orgulho de lado e simplesmente copiar os orientais, automatizando a linha de produção. O segundo foi reduzir drasticamente o número de componentes dos relógios: de 91 para 51 peças. O terceiro foi buscar um substituto para o dispendioso aço utilizado nas pulseiras, que, sem cerimônia, foi trocado pelo plástico.

Nem é preciso dizer que as mudanças chocaram o restante da indústria do país. "Isso é uma ofensa, uma agressão à nossa história", dispararam os concorrentes. O temor era manchar a reputação dos suíços e abalar a imagem que eles detinham de autoridade mundial no segmento.

Os dois fabricantes se defenderam, afirmando que as decisões foram tomadas com o cuidado de não comprometer a qualidade e de honrar a tradição. Apesar de feito de plástico, o novo relógio era à prova d'água e mantinha a precisão e a resistência a choques.

Essa reação é comum; toda quebra de paradigmas enfrenta resistências. Como observou com perfeição o cientista britânico James Lovelock: "As ideias realmente originais seguem uma trajetória familiar. Primeiro as pessoas dizem que se trata de um absurdo, depois dizem talvez e, finalmente, garantem tê-las defendido desde o começo."[3]

Além de manter a tradicional qualidade, os suíços optaram por permanecer na tecnologia que dominavam com perfeição (a dos relógios analógicos) em vez de seguir os concorrentes e seus modelos digitais. Eles sabiam que cortar custos não era suficiente, pois os asiáticos poderiam agir como verdadeiros kamikazes e baixar ainda mais os preços. Poderiam também, com o tempo, elevar a qualidade de seus produtos. Ou seja, o problema seria apenas adiado.

Era preciso criar algo mais, um diferencial claro, uma personalidade única, um valor emocional, algo capaz de fidelizar os consumidores e blindar a indústria contra investidas futuras da concorrência.

Era preciso reinventar o negócio. Até então, o relógio era visto como um artigo duradouro, para a vida inteira. A pessoa escolhia o modelo que mais lhe agradava e não trocava mais. Isso era ruim para o segmento, porque o produto era comprado apenas uma vez. Melhor seria se as pessoas trocassem de relógio diariamente, como fazem com as roupas.

Com esse raciocínio, os dois fabricantes transformaram o relógio num artigo de moda. A revolucionária estratégia seguia a lógica das coleções de alta-costura: lançar modelos diferentes a cada estação.

Assim, em 1983 foi lançada a primeira coleção primavera/verão da marca Swiss Watch, ou apenas Swatch, como ficou conhecida depois.

Com seis modelos femininos e oito masculinos, as peças coloridas imediatamente conquistaram os jovens.

Duas vezes por ano, a Swatch apresentava as linhas clássica, esporte, lazer, casual, moda e arte. A estratégia permitia também aproveitar oportunidades, criando modelos inspirados em eventos ou acontecimentos importantes, como a passagem do cometa Halley, em 1986.

Até a publicidade foi inovadora: para divulgar as coleções, a nova empresa chegou a pendurar réplicas enormes, de até 150 metros de altura, em arranha-céus das principais cidades europeias e americanas.[4]

O público aderiu em massa e o Swatch virou febre mundial. Mas por pouco a solução não chega tarde demais: até 1983, cerca de 100 mil trabalhadores do segmento na Suíça haviam perdido o emprego.[5]

Graças ao fenômeno, os suíços não apenas se recuperaram como construíram uma marca pop global. Além de redefinir toda uma categoria de produto, ainda recolocaram o país na liderança mundial no segmento em menos de 10 anos. Em 2020, de cada quatro modelos vendidos no mundo, um era Swatch.[6]

Outro exemplo de reinvenção do negócio em um mercado com forte concorrência ocorreu com os drive-ins na Califórnia nos anos 1940. Surgidos junto com o automóvel, os drive-ins eram restaurantes ao ar livre, com cinema ou não, em que as pessoas podiam comer hambúrgueres sem sair do carro. A estrutura havia se popularizado e se multiplicado, porém exigia inúmeros garçons e estacionamentos enormes para receber os visitantes.

O problema foi que esses locais se transformaram em barulhentos pontos de encontro de adolescentes – público que em geral consome pouco, não tem a menor pressa de ir embora, anda em grupo e se envolve em brigas. O ambiente ameaçador afastou os clientes que realmente consumiam: as famílias.

Essa situação levou os irmãos Richard e Maurice, proprietários de um drive-in, à decisão de mudar radicalmente o negócio. O objetivo era afastar os adolescentes encrenqueiros e atrair as famílias de volta. E mais: fazer com que as pessoas comprassem logo e fossem embora. Simples assim.

E foi em busca disso que eles fizeram quatro alterações radicais.

Primeira: eliminar o estacionamento. Afinal, os carros só ficavam horas estacionados porque tinham onde parar.

Segunda: reduzir drasticamente o cardápio, de 25 itens para apenas 9, de modo que os clientes não perdessem tempo escolhendo.

Terceira: eliminar talheres e pratos. Os produtos passaram a ser entregues em sacos de papel. Nesse caso, o motivo era simplesmente cortar custos.

Quarta: eliminar os garçons. Os clientes fariam os pedidos por duas janelas que davam para a rua. Era perfeito: eles pediriam, pagariam e iriam embora.

A ideia central era repassar toda a economia para o consumidor. E, de fato, um hambúrguer passou a sair por apenas 15 centavos (enquanto os concorrentes cobravam o dobro) e uma porção de batatas fritas, por 10 centavos.

Foi assim que, em 1948, os irmãos Richard e Maurice McDonald inauguraram o primeiro McDonald's.[7] O serviço era tão rápido que os clientes recebiam seu pedido em menos de um minuto. E, mesmo com a agilidade do serviço, filas enormes se formavam nas janelas. Gente de todo tipo, jovens, adultos e crianças, esperava para experimentar a novidade.

Foi essa inovadora combinação de serviço simplificado, opções limitadas, atendimento rápido e público variado que atraiu a atenção do visionário comerciante Ray Kroc. Mais tarde, Kroc transformou o McDonald's no maior império global de fast-food.

• • •

Se você comanda um negócio que está ficando para trás, trate de reinventá-lo. Sei que é preciso disposição e coragem, mas, dependendo da situação, ou você faz isso por iniciativa própria ou vão fazer por você...

Em meados dos anos 1980, a americana Intel perdia continuamente participação no mercado de chips de memória para os fabricantes japoneses, que ofereciam melhor relação custo-benefício: alta qualidade e preço baixo, graças à produção em massa. "Tínhamos perdido nosso rumo. Estávamos caminhando para o vale da morte", afirmou Andy Grove, cofundador da companhia.

Em seu livro *Só os paranoicos sobrevivem,* Andy relata que em meados de 1985 estava em seu escritório com o então presidente da Intel, Gordon Moore, debatendo o problema. O diálogo foi o seguinte:

– E se nos mandassem embora e a diretoria contratasse um novo presidente, o que ele faria?

– Acho que ele nos tiraria do negócio de chips.

– Então por que a gente não sai da sala, entra de novo e faz isso a gente mesmo?

E, por incrível que pareça, foi exatamente o que eles fizeram.[8] Andy e Gordon levaram a Intel a abandonar o negócio de chips, ramo sobre o qual a empresa foi construída, e a se dedicar ao segmento de microprocessadores, que despontava na época.

"As empresas japonesas continuaram a fabricar chips de memória. Nós simplesmente desistimos de competir. Dificuldades nos dão coragem para pensar o impensável", contou Andy.[9]

Foi uma guinada ousada, mas estratégica. De simples fabricante de chips, a Intel se transformou em líder mundial em semicondutores. Semicondutor é um tipo de material que permite o processamento das informações, sendo por isso indispensável em qualquer computador. Em 2021, o famoso Intel Inside detinha 75% do mercado de processadores para PCs no mundo.[10]

O que Andy Grove e Gordon Moore fizeram foi alterar a atuação da empresa antes que o mercado o fizesse.

Mudar um negócio é especialmente difícil quando se trata de uma empresa familiar. Os valores do fundador, a tradição do empreendimento e até o restante da família podem inibir (ou mesmo impedir) o processo. Daí a sucessão nesses casos ser tantas vezes traumática.

Isso quando o patriarca não se recusa a largar o controle da companhia por convicção de que falta experiência e conhecimento às gerações mais novas. Só que, às vezes, entender pouco do assunto acaba sendo uma vantagem.

O caso a seguir mostra que cair de paraquedas num problema pode ser bom. A solução pode vir do próprio... paraquedas.

Quando assumiu a loja de artigos de couro da família em Milão, em 1978, aquela italiana de 28 anos não tinha qualquer formação em moda, desenho ou administração. Só havia estudado política e teatro.

Para complicar, ela pegou uma empresa em crise, com vendas agonizantes. Fundada em 1913 por seu avô, a loja tinha vivido dias bem melhores, chegando a exportar acessórios para outros países da Europa e para os Estados Unidos, porém nos últimos anos vinha perdendo mercado rapidamente para concorrentes gigantes e poderosos como Gucci e Hermès.

Exatamente por não ser do ramo, a executiva não tinha regras ou conceitos preestabelecidos. Foi o que a levou a fazer o que lhe parecia óbvio: se estava difícil competir no mercado de artigos de couro, por que não utilizar outros materiais?

O que para ela era evidente soou como absurdo para a família. Como abandonar o couro de uma hora para outra? Por que desrespeitar a tradição da empresa? Qual a razão para enfrentar o avô?

A executiva ouviu tudo em silêncio e raciocinou. Intuitivamente, sabia que seguir a tradição numa empresa em decadência era como um comandante afundar com o navio. E isso ela não podia permitir.

Usando todos os conhecimentos adquiridos nos cursos de política e teatro, ela habilmente costurou apoios na família e conseguiu aprovar seu projeto.

Na busca de um substituto para o couro, a italiana testou os mais diferentes materiais. E um em particular chamou sua atenção: o tecido de barracas e paraquedas utilizado pelos militares italianos, um curioso náilon com aspecto de seda, ao mesmo tempo leve e resistente. Com ele, a empresa produziu uma inovadora linha de mochilas e bolsas de luxo. A novidade atingiu em cheio as necessidades das consumidoras, que buscavam praticidade sem abrir mão da beleza.

Foi com ideias originais como essa que Miuccia Prada transformou o pequeno negócio da família numa das marcas fashion mais cobiçadas do mundo.[11]

Todo empresário deve estar aberto a inovações – principalmente num mundo em que as mudanças acontecem cada vez mais depressa. "Se você não está ocupado reinventando sua empresa, posso garantir que está ficando para trás", disse, certa vez, o então vice-presidente da Toyota, Fujio Cho.[12]

❖ ❖ ❖

Quando se pretende entrar em mercados estabelecidos, com concorrentes sólidos, é indispensável oferecer um diferencial inovador.

Em 1969, uma pequena loja de cosméticos abriu suas portas na rua Oscar Freire, na capital paulista. Com apenas sete funcionários, usou como atrativo um serviço inédito. Um cartaz na fachada anunciava: "Consultoria personalizada em tratamento de beleza".

A mensagem se revelou uma isca perfeita. As mulheres se aproximavam para conhecer a tal consultoria e, uma vez dentro da loja, eram apresentadas à linha de produtos. A coisa ia tão bem que os proprietários decidiram expandir o negócio, oferecendo tanto a consultoria como os artigos em domicílio. Dessa forma foi possível multiplicar as vendas sem abrir novas lojas. As mulheres contratadas para o serviço não foram denominadas vendedoras, e sim consultoras.

Essa é a história da Natura, hoje a quarta maior empresa de beleza do mundo. Já na virada dos anos 1980, um exército de 2 mil consultoras da marca circulava pelas principais cidades do Brasil. Em 2020, após a aquisição pela Avon, o número de consultoras e revendedoras saltou para 6 milhões.[13]

Mas nem sempre um diferencial claro é suficiente para fazer um negócio decolar. Talvez você tenha que apelar para… um nome falso.

No início dos anos 1960, nos Estados Unidos, as pessoas pensavam que o melhor sorvete do mundo era o dinamarquês. Se tinha alguém que se incomodava com isso, essa pessoa era o produtor Reuben Mattus. Havia mais de 30 anos que ele e sua família fabricavam alguns dos sorvetes mais saborosos de Nova York.

Sua paixão por buscar a excelência o levou a montar um novo negócio em 1961, juntamente com a esposa, Rose. Ali, Reuben pôde aprimorar a receita da família e desenvolver um sorvete de qualidade inigualável: feito com pedaços de frutas, ingredientes naturais e creme fresco, em produção artesanal. Realmente, o resultado não ficava devendo em nada aos melhores escandinavos. Tanto que quem experimentava jurava que era dinamarquês. Porém, quando sabia da procedência americana, não raro a pessoa reagia com certa decepção: "Sério? Podia jurar que era dinamarquês" ou "Que pena".

Ah, as incoerências da alma humana… Imagine quantas marcas que, a despeito de fabricarem produtos de qualidade superior, sucumbiram vítimas desse tipo de preconceito, às vezes totalmente infundado.

Inconformado, Reuben teve uma ideia marota: por que não criar um nome que soasse escandinavo? Isso mesmo. Em vez de combater o preconceito, por que não *se aproveitar* dele? Empolgado, o homem correu até uma biblioteca para conhecer melhor o idioma dinamarquês. Ao final da sua pesquisa, Mattus chegou a uma palavra: Häagen-Dazs. Assim, em 1961, surgia a grife dos sorvetes finos.[14]

Sempre que conto essa história, as pessoas perguntam: "Não é errado colocar um nome dinamarquês num sorvete americano? Isso não é induzir o consumidor a erro? Não é passível de ação judicial?"

A resposta é não. Nomes não precisam necessariamente ter ligação com a procedência do produto. As sandálias Havaianas não são produzidas no Havaí, as Lojas Americanas são brasileiras e a cerveja Antarctica não é proveniente do continente gelado, só para citar alguns outros exemplos.

Nome-fantasia não passa disso: fantasia, invenção. Aliás, você sabe o que significa Häagen-Dazs em dinamarquês? Nada. Isso mesmo, é uma palavra inventada. Não tem significado nenhum. Quer dizer, não tinha, porque atualmente Häagen-Dazs é sinônimo de sorvete premium em qualquer lugar do planeta.

Pense nisso quando for batizar sua empresa ou um novo produto. É possível criar um nome que ajude nas vendas?

Vejamos um caso que envolve a escolha do nome de uma criação revolucionária. Em 1945, com o final da Segunda Guerra Mundial, o mundo entrou num clima de otimismo, empolgação e liberdade. Inspirado pelo momento, o estilista francês Louis Réard criou um revolucionário maiô de duas peças. Como deixava à mostra a barriga das mulheres, foi um escândalo. A polêmica foi tão grande que nenhuma modelo profissional aceitou posar usando o modelo.

Mas Réard não desanimou. Ele sabia que toda ideia realmente original enfrenta resistência no começo. As pessoas precisam de tempo para se acostumar com o novo. O problema era como convencer pelo menos a imprensa a noticiar sua invenção.

Na época, não havia assunto mais em voga do que a bomba atômica. Depois de arrasar as cidades japonesas de Hiroshima e Nagasaki e pôr fim ao conflito, a arma ficou famosa da noite para o dia. Os Estados Unidos anunciaram investimentos pesados para desenvolver o novo armamento, realizando testes nucleares num arquipélago do oceano Pacífico, e a operação foi amplamente divulgada pela imprensa nos quatro cantos do planeta.

Réard enxergava semelhanças entre a bomba e sua criação: ambas eram revolucionárias, polêmicas e representavam o futuro. Por isso, numa excelente jogada de marketing, resolveu batizar seu produto com o nome da ilha onde os americanos realizavam os testes, o atol de Bikini.

Assim, em 1946 era apresentado com grande estardalhaço pela imprensa o biquíni.[15] Como não conseguiu mesmo convencer uma modelo profissional a vestir sua roupa, Réard precisou contratar uma stripper para o desfile, chamada Micheline Bernardini.

Observe como a escolha do nome foi um grande acerto: ao mesmo tempo que pegou carona num tema em alta na época, transmitiu a imagem de uma tendência, uma inovação inevitável. Sem contar, é claro, que os dois assuntos são temas explosivos. O escritor e dramaturgo Nelson Rodrigues afirmou certa vez: "O biquíni é uma nudez pior do que a nudez."

Dificuldade semelhante para a escolha do nome de um produto vivia a Lacta, em 1938. A empresa havia lançado no mercado brasileiro seu primeiro chocolate crocante, com o nome óbvio de Chocolate Lacta, mas o produto teve enorme dificuldade para deslanchar. A marca não era muito conhecida e havia muitos concorrentes estabelecidos.

Era ano de Copa do Mundo e não se falava em outra coisa por aqui. Pelo rádio, o Brasil inteiro acompanhara a trajetória da seleção, que terminou em terceiro lugar na competição realizada na França. O craque e artilheiro da equipe brasileira foi Leônidas da Silva. Criador da "bicicleta", o jogador carioca se transformou na sensação do momento e recebeu da imprensa paulista o carinhoso apelido de Diamante Negro.

A Lacta identificou no carisma do jogador uma excelente oportunidade para promover seu produto.[16] Assim, após adquirir os direitos de nome e imagem por 10 mil-réis, lançou, em 1940, o chocolate Diamante Negro no país. Foi uma tacada de mestre. Uma pesquisa realizada logo após a assinatura do contrato apontou o craque como uma das três personalidades mais populares do Brasil, ao lado do presidente Getúlio Vargas e de Orlando Silva, o cantor das multidões.

• • •

Outro personagem muito conhecido dos brasileiros no início do século 20 era Jeca Tatu. Criado pelo escritor Monteiro Lobato, Jeca era um caboclo pobre, morador do interior, que habitava uma casinha de sapê em companhia da esposa também miserável. Passava os dias de cócoras, com um cigarro de palha na boca, sem ânimo para fazer nada.

Lobato criou o personagem para denunciar, de forma irreverente e caricatural, a situação crítica em que vivia o sofrido homem do campo. Sem assistência médica ou saneamento básico, os moradores carentes contraíam diversas doenças, como anemia, amarelão, malária e esquistossomose.

Havia no mercado uma série de remédios e fortificantes prometendo combater os males, um deles fabricado pelo farmacêutico Cândido Fontoura. Produzido pelo Laboratório Fontoura, em Bragança Paulista, interior de São Paulo, o tônico enfrentava a concorrência de dezenas de marcas, algumas de péssima qualidade porém vendidas a preços irrisórios.

O que deixava o farmacêutico revoltado era ver gente simples gastando seu dinheirinho minguado num remédio que não surtia efeito algum. Cândido se orgulhava de seu fortificante, que, como ele mesmo dizia, "continha ferro para o sangue e fósforo para os músculos", perfeito para tratar crianças anêmicas.

Já naquela época a medicina conhecia as causas da anemia: alimentação deficiente e falta de hábitos de higiene. Basicamente, o que faltava era educação.

Jeca Tatu parecia o garoto-propaganda perfeito para conscientizar a população e, de carona, divulgar o tônico. Com o argumento de melhorar a saúde pública, o empresário convenceu Monteiro Lobato a escrever histórias educativas com o personagem. Depois, na forma de pequenos folhetos, as encartou nas garrafas do fortificante.[17]

Foi essa estratégia que levou o Biotônico Fontoura a conquistar a liderança isolada do segmento. Lançada em 1918, a campanha foi mantida até os anos 1960. Ao todo, mais de 18 milhões desses folhetos foram distribuídos para a população.

Brindes também podem ser uma excelente forma de se destacar da concorrência e fazer o consumidor optar por sua marca. O cuidado que se deve ter nesse tipo de ação é escolher o brinde certo. Somente algo diferente, desejável e adequado tem o potencial de virar febre. Como no exemplo a seguir.

Na Holanda de meados dos anos 1950, as empresas aéreas disputavam o consumidor oferecendo brindes atrativos e caros. Porém a concorrência se tornou agressiva a tal ponto que o governo decidiu intervir: baixou uma norma proibindo a distribuição de qualquer brinde com valor superior a 75 centavos – tão baixo que praticamente inviabilizava a prática.

As companhias aéreas foram obrigadas a repensar suas estratégias. Mas a KLM Airlines, não. Analisando atentamente a lei, os executivos descobriram uma forma criativa de driblar a proibição federal. Em trecho algum estava especificado que as companhias só poderiam usar copos normais. Ou seja: por que não oferecer no serviço de bordo pequenos copos diferenciados, lúdicos, criativos, que o passageiro se interessasse em levar para casa e até em colecionar?

Perfeito: era um brinde disfarçado. Animada com a ideia, a equipe KLM passou a desenvolver as peças. E criaram copinhos realmente atraentes, em formato de casas, prédios e sobrados que abrigaram personalidades lendárias da Holanda. Havia o da casa da espiã Mata Hari, do esconderijo da menina Anne Frank, dos ateliês dos artistas Rembrandt, Van Gogh, Mondrian, Vermeer e outros.

Produzidas em porcelana de Delft, cidade holandesa famosa pelo capricho de seus artesãos, as peças logo conquistaram os passageiros. Como era de esperar, as companhias concorrentes foram se queixar ao governo. Acusaram a KLM de continuar distribuindo brindes acima do valor permitido – e estavam certas. Mas a KLM se defendia dizendo que era apenas uma caneca – o que também era correto. Os advogados da empresa argumentaram que não podiam impedir que os clientes levassem o mimo como lembrança de viagem. "Seria muito rude", diziam.

Enquanto a discussão se arrastava nos tribunais, as vendas da empresa decolaram. Em pouco tempo, embarcar num avião KLM para ganhar as casinhas virou mania nacional. As famílias disputavam para ver quem completava mais depressa a coleção. A saída encontrada pela KLM se revelou uma das mais bem-sucedidas formas de fidelizar passageiros de toda a história da aviação.[18] Para que você tenha uma ideia do estrondoso sucesso, até hoje, 50 anos depois, os passageiros da World Business Class da companhia ainda recebem uma miniatura das canecas nos voos internacionais. Apesar de terem virado mania, as casinhas nunca foram postas à venda pela empresa. O charme está justamente em recebê-las após o café da manhã a bordo.

As peças só são comercializadas na internet, onde existe um mercado paralelo em que colecionadores de todo o mundo as disputam a preços elevados.

Quer outra prova do poder de um brinde original? Na década de 1920, sabonete no Brasil tinha que ser cor-de-rosa. Isso porque o líder absoluto do segmento, o Gessy, tinha essa cor. Pior para a Perfumaria Stern&Cia, que colocou no mercado o Eucalol, à base de eucalipto e, portanto, verde.

Como era de esperar, o visual diferente enfrentou a resistência do público. "Sabonete verde não é sabonete", pensavam as donas de casa. Para complicar, os irmãos Stern não dispunham de grandes verbas de marketing para promover o produto. O desafio era claro: convencer as clientes a dar uma chance a eles e experimentar a novidade.

Numa viagem à Europa, um dos irmãos conheceu uma estratégia inovadora: oferecer, junto com os produtos, estampas colecionáveis. Feitas em papel-cartão, com desenho e texto explicativo sobre temas variados, as peças aguçavam a curiosidade das pessoas naquele mundo pós-guerra em plena transformação industrial.

Rapidamente os irmãos Stern decidiram reproduzir a ideia por aqui. Selecionaram temas relevantes para os brasileiros, como lendas indígenas, paisagens famosas, animais regionais, artistas conhecidos, bandeiras, peças de moda e assim por diante, e imprimiram as estampas exatamente como as originais: com desenhos na frente e textos explicativos no verso. Surgia assim, em 1930, a primeira série das Estampas Eucalol.[19]

Foi um sucesso estrondoso. Em pouco tempo, colecionar as peças virou febre. Ao todo, foram produzidas 3.714 estampas diferentes. Um impacto impressionante, principalmente se considerarmos a época em que a estratégia foi traçada.

· · · ·

Hoje em dia, parece muito mais complicado criar estratégias inovadoras e diferenciadas como essas. Vivemos num mundo massificado, com excesso de informação, concorrentes, produtos sem diferenciais claros. E os dirigentes mal têm tempo para pensar em como se destacar, sobrecarregados que estão por suas responsabilidades: gerenciar o negócio, lidar com crises inesperadas, garantir a qualidade do produto, motivar a equipe, manter os clientes, relacionar-se com fornecedores, elaborar estratégias de curto, médio e longo prazos, prestar contas para acionistas, garantir a sustentabilidade, cuidar da imagem social e corporativa da empresa... E a lista continua. Por isso, é fundamental para as empresas contar com bons parceiros e colaboradores na área de marketing.

Como publicitário, posso afirmar que, atualmente, as agências de propaganda são mal utilizadas pelas empresas. Talvez influenciados pelo termo "agência de publicidade", os executivos costumam acionar suas agências somente na hora de fazer publicidade. É provável que a culpa seja dos próprios publicitários. Durante muito tempo as agências se acomodaram ao papel de fazer filmes para a TV e anúncios para revistas. Porém nas últimas décadas a revolução digital levou à contestação da eficiência dos meios tradicionais, obrigando as agências a repensar sua forma de atuar. Isso está levando o marketing a resgatar seu papel inicial de "solucionador de problemas". Digo papel inicial porque, ao contrário do que apregoam por aí, agências de soluções e publicitários que pensam no "negócio do cliente" não têm nada de novo. Isso já existia lá atrás, nos anos 1940: "Vamos entrando, distinta freguesia. As Lojas Clipper já receberam os novíssimos calçados para senhoras... o Camelo de cromo alemão, o Scatamacchia de bico fino... Conheça também o 752 com solado de borracha da Vulcabrás."

Os vendedores se esforçavam, mas era muito difícil convencer alguém a comprar algo no mês de junho. Era o mês mais fraco do ano, sem nenhuma comemoração ou fato especial que pudesse alavancar as vendas no comércio.

O desempenho era tão pífio que as Lojas Clipper, uma das maiores redes de sapatos, chapéus e moda feminina do país, convocaram sua agência de propaganda para pensar numa solução. O publicitário João Doria, principal executivo da empresa, ouviu com atenção as queixas do cliente, entrevistou vendedores, falou com consumidores. No final de sua investigação, ficou claro que não bastaria criar uma simples promoção ou evento isolado. A resistência da população a ir às compras no mês de junho era muito grande.

Doria havia acabado de retornar de uma viagem aos Estados Unidos e se lembrou de ter visto os americanos celebrarem uma data que não havia no Brasil: o Valentine's Day, em 14 de fevereiro. É como um Dia dos Namorados, mas também comemora a amizade entre amigos e o amor entre familiares.

O publicitário descobriu que tanto o nome como a data foram escolhidos em homenagem ao padre Valentim, um sacerdote que, na Roma do século III, ousou contrariar a ordem do imperador Cláudio II e realizar casamentos em períodos de guerra. Por enfrentar a autoridade, Valentim foi condenado à morte em 14 de fevereiro.

Doria avaliou que o Valentine's Day teria grande possibilidade de emplacar no Brasil. Mas restava um problema: o mês carente de comemorações e datas festivas não era fevereiro, mas junho.

Analisando o calendário, ele constatou que junho trazia uma data sugestiva: o dia de Santo Antônio, o santo casamenteiro, no dia 13. Com essa coincidência feliz na manga, Doria levou sua ideia à direção das Lojas Clipper.

Assim, em 1950 foi lançada a campanha publicitária que dizia: "Não é só com beijos que se prova o amor. Comemore 12 de junho, Dia dos Namorados, com um presente das Lojas Clipper."[20]

Já de primeira a iniciativa mobilizou muitos casais. Mas foi a partir do ano seguinte, 1951, que diversas outras lojas aderiram e a data entrou definitivamente no calendário de comemorações do brasileiro. Atualmente, nos shoppings e no comércio em geral, o mês dos namorados só perde em volume de vendas para o Natal e o Dia das Mães.

Na época, quem ficou impressionada com essa sensacional virada das Lojas Clipper foi a indústria de produtos infantis, que continuava a amargar vendas magras no sexto mês do ano.

Encorajadas pelo sucesso do Dia dos Namorados, a Brinquedos Estrela e a Johnson & Johnson decidiram repetir a estratégia: em 1960, lançaram uma data destinada aos bebês no mesmíssimo mês de junho.

Com o nome de Dia do Bebê Robusto, a iniciativa teve pouco êxito.

Mas alguém de bom senso percebeu que a proximidade do Dia dos Namorados atrapalhava. Se quisessem que a comemoração pegasse para valer, deveriam escolher outra data.

Foi aí que descobriram um fato impressionante. Já havia no calendário oficial do país um dia especialmente dedicado às crianças: 12 de outubro. Fixada em 5 de novembro de 1924 pelo então presidente Arthur Bernardes, a data nunca havia sido difundida. Perfeito.

Assim, em 1961, apoiados pelo decreto presidencial, diversos fabricantes de brinquedos paulistas se uniram e lançaram oficialmente o 12 de outubro, Dia das Crianças.[21] O resto você já sabe: para a indústria de brinquedos, outubro se transformou no segundo mês mais lucrativo do ano, atrás apenas de dezembro.

Pense nisso. Existe a possibilidade de eleger uma data ou época do ano que possa ser trabalhada para beneficiar o seu produto? Dirá você: mas já tem datas comemorativas demais – existe até Dia do Office Boy! Mas são poucos os dias que realmente conseguem a adesão popular. Por isso, acredito que ainda haja espaço para se criar outra celebração, que certamente favorecerá algum segmento da indústria.

Tenho um exemplo bem próximo para demonstrar isso. No início de 2008, a Inal, importante fabricante brasileira de preservativos, planejava aumentar as vendas de seu principal produto, a marca Olla, com uma verba de marketing limitada. Ou seja: tinha o desafio de fazer muito barulho com baixo orçamento.

A empresa era um dos clientes da minha agência na época, a AGE. E a ideia sugerida por nós foi a criação de um dia em homenagem ao sexo. Afinal, é graças a ele que você existe, sua família existe, a humanidade inteira existe. O sexo está presente em tudo, na literatura, na arte, na moda, até na Bíblia.

A proposta era eleger um dia para a sociedade brasileira discutir abertamente o assunto, mostrar o seu lado positivo e os benefícios da prática, quebrar tabus, combater preconceitos, disseminar o sexo seguro. E, é claro, fazer sexo. Surpreendentemente, não havia algo parecido no calendário brasileiro.

A data escolhida foi 6 de setembro (não por acaso: 6/9).

Inicialmente, um manifesto defendendo a ideia foi divulgado na internet. E obteve recepção calorosa. Em poucos dias, inúmeras comunidades comentando o assunto surgiram nas redes sociais. Jornalistas e blogueiros ajudaram a repercutir a iniciativa. Depois foi veiculada uma campanha publicitária associando a marca ao movimento. Em menos de dois meses, mais de 1 milhão de pessoas já tinha acessado o site da marca demonstrando seu apoio.

Nas semanas que antecederam o Dia do Sexo, empresas de outros segmentos, como motéis, sex shops e floriculturas, demonstraram interesse em aderir ao movimento – e lucrar com ele. Já no ano em que a campanha foi lançada a Inal registrou 18% de aumento nas vendas do produto Olla.

A data deu tão certo que passou a ser comemorada oficiosamente todos os anos pelos brasileiros. O Dia do Sexo pegou por uma razão simples: possui apelo popular.

Por isso, pergunto novamente: existe a oportunidade de fixar uma data que favoreça o seu negócio?

Datas comemorativas: boas ou ruins?

Algumas pessoas têm uma visão negativa de datas comemorativas. Dizem que tudo não passa de invenção da indústria para fazer a população consumir mais (e, como vimos nos casos descritos, é verdade), que incentivam o materialismo, aceleram o desmatamento, as mudanças climáticas e assim por diante.

Mas existe o outro lado. O capitalismo necessita desse consumo contínuo para se manter. Só assim a indústria pode continuar empregando, pagando salários, crescendo e realizando novos investimentos. Em relação à pauta ambiental, cresce a cada dia o número de empresas que buscam aliar produção com preservação. Até mesmo por exigência da sociedade. Segundo pesquisa realizada em 2023, 94% dos brasileiros esperam que as empresas adotem práticas sustentáveis.[22]

Ainda em defesa das datas, acredito que as pessoas precisam de uma pausa em sua vida estressante e difícil. As comemorações funcionam como um momento de repouso, relaxamento e diversão. Mais ou menos como as próprias viradas de ano, tal qual descreveu Carlos Drummond de Andrade:

> Quem teve a ideia de cortar o tempo em fatias, a que se deu o nome de ano, foi um indivíduo genial. Industrializou a esperança, fazendo-a funcionar no limite da exaustão. Doze meses dão para qualquer ser humano se cansar e entregar os pontos. Aí entra o milagre da renovação e tudo começa outra vez, com outro número e outra vontade de acreditar que daqui para diante vai ser diferente.[23]

. . .

Nos anos 1950, um grande fabricante de creme dental nos EUA buscava uma forma de elevar as vendas.

Foi quando alguém surgiu com uma sugestão no mínimo inusitada: "E se vocês aumentassem a boca do tubo?"

Os executivos riram. Mas o sujeito insistiu: "As pessoas iriam consumir mais, o produto acabaria antes e venderia mais. Não faz sentido?"

Realmente, tinha lógica. O fabricante resolveu apostar na ideia. Não apenas a estratégia deu o resultado esperado como foi seguida pelos demais produtores em todo o mundo.[24] Na próxima vez que for escovar os dentes, repare como o bocal do tubo da pasta é maior que o necessário.

Às vezes a concorrência atinge níveis tão insuportáveis que comprometem a lucratividade e até ameaçam a sobrevivência do setor. O que fazer? Nesse caso, avalie se não é hora de seguir o ditado popular: "Se não pode vencer o inimigo, junte-se a ele." Isso mesmo: procure seu concorrente e proponha uma trégua. O que você tem a perder? Foi o que fez a General Motors em 1982, nos Estados Unidos.

Uma de suas fábricas, em Fremont, na Califórnia, tinha desempenho tão ruim que a direção da empresa resolveu fechá-la. O nível de qualidade era baixíssimo e a produtividade estava entre as piores da rede. Desmotivados, os funcionários viviam faltando: o nível de absenteísmo andava em 20%. E o forte sindicato da região impedia a empresa de tomar decisões mais severas. Com tantos problemas, a unidade realmente encerrou as atividades e os funcionários foram colocados na rua.

Mas o problema estava longe de ser solucionado. Além de centenas de indenizações a pagar, a GM ainda possuía a capacidade instalada – terreno, maquinário e estoque de peças. O que fazer com aquilo tudo? Foi quando a empresa teve uma ideia ousada: propor parceria a uma concorrente que vinha se destacando justamente pela produtividade e administração eficiente, a Toyota.

Se selasse a *joint venture*, a GM resolveria dois problemas numa só tacada: além de recolocar a fábrica para funcionar, poderia aprender os segredos da rival, que não parava de crescer e conquistar mercado nos Estados Unidos. Em contrapartida, a Toyota ganharia agilidade e economia produzindo seus carros numa fábrica já instalada e conheceria melhor o maior mercado consumidor do mundo. De quebra, também poderia testar em solo estrangeiro a aplicabilidade do consagrado Sistema Toyota de Produção.

O contrato foi firmado para a produção do Toyota Corolla e do Chevrolet Prizm. Em 1983, a fábrica foi reaberta e 85% dos operários foram recontratados. A primeira ação da Toyota foi investir em treinamento: 450 ocupantes de cargos de direção foram enviados ao Japão para entender a filosofia da marca japonesa. A segunda decisão foi simplificar radicalmente o organograma: de 14 níveis para apenas 3. Todos passaram a se vestir de forma igual. Os chefes deixaram suas salas e foram para junto da força de trabalho.

Depois de ensinar os princípios básicos do novo sistema aos americanos, o encarregado japonês reuniu a equipe e declarou: "Agora queremos que vocês nos digam como fazer melhor. Ninguém conhece mais a fundo esse trabalho do que vocês. Sempre que identificarem um problema na produção, virem algo com que não concordem ou quando tiverem uma sugestão que possa contribuir, otimizar ou evitar desperdício, queremos que puxem essa cordinha que circunda toda a fábrica. Queremos ouvir vocês. Afinal, não existe nada mais importante para nós do que a melhoria contínua do processo."

Ressabiados, os trabalhadores continuaram tocando a vida normalmente, até que um deles puxou a tal cordinha. Dois japoneses surgiram para perguntar qual era a sugestão. Ouviram com atenção, anotaram e, para surpresa geral, em pouco tempo a adotaram. Todo mundo viu que os orientais estavam falando sério. E a equipe se sentiu motivada a contribuir.

Se a sugestão fosse boa, imediatamente seria implantada. Se fosse ruim ou impraticável, não haveria repressão. Pelo contrário, os patrões encorajavam todos a pensar, propor, participar. Aos poucos, a equipe foi se sentindo valorizada. De repente, todo o conhecimento e insatisfação acumulados ao longo de anos puderam servir para alguma coisa: gerar ideias.

A *joint venture* superou todas as expectativas. Em um ano, foram mais de 8 mil sugestões de trabalhadores. A produtividade disparou. Os carros passaram a ser montados na metade do tempo. Os defeitos em cada veículo caíram de 12 para apenas 1. O índice de faltas caiu de 20% para 3%. Em menos de dois anos, a fábrica estava entre as mais produtivas da GM.[25]

Todos saíram ganhando: a GM, que viu sua fábrica renascer das cinzas e aprendeu na prática os métodos da concorrente; a Toyota, que, graças à fábrica emprestada, pôde produzir mais modelos do Corolla, logo transformado no carro mais vendido do país; e os funcionários, que recuperaram seu emprego e ainda viram o dia a dia melhorar.

Graças à experiência bem-sucedida, a montadora japonesa passou a comercializar os princípios do Sistema Toyota de Produção, que hoje pode ser encontrado em empresas de qualquer tamanho, nacionalidade e variados ramos de atuação.

Como diz a expressão popular, "a união faz a força". E força é tudo de que um segmento precisa para ser bem representado perante o governo em momentos de dificuldades. Afinal, não é fácil convencer as autoridades a intervir num setor da economia e proteger os fabricantes contra eventuais ameaças.

Era essa a necessidade que tinham os cafeicultores brasileiros no início dos anos 1930. A crise de 1929 havia feito o preço da saca do grão despencar em todo o mundo e o Brasil, grande produtor mundial, sentiu duramente esse golpe. O preço caiu tanto que, em vez de vender as sacas, os produtores preferiram queimá-las, jogá-las no mar e até mesmo usá-las como combustível em locomotivas a vapor.

Para pressionar o governo a tomar alguma medida, os cafeicultores acionaram o órgão da classe, o Instituto Brasileiro do Café (IBC), que se reuniu com os políticos para, juntos, pensarem numa saída.

Na época, já existia por aqui o leite em pó. Lançado pela Nestlé, o produto era muito utilizado na preparação de café com leite, por ser prático e dispensar refrigeração. Por que não fazer algo parecido com o café? Um pó que precisasse apenas de água quente, dispensando cafeteira, filtro e outros apetrechos.

Com essa ideia na cabeça, uma delegação com integrantes do governo e do IBC embarcou em direção à sede da Nestlé, na Suíça, onde se reuniu com o então presidente da companhia, Louis Dapples, e o convenceu a desenvolver o novo produto. Dapples enviou a solicitação para o laboratório da empresa na cidade suíça de Vevey. De fato, apesar de algumas diferenças, o desafio era o mesmo do leite em pó: desidratar o produto (no caso do café, seria preciso preparar a bebida e só então desidratá-la) para que ele durasse mais, porém sem perder as qualidades principais.[26]

Assim, depois de três anos de pesquisas, em 1937 os técnicos apresentaram ao presidente da Nestlé um pó de café granulado, que não precisava ser coado: em contato com água quente, liberava os deliciosos aroma e sabor da bebida. Estava criado o Nescafé.

Já não era sem tempo. Estima-se que, entre 1931 e 1938, mais de 65 milhões de sacas de café brasileiro tenham sido destruídas[27] (para você ter ideia do que isso significa, o consumo no Brasil em 2023 foi de 21,7 milhões de sacas).

Eis outro caso de concorrentes que se uniram. Em meados dos anos 1960, as fábricas de aviões da Europa perdiam continuamente participação de mercado para as concorrentes internacionais. Empresas americanas como a Boeing, mais modernas e eficientes, não paravam de crescer e, no final da década, tinham conquistado 90% do mercado mundial de aviões a jato e de passageiros. Além disso, depois de décadas de disputas, os fabricantes do Velho Continente haviam desenvolvido grande animosidade entre si, mas o cenário era tão catastrófico que um dos empresários engoliu o orgulho e resolveu procurar os adversários. Defendeu que deveriam deixar de lado antigas rusgas e se unir para combater o verdadeiro inimigo: os americanos. Em especial, a Boeing.

Apesar das diferenças, a gravidade da situação forçou um entendimento. Assim, em 1970, quatro dos principais fabricantes europeus – a francesa Aerospatiale, a alemã Daimer-Benz Aerospace, a espanhola Casa e a inglesa British Aerospace – anunciaram uma *joint venture* que recebeu o nome de Airbus.[28]

Rapidamente a nova operação obteve ganhos de escala e redução de custos de pessoal e de operação. Assim, com mais recursos, pôde investir em inovação e produtos mais competitivos.

Em poucos meses a Airbus já havia reconquistado diversas companhias aéreas da Europa. Em 1980, entrou nos Estados Unidos e, nos anos seguintes, ganhou importantes clientes americanos, como US Airways, United Airlines e Northwest Airlines. Nos últimos anos, a Airbus se consolidou como a maior fabricante mundial de aeronaves comerciais.[29]

• • •

Mas se unir ao concorrente não é cartel? Na maioria dos casos, não. Só é considerado cartel quando a parceria ameaça a livre concorrência, com controle de mercados, preços ou distribuição. Ou seja, só é ilegal quando oferece prejuízo para o consumidor.

Se a cooperação tiver os objetivos de fortalecer os envolvidos, reduzir custos de operação e aumentar a eficiência das empresas, não configura uma irregularidade. Pelo contrário, a fusão pode ser benéfica para a sociedade, evitando falências e demissões desnecessárias.

ENFRENTANDO UM ROLO COMPRESSOR

Por mais que a concorrência seja acirrada, nada pode ser pior que enfrentar a maior rede de varejo do mundo: o Walmart.

Fundado por Sam Walton em 1962, o Walmart experimentou um crescimento sem precedentes na história empresarial americana. De simples empório interiorano, tornou-se a maior empresa do mundo, resultado da combinação entre a visão empreendedora de Walton, logística impecável, negociação agressiva com parceiros e fornecedores, variedade de produtos e preços aparentemente imbatíveis.

Ao entrar num novo mercado, o Walmart faz um *strike*: derruba concorrentes por todos os lados. Com a imagem de ter as melhores ofertas, atrai os consumidores dos estabelecimentos vizinhos, que, às moscas, se veem obrigados a demitir pessoal e até a fechar as portas.

Foi isso que aconteceu com importantes redes americanas, como Kmart e Sears. Temido por adversários de todos os tamanhos, o Walmart avançou sem piedade durante décadas, como um rolo compressor. Para se ter uma ideia, entre 1980 e 1992 o faturamento da rede saltou de 1 bilhão para 44 bilhões de dólares. Isso mesmo: um crescimento de 4.400% em apenas 12 anos.[30]

Uma das redes que viam seu futuro ameaçado pelos passos da gigante era a Target. Uma das principais varejistas do mercado americano, nos anos 1990 a empresa assistia preocupada a parte de seu público migrar para a rival.

Foi esse o cenário que Bob Ulrich encontrou ao assumir a rede, em 1995. O executivo fez uma análise da situação e concluiu o que todos já sabiam: era impossível vencer o Walmart. Pelo menos não com as mesmas armas: agressividade e preços baixos. A Target só teria chance se trilhasse outro caminho.

Bob apostou que havia espaço para uma rede que, mais do que preço e variedade, oferecesse também charme, estilo e design. Tudo que o Walmart, devido a seu tamanho, não podia oferecer.

Como é possível aliar charme a um varejo desse tipo? Simples: apelando para a criatividade. Veja como, em quatro passos, a Target de Bob Ulrich construiu um dos maiores *cases* do varejo recente.

1. As lojas foram repaginadas de modo a ficarem mais claras, limpas e organizadas. Para evitar longas filas, todas as caixas disponíveis foram ativadas. A meta era ter o mínimo de espera. Poderia haver, no máximo, uma pessoa sendo atendida e outra aguardando.

2. A rede firmou parceria com fabricantes menores e pouco conhecidos para a produção de linhas exclusivas, prometendo, em troca, transformar os produtos locais em marcas nacionais.

3. Foram desenvolvidas linhas de produtos assinados por personalidades. Como todo mundo sabe, gente famosa custa muito dinheiro, mas a Target pensou diferente: pesquisou nomes de pessoas conhecidas mas que momentaneamente estavam por baixo ou desaparecidas da mídia. Gente como os estilistas Isaac Mizrahi e Mossimo Giannulli e os arquitetos Michael Graves e Philippe Starck.

4. Mas de nada adiantaria fazer isso tudo se ninguém chegasse a saber das novidades. Assim, o desafio seguinte foi trabalhar a exposição na mídia. Em vez de investir pesado em propaganda, como fazia a concorrente, a Target apelou para ações criativas e de grande impacto. Exemplos: no Natal de 2002, ancorou em plena Manhattan um barco de 67 metros repleto de presentes. Em 2004, patrocinou a reabertura do Museu de Arte Moderna de Nova York (MoMA) e ofereceu entrada gratuita todas as noites de sextas-feiras. Em 2007, realizou o primeiro desfile em que, em vez de modelos, foram utilizados hologramas em alta definição para exibir as roupas da nova estação. Em 2016, foi a primeira rede de varejo americana a instalar banheiros sem gênero em suas lojas, gerando um debate nacional sobre questões de diversidade de gênero e acesso. Em 2022, inovou ao lançar uma iniciativa de realidade aumentada, permitindo aos clientes visualizarem móveis e decoração em suas casas antes de comprar. Re-

sultado: repercussão na imprensa, simpatia do público e construção de uma marca de varejo *cool*.[31]

Assim, a despeito do todo-poderoso Walmart, a Target cresceu e se consolidou como uma varejista diferenciada. Atraiu um público mais qualificado, com maior poder aquisitivo, e alcançou valorização no mercado. Tempos depois, entre 2016 e 2021, as ações da Target cresceram 131%, enquanto as da Walmart, 34%.[32]

Atualmente, existem cerca de 2 mil lojas Target nos Estados Unidos. Detalhe: a maioria delas está nos mesmos mercados que o Walmart. Apesar disso, graças à estratégia de linhas exclusivas e itens assinados, apenas 40% dos produtos se sobrepõem e são concorrentes diretos. E o objetivo é reduzir essa semelhança ainda mais.

Note que a rede só encontrou esse caminho vencedor porque foi pressionada pela gigantesca concorrente. Se não fosse pelo Walmart, talvez a Target fosse hoje apenas mais uma rede de varejo.

Olhando por esse prisma, chegamos à conclusão de que enfrentar fortes concorrentes não é nada agradável, mas é necessário. É o que nos obriga a ser cada dia melhores. Como diz o brilhante texto a seguir, encontrado entre os papéis de Attilio Fontana, fundador da Sadia, após sua morte:[33]

> Benditos sejam os meus concorrentes
> Que me fazem levantar cedo e me render mais o dia
> Que me obrigam a ser mais atencioso, competente e correto
> Que me fazem avivar a inteligência para melhorar meus produtos e meus serviços
> Que me impõem a atividade, pois, se não existissem, eu seria lânguido, incompetente e retrógrado
> Que não dizem minhas virtudes e gritam bem alto meus defeitos e, assim, posso me corrigir
> Que quiseram arrebatar-me o negócio, forçando-me a me desdobrar para conservar o que tenho
> Que me fazem ver em cada cliente um homem a quem devo servir, e não explorar, o que faz de cada um meu amigo

*Que me fazem tratar humanamente meus vendedores, para que
se sintam parte de minha empresa e, assim, vendam com mais
entusiasmo*
*Que provocaram em mim o desejo de me superar e melhorar
meus produtos*
*Que por sua concorrência me converti em um fator de progresso e
prosperidade para o meu país.*
Salve, concorrentes, eu os saúdo...
Que o Senhor lhes dê vida longa.

OPORTUNIDADES DISFARÇADAS
NA INSATISFAÇÃO DE CLIENTES

O comandante Rolim convidou 100 funcionários para o voo inaugural da TAM com destino a Miami. Porém deu tudo errado na viagem. O voo atrasou quatro horas, os assentos estavam trocados, o serviço de bordo foi lento e falho. Nem é preciso dizer que os passageiros ficaram irritados.

Porém, no final da viagem, Rolim revelou que tudo fora feito de propósito, para que a equipe sentisse na pele por que deveriam tratar bem o cliente, com simpatia, bom serviço e sem atrasos.

No final, o comandante perguntou: "Respondam com sinceridade: se fossem passageiros de verdade, vocês voltariam a esta companhia?"[1]

A Disney é o maior grupo de entretenimento do mundo. Seus parques temáticos, construídos a partir de 1955, se tornaram sinônimo de alegria, diversão e... reclamação.

Pelo menos foi isso que a empresa enfrentou em alguns de seus parques no início dos anos 1970. Um número crescente de visitantes vinha se queixando de funcionários desatentos, mal-humorados, displicentes e até ríspidos.

Para apurar as razões do mau comportamento, a direção resolveu entrevistar a equipe. E descobriu que alguns empregados se sentiam desprestigiados e desvalorizados por ocuparem cargos tidos como baixos, como faxineiro, pipoqueiro, garçom, vendedor de algodão-doce e outros. Sentiam-se diminuídos perante companheiros com cargos mais "altos", como caixas, operadores de brinquedos e rapazes com a fantasia do Mickey.

O desafio era claro: como manter os colaboradores motivados independentemente da posição que ocupavam?

Foi então que a Disney teve uma grande ideia: em vez de registrar os funcionários numa função específica, passou a contratar todos como "atores".[2] Assim, o homem da pipoca não era mais um pipoqueiro, mas um ator fazendo o papel de melhor pipoqueiro do mundo. A moça da limpeza não era "uma simples faxineira", mas uma atriz representando a melhor faxineira que existe. Com isso, a Disney podia exigir de seus funcionários o máximo de dedicação ao desempenhar cada "papel".

O treinamento passou a se chamar aula de teatro. O objetivo era evitar também que os problemas pessoais da equipe interferissem no tratamento aos visitantes. Na hora de "entrar no palco", todos deveriam esquecer o que se passava do lado de fora e buscar a melhor atuação possível. Sem prévio aviso, os contratados podiam ser convidados a desempenhar outros papéis. Os "atores" de mais destaque no grupo teriam suas performances reconhecidas.

Desnecessário dizer que a estratégia deu certo. Quem já visitou os parques da Disney sabe que a simpatia, a dedicação e o comprometimento dos atendentes são exemplares. Este é um dos maiores segredos do sucesso da companhia: a preocupação constante em identificar e atender os desejos do consumidor.

Uma pesquisa[3] realizada pela Disney revelou as razões apontadas pelos clientes para deixarem de comprar um produto ou contratar um serviço em geral:

- 9% porque morreram ou se mudaram para um local onde não existe o produto;
- 9% por encontrarem similares com preço menor;
- 14% por problemas de qualidade;
- 68% porque foram mal atendidos pelos vendedores.

Observe o que revelam os números: de cada 10 clientes que uma empresa perde, 7 se vão por conta do atendimento. E você botando a culpa na concorrência desleal, nos impostos elevados, no mercado ruim, na falta de sorte…

E não para por aí. Uma pesquisa (geralmente atribuída à Ford americana) para medir a influência da opinião de seus clientes sobre possíveis compradores apurou que um cliente insatisfeito espalha sua opinião para 22 pessoas, enquanto um satisfeito, para 8. Isso é ainda mais preocupante na era digital, em que as pessoas têm espaço ilimitado para relatar suas experiências, positivas ou negativas, e fazer críticas livremente. Como bem resumiu Kevin Roberts, publicitário inglês: "Nada é mais poderoso que a recomendação de um amigo."

Ou seja, a melhor forma de divulgar sua marca e reter consumidores é investir no bom atendimento. Isso significa prezar por uma experiência agradável em todos os pontos de contato com o público, desde a equipe de vendas, representantes da marca e funcionários até o serviço de telemarketing.

De todas as formas de atendimento deficiente, nada irrita mais do que o telemarketing padrão: frio, mecânico, repetitivo – "O ramal tá ocupado. O senhor poderia estar ligando mais tarde?", "Não consta, algo mais?", "Não é daqui, senhor. Só um minutinho que vou estar transferindo para o ramal responsável", "Sua ligação é muito importante para nós. Aguarde mais um momento que já vamos atendê-lo".

Em contrapartida, quando encontramos um atendente rápido e eficaz, que realmente quer resolver nosso problema, ganhamos o dia, não é mesmo? Foi isso que aconteceu com os clientes de uma empresa de televendas americana nos anos 1980.

Uma das telefonistas se sobressaía por ser simpática, atenciosa, espontânea e estar sempre de bom humor. Rapidamente ela se tornou a preferida dos clientes, o que gerou um enorme problema de congestionamento nas linhas. Afinal, todas as pessoas queriam falar com a Susan.

A saída encontrada pela empresa foi de uma simplicidade desconcertante. Primeiro, promoveu um treinamento no qual a atendente-modelo ensinou às outras os segredos de sua popularidade. Depois, numa atitude surpreendente, determinou que todas as telefonistas se apresentassem como... Susan.

Todas seriam clones da Susan: ouviriam como ela, falariam como ela, se interessariam como ela. Até levariam seu nome.

O resultado? Bem, lógico que alguns clientes suspeitaram que não era a Susan original que os estava atendendo. Mas qual a diferença? Eles estavam recebendo um bom atendimento. Era isso que importava.[4]

As corporações precisam entender que pouco adianta investir milhões em propaganda se o atendimento aos clientes é péssimo. E isso não se resume ao pessoal de vendas e do atendimento propriamente dito. Em algum momento, todo funcionário tem contato com o público. Não importa se é o porteiro, o estagiário, o rapaz que não saiu para almoçar ou o encarregado de outro departamento; no instante em que fala com o cliente, ele é responsável pela imagem da marca. Naquele momento, a pessoa é a empresa.

Sam Walton, lendário fundador do Walmart, vivia dizendo nas reuniões: "Se você não está atendendo um cliente, deve estar atendendo alguém que está atendendo um cliente. Fora isso, você não tem grande utilidade."

O presidente de uma importante empresa brasileira lançou o lema "É comigo, sim". O objetivo era conscientizar a equipe da importância de atender as necessidades do público e evitar respostas evasivas do tipo "Isso não é comigo", "Não é do meu departamento", "Infelizmente não posso ajudá-lo" e daí por diante.

Manter os clientes satisfeitos é uma tarefa difícil, principalmente nos dias atuais. Nunca na história da humanidade o consumidor teve tanto poder de escolha, variedade de marcas, acesso à informação e noção dos seus direitos. O resultado disso tudo é que ele muda suas preferências com muita rapidez e facilidade. Uma hora quer alimentos light, depois não quer mais. Uma hora quer carros grandes; depois, veículos elétricos e econômicos. Uma hora quer carboidratos; depois, proteínas. E por aí vai.

A única maneira de as empresas acompanharem o consumidor é monitorar continuamente essas variações. Como se faz isso? Primeiro, estando próximo do cliente.

Era o que fazia o comandante Rolim. Seu hábito de ficar na entrada dos aviões cumprimentando os passageiros deu muito o que falar. Para detratores, era apenas jogada de marketing; para o comandante, uma forma de ouvir diretamente da fonte comentários, solicitações e reclamações. "O que o cliente vê vale mais do que o que você fala", repetia à exaustão o empresário.

Para garantir a proximidade com seu público, Rolim criou o serviço "Fale com o Presidente", em que os passageiros registravam suas impressões durante os voos e enviavam diretamente ao número 1 da companhia.

Um dos erros mais comuns cometidos por empresários e altos executivos é viverem enclausurados no topo de prédios imponentes, em salas glamourosas e distantes do povo. Ouvir as pessoas é mais do que uma oportunidade de descobrir, sem intermediários, seus anseios e necessidades – é uma chance única de identificar novos mercados, lançar novidades e aprimorar os produtos existentes. É o que mostra o caso a seguir.

O milionário inglês lorde Montagu havia acabado de comprar um impecável Rolls-Royce feito à mão. Enquanto acertava os últimos detalhes do pagamento, fez uma observação ao vendedor:

– Para o carro ficar perfeito, só faltava uma coisa.

– O quê?

– Não sei... Um símbolo, um ícone imponente no capô.

– Lamento, senhor, mas a direção não deixa mexer no produto...
Lorde Montagu pensou por alguns instantes e murmurou:
– Vocês não podem fazer. Mas eu posso.

Alguns meses depois, o milionário voltou à concessionária para mostrar sua criação. Sobre o capô do veículo havia a escultura de uma linda e sensual mulher com os braços e as pernas esticados como se estivesse voando. O cliente explicou:

– Encomendei a peça a Charles Sykes, um dos mais conceituados escultores de Londres. Pedi que ele retratasse uma garota sentindo muito prazer com o vento no rosto.

– Ficou fantástico. Mas quem é essa mulher maravilhosa?

Depois de olhar para os lados, Montagu respondeu:

– É minha secretária, Eleanor. Mas não conte para minha esposa, hein, rapaz?

O fato chegou aos ouvidos da direção da montadora, que se interessou em conhecer a peça. E ficou tão encantada que, numa decisão admirável, resolveu incorporar o detalhe à linha de produção. E foi assim que surgiu a escultura *Spirit of Ecstasy*, que desde os anos 1930 enfeita os carros da Rolls-Royce.[5]

Especulando: tudo indica que o vendedor não guardou segredo sobre a musa inspiradora do milionário. Se ele tivesse se calado, provavelmente você não estaria lendo essa história aqui. Ninguém sabe como a esposa de lorde Montagu reagiu quando ficou sabendo.

• • •

Atender de modo atencioso e ouvir os clientes é mais do que uma poderosa forma de fidelizar o consumidor e aprimorar produtos. Pedidos, sugestões e reclamações podem indicar um novo filão em que atuar.

Não é novidade para ninguém que o iPod foi um dos eletrônicos mais bem-sucedidos dos últimos tempos. Lançado em 2001, em apenas quatro anos a linha já representava 33% da receita da Apple, fazendo a empresa sair de um prejuízo de 25 milhões de dólares para um lucro de 276 milhões.

O que provavelmente você desconhece é que o iPod surgiu graças à insatisfação dos clientes com outro produto Apple. Aconteceu assim: no final dos anos 1990, a nova linha iMac foi lançada nos Estados Unidos. Ao mesmo tempo que obteve calorosa recepção do público, recebeu muitas reclamações, em especial porque os computadores não traziam gravador de CD nem drive para disquete. Ou seja: não permitiam gravar arquivos de forma alguma. Era uma falha grave.

Nessa época, o mundo assistia ao espantoso crescimento da música digital. Cada vez mais pessoas descobriam a facilidade de fazer downloads, compartilhar arquivos e obter cópias não autorizadas de CDs. Inexplicavelmente, a empresa de Steve Jobs ignorou essa tendência.

Mas os consumidores continuaram fazendo barulho, tanto que Jobs se viu obrigado a olhar para o problema. E se surpreendeu com o que viu: estava ocorrendo uma mudança radical na forma de se consumir música. O computador havia se transformado num tocador de MP3. A tecnologia havia convertido cada pessoa em gravadora. E, com a possibilidade de enviar os arquivos pela internet, também em distribuidora. Partindo desse raciocínio, Jobs imaginou: depois de gravar e compartilhar suas músicas preferidas, o que os usuários vão querer? Se locomover por aí ouvindo música digital, claro.

Imediatamente o executivo se recordou da revolução que o walkman tinha representado em sua juventude, nos longínquos anos 1970. E decidiu: "A Apple vai criar o walkman do século 21."

É verdade que o iPod não foi o primeiro tocador portátil de MP3. Outras empresas já haviam desenvolvido esse tipo de aparelho, mas nenhum tinha emplacado. Jobs convocou a equipe e lançou o desafio: criar um aparelho com o estilo e a facilidade Apple num curtíssimo espaço de tempo.[6]

Assim, em outubro de 2001, pouco mais de um mês depois dos ataques terroristas ao World Trade Center, ocorreu outro fato histórico: o lançamento do fenômeno que vendeu mais de 450 milhões de unidades até sair de linha, em maio de 2022.[7]

O iPod modificou totalmente a maneira de ouvir música digital. E fez a Apple passar de apenas mais uma fabricante de computadores a gigante do setor de eletrônicos.

E tudo graças às reivindicações dos clientes, que apontaram para uma oportunidade disfarçada – como também aconteceu no caso a seguir.

Por volta dos anos 1950, os Estados Unidos entraram num período de grande prosperidade econômica. Animados com o otimismo geral do pós-

-guerra, os casais voltaram a ter filhos. Diversos empresários viram possibilidades de faturar alto com o *baby boom*.

Foi o que aconteceu com o proprietário de uma pequena loja de móveis para bebês de Washington. Em menos de um mês, diversos clientes haviam procurado seu estabelecimento atrás de brinquedos: "O senhor tem bonecas? Carrinho de madeira? Cavalo de pau? Pião? Joguinhos?" E saíam frustrados por não encontrarem o que queriam.

Até aquela época, produtos infantis como esses eram encontrados apenas em lojas de departamentos e, principalmente, no período do Natal. Não passava pela cabeça de ninguém (talvez só das crianças) que a gurizada gostasse de ganhar brinquedos também no restante do ano.

O proprietário do armazém citado, Charles Lazarus, decidiu atender os consumidores. Entrou em contato com os fabricantes e encomendou os itens mais pedidos.

O sucesso foi rápido. Em 1957, ele já possuía três lojas em que os brinquedos eram o negócio principal. Sempre guiado pelas solicitações dos clientes, Lazarus introduziu novidades no segmento, como descontos significativos, ampla variedade e autosserviço. Com tantos atrativos, a rede não parou mais de crescer.

Essa é a história da Toys "R" Us,[8] rede que chegou a ter mais de 1.500 lojas espalhadas pelo mundo e faturamento anual acima dos 11 bilhões de dólares.

Note que Lazarus não teve qualquer informação privilegiada ou vantagem competitiva em relação aos demais lojistas. O que ele teve mais do que os outros foi sensibilidade, coragem e espírito empreendedor. É isso que diferencia líderes visionários de comerciantes comuns.

Nos anos 1950, quem andava por São Paulo podia ver a quantidade de nordestinos nas ruas da cidade. Vindos em busca de uma vida melhor, muitos desses migrantes não tinham estudo, formação nem documentação, por isso se viam obrigados a aceitar trabalhos mal remunerados e sem carteira assinada. Por não terem garantias, não podiam fazer compras a prazo, porque os comerciantes temiam calotes.

Sem opção, eram obrigados a adquirir produtos dos mascates que circulavam pelas ruas. Um desses vendedores ambulantes, Samuel, sabia das queixas e reclamações dos migrantes, que se julgavam vítimas de preconceito e discriminação. Samuel vendia cobertores, toalhas e outras mercadorias apenas na base da palavra e sabia que os nordestinos eram bons pagadores. Apesar de não ter papel assinado ou qualquer comprovante, 70% deles pagavam em dia. E os outros 30% podiam até atrasar, mas em algum momento também honravam suas dívidas.

De olho num mercado que crescia sem parar, Samuel pensou em montar uma loja especialmente dedicada a esse público, um lugar onde qualquer pessoa pudesse abrir crediário, bastando comprovante de residência. Como muitos migrantes eram analfabetos, o mascate providenciou uma ficha na qual, no lugar da assinatura, havia espaço para a impressão digital.

Para colocar seu plano em prática, em 1957 o comerciante adquiriu uma pequena loja em São Caetano do Sul, com 800 clientes cadastrados. Para vender, Samuel usou suas técnicas de mascate: mandava seus vendedores abordarem as pessoas nas ruas, tirarem os pedidos e anotarem tudo em cadernetas.

Nem é preciso dizer que os nordestinos, até então abandonados pelo comércio e carentes de muitos produtos, invadiram a Casa Bahia (no singular mesmo, porque era uma loja só), do jovem Samuel Klein, obrigando-o a abrir filiais rapidamente.[9]

Por descobrir, praticamente sozinho, um nicho inexplorado, Klein construiu um império gigantesco. Apesar de enfrentar dificuldades nos últimos anos, as Casas Bahia seguem como uma das principais redes de varejo de eletrônicos e de móveis do Brasil.[10]

Para efeito de curiosidade: o nome Casas Bahia não foi criado por Samuel. A loja comprada por ele em 1957 já tinha esse nome (sem o "s"). Já o boneco baianinho, símbolo da rede, é fruto de sua gestão. O personagem possui chapéu de pernambucano e bombachas gaúchas, para representar a integração do Brasil dentro das lojas. Klein assim resume os fatores de seu sucesso: "Pobre e mercadoria nunca vão faltar no Brasil. O país é muito grande e populoso."[11]

Casas Bahia: os segredos para atrair a classe C

Cerca de um terço dos brasileiros faz parte da classe C, mas atender a esse público é bem mais complexo do que as empresas pensam. A classe C quer preço baixo, mas também exige qualidade, valoriza – e muito – o relacionamento e tem lá seus caprichos, como rejeitar o termo "popular" na propaganda.

No Brasil, durante muito tempo quem se saiu melhor na tarefa de vender para esse público foram as Casas Bahia. Qual o segredo? Como a companhia consegue ser tão bem-sucedida nesse segmento? A resposta é experiência e muito, muito conhecimento. A seguir, alguns fatores-chave para o sucesso da rede:

1. *Facilidade na abertura de crédito*
Boa parte da classe C é formada por gente que não tem como comprovar renda. São vendedores ambulantes, empregadas domésticas, pedreiros. As Casas Bahia tornaram o crédito acessível a essas pessoas, exigindo apenas comprovante de residência e nome limpo na praça. De cada 100 clientes da rede, cerca de 70 não têm como comprovar os rendimentos.

2. Feeling *para aprovar o cliente*
O segredo para evitar a inadimplência é identificar os mentirosos. Como? A empresa utiliza alguns truques na entrevista. Se o sujeito se apresenta como carpinteiro, o analista observa se ele tem calos nas mãos. Se disser que é pintor, o funcionário procura por respingos de tinta nas roupas. Às vezes o analista finge estar reformando a própria casa e pede indicações de profissionais para um homem que se diz pedreiro, por exemplo. "Crédito é cheiro, por isso é preciso conversar com o cliente", revela um funcionário.

3. *Sensibilidade para perceber o padrão de vida do cliente*
Muitas vezes o comprador não tem noção de seu real poder aquisitivo. E decide levar algo que não cabe no seu bolso. É nesse momento que entra em cena a habilidade do pessoal da loja. Se um sujeito quer comprar um produto mas o valor visivelmente excede sua condição, o vendedor sutilmente oferece opções mais em conta.

4. *Checar se o endereço do cadastro é o mesmo da entrega*
É comum que um cliente com nome limpo "empreste" o nome para que um terceiro possa realizar suas compras. Para evitar a manobra, que fa-

cilmente resulta em inadimplência, o financiamento só é liberado se o endereço do cadastro for o mesmo da entrega.

5. *Cobrar sem agredir ou intimidar*
Se um cliente atrasa o pagamento, seis dias depois recebe uma mensagem informando do esquecimento. Se não funcionar, um representante vai à casa do sujeito. O cobrador é orientado a analisar a situação e agir caso a caso. Se o cliente for vítima de uma demissão coletiva, por exemplo, o pagamento é renegociado. A empresa deixa claro ainda que compreende o período de dificuldade e promete não deixá-lo na mão. É claro que, com essa atitude, se conquista o freguês para sempre.

6. *Clima amigável e intimista nas lojas*
Sempre que inaugura uma nova loja, a rede dá preferência à contratação de moradores do próprio bairro. Dessa forma, estabelece um ambiente de intimidade e descontração. Os funcionários são orientados a tratar os clientes antigos pelo nome.

7. *Produtos de qualidade*
O público da classe C está informado e exigente como nunca. Seu sonho é consumir as mesmas marcas das classes mais altas. Por isso, as Casas Bahia fazem questão de trabalhar também com as marcas mais conceituadas do mercado. "Com a experiência, aprendemos que vender artigos ruins só faz aumentar a inadimplência", afirmou Michel Klein, filho do fundador, Samuel Klein.

8. *Investimento maciço em comunicação*
Durante muito tempo as Casas Bahia foram a marca que mais investiu em publicidade no Brasil. Em 2022, mesmo integrando o Grupo Via, continuavam entre os líderes nesse quesito.

9. *Entrega própria*
Ao contrário de outras gigantes do varejo, a rede mantém sua própria frota de entrega. Segundo a companhia, esse é o momento mais favorável para estreitar o relacionamento com o consumidor. Os entregadores

ajudam a posicionar os produtos, trocam os móveis de lugar e até içam artigos pela janela, sempre com um sorriso no rosto. Além de garantir agilidade (na Grande São Paulo, as entregas são feitas no próximo dia útil ao do pedido), permite comprovar o endereço do cliente.

10. *Contar com a honestidade do brasileiro*
Pode parecer arriscado aprovar crédito sem comprovação de renda, mas as Casas Bahia descobriram que os consumidores de baixa renda são os melhores pagadores. Têm princípios, honram compromissos e zelam pelo nome limpo, mesmo porque, muitas vezes, é a única garantia de que dispõem. "Quanto mais pobre o cliente, mais pontual é o seu pagamento. O pobre preza a reputação e não admite perder o crédito", disse Samuel Klein. No início de 2024, o índice de inadimplência na rede estava em 9%, enquanto no varejo em geral chegava a 40%, ainda reflexo da pandemia de covid-19.[12]

• • •

Para identificar oportunidades disfarçadas, os executivos precisam estar dispostos a mudar de direção de acordo com a voz que vem das ruas. Veremos agora quatro empreendedores que souberam fazer isso de forma exemplar.

Em 1959, uma marca japonesa de motocicletas tentava entrar no mercado americano. Tarefa quase impossível. Isso porque, naquele mundo pós-guerra, os japoneses e seus produtos tinham péssima imagem. Para piorar, as motos eram de grandes cilindradas, 250cc e 350cc, tinham preços elevados e ainda apresentavam problemas na embreagem e vazamento de óleo.

Diariamente os vendedores voltavam para o escritório desanimados com a fria recepção. Em meio a tantas queixas, alguns traziam um comentário curioso: os clientes não se interessavam pelas motos maiores, mas algumas pessoas achavam interessantes as "cinquentinhas" que a equipe de vendas usava para se locomover pelas cidades. O modelo de 50cc, chamado Super Cub, fora desenvolvido especialmente para os vendedores. Ninguém poderia imaginar que os americanos, tradicionais amantes de veículos grandes e possantes, pudessem se interessar por motos tão frágeis e pequenas.

Certo dia, um dos representantes retornou à central dizendo que tinha uma notícia boa e outra ruim:

– A boa é que consegui uma encomenda de 25 motocicletas.

Todo mundo festejou.

– E a ruim? – alguém perguntou.

– Vendi o que não podia: as nossas cinquentinhas.

Então a empresa japonesa resolveu deixar de lado os modelos grandes e investir nas de 50 cilindradas. A estratégia contou com o apoio de uma intensa campanha publicitária associando o produto a diversão barata.

Foi dessa forma que a Honda entrou no mercado americano. E obteve rápido crescimento: em apenas quatro anos a marca já detinha 50% do segmento de motocicletas no país.[13] Interessante, não é mesmo? Infelizmente, muitas empresas preferem impor suas convicções a ouvir a voz do mercado. Inúmeras oportunidades são desperdiçadas em função de miopia, orgulho ou ego dos executivos. "Por maior que seja uma empresa, o dono precisa ser humilde", dizia o comandante Rolim.

Nesse sentido, negócios menores são mais fáceis de manobrar.

O inglês Richard Blychenden estava aflito na feira de alimentos na Louisiana, Estados Unidos. Importador de chá indiano, o expositor não havia poupado investimentos para montar seu estande: levara nativos do Ceilão (atual Sri Lanka), que, vestidos com roupas típicas, preparavam o chá na hora. Estava tudo perfeito. Só um detalhe havia fugido ao controle de Richard: o clima.

Aquela semana foi insuportavelmente quente na região. Os visitantes sofriam com o calor, suavam em bicas e ninguém queria saber de bebida quente. Pelo contrário: tudo que queriam era se refrescar com sorvetes e bebidas geladas. No primeiro dia, Richard ficou preocupado. No segundo, tenso. E no terceiro, desesperado. O caprichado estande, sempre vazio, levou o inglês a concluir: tinha que fazer alguma coisa, e rápido. Foi quando um grupo de rapazes passou pelo local e um deles perguntou:

– Que bebida gelada você tem aí?

Sem titubear, Richard respondeu:

– Chá gelado.

– Chá gelado? Nunca ouvi falar. É bom?

– Excelente. Passem daqui a uma hora para experimentar.

O grupo deu de ombros e foi embora. Até então, ninguém tinha pensado em tomar chá gelado. A ideia soaria tão estranha hoje como beber Coca-Cola quente. Mas o inglês estava determinado: pegou emprestados com expositores vizinhos alguns copos altos e adicionou gelo ao chá. Os nativos pensaram que o calor havia deixado o patrão de miolo mole. Richard escreveu, ele mesmo, um grande cartaz com letras garrafais: "Novidade. Chá gelado. Delicioso. Experimente".

Quando passaram novamente por ali, os rapazes resolveram provar a bebida. E aprovaram. Em pouco tempo uma fila se formou no estande do inglês. Foi assim que, em 1904, foi criado o Ice Tea,[14] hoje uma das bebidas mais populares do mundo.

Muita coisa que parece inovação é, na verdade, uma adaptação de algo já existente a um novo cenário. A criatividade vem de observar o que interessa ao cliente. Como no caso a seguir.

Em meados do século 19, a Corrida do Ouro na Califórnia atraiu mais de 300 mil pessoas para a região. Era gente vinda dos Estados Unidos, Canadá e Europa. Entre a multidão havia um jovem de 24 anos angustiado.

Esse rapaz recém-chegado da Baváría, região no sul da Alemanha, havia investido todas as suas economias em tecidos para barracas. O problema era que chegara tarde demais. Os primeiros vendedores já tinham suprido a necessidade dos mineiros. Para complicar, o tecido era extremamente resistente e, portanto, ninguém precisava recomprá-lo.

Recostado a seu balcão, ele matutava sobre o assunto quando foi interrompido por um homem com a picareta na mão:

– O senhor tem calças aí?

– Calças?

– É... As minhas rasgaram. Preciso de outras. Mas bem resistentes.

O jovem reparou na vestimenta do mineiro: um macacão em frangalhos, com o tecido puído e bolsos estourados cheios de remendos. Olhando em volta, viu que aquela era a realidade de praticamente todos os garimpeiros. Imagine como aquilo devia preocupá-los, afinal, os homens guardavam as pepitas de ouro nos próprios bolsos.

De repente, o bávaro teve um estalo. Pediu ao sujeito que voltasse mais tarde porque ele teria a tal calça resistente. Em seguida, pôs o rolo de lona debaixo do braço e foi procurar um alfaiate:

– Você pode fazer uma calça com este tecido?

– Com lona? É muito grossa. Quem vai querer uma calça tão desconfortável, áspera e quente?

O mundo inteiro. Essa é a história da criação do jeans, a mais universal roupa já criada.[15] As calças e os macacões desenvolvidos por Levi Strauss em 1873 logo se tornaram populares entre os mineiros, depois conquistaram as cidades americanas e, finalmente, todo o planeta.

Passados 150 anos, o jeans continua na moda e festejado pelos estilistas. Yves Saint-Laurent, um dos nomes mais importantes da alta-costura do século 20, declarou, certa vez: "Eu só tenho um arrependimento na vida: não ter inventado o jeans."[16]

Por falar em moda, uma coisa que sempre esteve em alta foi a preocupação com a aparência, ainda mais quando são personalidades públicas. Imagine então o desespero das atrizes de Hollywood em 1930. A chegada do cinema em cores permitiu a transmissão de uma imagem mais realista, o que tornou visíveis os pés de galinha, as marcas de expressão, os poros abertos, as espinhas, etc. A nova tecnologia incluía também uma iluminação mais forte nos estúdios, que derretia a maquiagem e expunha ainda mais as imperfeições.

Quem testemunhava a aflição das estrelas era o maquiador Max. Ele atendia a grandes nomes como Greta Garbo, Marlene Dietrich e Katharine Hepburn, entre outras. Na linha do "eu era feliz e não sabia", elas se lembravam com saudades do cinema em preto e branco, que as deixava com pele de bebê na tela.

Não havia o que fazer, pensou Max. Talvez a única saída fosse uma maquiagem mais forte do que o pó de arroz utilizado até então. Alguém tinha que inventar isso e... "Ei, por que não eu?", pensou o maquiador.

Em seu próprio salão, Max iniciou inúmeros testes. Misturou produtos diferentes, pesquisou substâncias, falou com outros especialistas. Finalmente, depois de muitas tentativas, chegou a uma loção cremosa, consistente, de cor muito próxima à da pele branca. As clientes fizeram fila para experimentar a novidade.

Foi assim que Max Factor criou a base, ou pancake, e atendeu à necessidade de mulheres do mundo inteiro.[17] A partir do produto, ele construiu um verdadeiro império da indústria de cosméticos.

Quem planeja abrir um novo negócio ou se aventurar em outro segmento deve ter atenção redobrada aos anseios do consumidor. Só assim poderá identificar um foco que permita criar um diferencial realmente relevante.

Por exemplo: nos anos 1970, o segmento de cosméticos na Inglaterra sofria forte pressão da sociedade. O motivo era a prática de utilizar animais como cobaias em testes de novos produtos de beleza. Os fabricantes do setor se defendiam alegando que as indústrias farmacêuticas e alimentícias também faziam isso, mas, para os ativistas, os casos eram bem diferentes: enquanto remédios e alimentos eram gêneros de primeira necessidade, cosméticos eram apenas capricho das classes mais abastadas. E as lojas do segmento reforçavam essa visão: eram ostensivas e luxuosas, e seus produtos, caros. O debate se intensificou a ponto de chegar à violência. Lojas foram depredadas; proprietários, agredidos; houve diversos confrontos com a polícia.

Você concorda que, num ambiente hostil como esse, ninguém ousaria lançar uma nova marca de cosméticos, certo? A não ser, é claro, que identificasse naquilo tudo uma grande oportunidade.

O casal Anita e Gordon Roddick já tinha tentado montar um restaurante e um pequeno hotel. Agora, buscavam um novo ramo para atuar. Eles avaliaram que o movimento em favor dos animais não seria uma onda passageira. Pelo contrário, tenderia a aumentar com o passar dos anos. Resolveram, então, investir seu patrimônio no desenvolvimento de loções que atendessem a essa demanda.

Depois de muito trabalho, chegaram a uma linha de beleza que só utilizava produtos naturais. Na hora de montar a loja, tiveram cuidado redobrado para não serem confundidos com o restante do setor, optando por uma decoração simples, com apenas o mínimo necessário para ser aconchegante.

Foram ainda mais longe: determinaram que uma parcela das vendas seria destinada a auxiliar projetos de proteção aos animais. No lançamento da marca, em 1976, outro diferencial: em vez de propaganda, usaram apenas um eficiente trabalho de assessoria de imprensa divulgando o posicionamento, a filosofia e os valores inovadores da empresa.[18]

O discurso da The Body Shop atingiu em cheio o coração dos ingleses, que não apenas se tornaram consumidores como também defensores e divulgadores da nova grife. O engajamento deu impulso e grande visibilidade para a empresa.

Com certeza, o êxito da estratégia se deveu ao fato de o compromisso ser real, e não apenas para inglês ver (desculpe o trocadilho). Em pouco tempo a The Body Shop repassava gordas contribuições para a campanha Salve as Baleias, do Greenpeace, e apoiava fundações importantes como o The Big Issue, em prol de pessoas em situação de rua.

Graças ao seu diferencial social e ambiental, a The Body Shop se tornou uma marca global praticamente sem investimentos em mídias de massa. Atualmente, são cerca de 3 mil lojas espalhadas em 70 países.[19]

Note como os Roddick foram visionários. Apostaram no compromisso ecológico e social décadas antes de isso se tornar tendência mundial.

Considere agora a seguinte situação: os consumidores pensam que sua empresa atua num segmento em que ela nunca esteve. O que fazer? Preste atenção, pois pode ser uma oportunidade disfarçada de equívoco.

No final dos anos 1980, a Victorinox, tradicional fabricante de canivetes suíços, resolveu fazer uma sondagem com seu público e descobriu algo surpreendente. Quando perguntados sobre quais produtos da marca conheciam, os entrevistados respondiam canivetes e... relógios. Acontece que, em toda a sua história, a Victorinox jamais havia fabricado um único relógio.

A direção da empresa não soube explicar as razões do engano, mas, em vez de esclarecer o mal-entendido, sabiamente acolheu a resposta do público e desenvolveu sua coleção de relógios.[20] Foi a extensão de linha mais tranquila de que se tem notícia: o novo produto fez tanto sucesso que atualmente está presente em 80 países.

Mais revelador do que fazer uma pesquisa num instituto, com salas de espelhos e mediadores, é participar ativamente da vida dos consumidores. Experimente ir à casa de seus clientes, fazer compras com eles, observá-los enquanto utilizam o seu produto. Você vai descobrir que melhor do que perguntar é observar.

Em 1995, com o objetivo de desenvolver um novo aspirador de pó, a Procter & Gamble contratou uma empresa para acompanhar o comportamento do consumidor. Em fevereiro daquele ano, um dos consultores entrevistava uma senhora na cozinha da casa dela:

– O que acha dos aspiradores atuais?

– Excelentes.

– A senhora tem alguma sugestão para melhorá-los?

– Não, estou muito satisfeita e... Um minutinho só, por favor.

Ela interrompeu a conversa porque notou alguns grãos de café espalhados pelo chão. Então retirou uma vassoura e uma pá de dentro de um armário e se pôs a recolhê-los. Terminada a operação, voltou para a conversa:

– Desculpe. Onde paramos?

O consultor estava boquiaberto. A mulher acabava de se contradizer: afirmara estar satisfeita com os aspiradores, mas optara pela vassoura para limpar o chão. Intrigado, o homem indagou:

– Por que a senhora não usou o aspirador agora?

– Ah, para essa sujeirinha à toa? Bobagem. Para que pegar aquele aspirador pesado, desenrolar o fio, ligar na tomada? Não tem necessidade.

E assim o homem fez uma constatação reveladora: em vez de criar um aspirador mais moderno, a P&G deveria criar algo mais prático do que a vassoura e a pá.

Esse foi o estopim para a criação de um dos produtos domésticos de maior sucesso dos últimos tempos nos Estados Unidos: o Swiffer,[21] uma espécie de vassoura que dispensa a pá. Ela utiliza um paninho de microfibra que, por ação de sua carga eletrostática, atrai o pó e pequenas partículas de sujeira.

Aparentemente desimportante, a novidade, lançada em 1999, foi capaz de reverter praticamente sozinha a tendência de queda das ações da gigante P&G.

O sucesso foi tão grande que a linha se multiplicou com o passar dos anos. De acordo com o site da companhia, 50 milhões de casas americanas possuem algum produto da família Swiffer.

Outra marca que decidiu observar seu público de perto foi a Harley-Davidson. Em 1980, a empresa atravessava a maior crise de sua história, perdendo continuamente mercado para as japonesas Honda e Kawasaki.

O maior patrimônio da Harley sempre foi sua mística e tradição. Fundada em 1903, a marca teve participação importante em diversos momentos do século 20, como na Primeira Guerra Mundial e no cinema. O filme cult *Sem destino*, com Peter Fonda e Denis Hopper, ajudou a transformar a Harley-Davidson em símbolo de liberdade e contestação.

Na opinião do então CEO da empresa, Vaughn Beals, essa magia ao redor da marca era a única forma de competir com as concorrentes orientais. Afinal, em termos de produto, as motocicletas japonesas deixavam as americanas comendo poeira. Eram mais baratas e de melhor qualidade, enquanto as Harleys tinham problemas sérios como vazamento de óleo e motor muito barulhento. Até os mais fiéis consumidores já demonstravam insatisfação.

O primeiro passo, básico, foi investir no próprio produto, incorporando novas tecnologias, técnicas de produção mais avançadas e rígido controle de qualidade. O segundo passo foi investigar mais profundamente a aura em torno da marca. Vaughn decidiu retirar o pessoal da alta direção de suas salas fechadas e enviá-lo para as reuniões de motoqueiros e os grandes encontros da Harley em diversos pontos dos Estados Unidos.

A equipe então percebeu que a maioria das motocicletas da marca havia sido customizada pelo dono. De posse dessa informação, a montadora resolveu industrializar as principais modificações feitas pelos clientes. Assim, os novos produtos passaram a sair de fábrica com os chassis talhados, imagens de chamas pintadas nos tanques e diversas peças cromadas.

A estratégia deu certo e as vendas reagiram. Por isso, o CEO resolveu prosseguir na mesma trilha. Em 1983, criou o Harley Owners Group, clube exclusivo para os proprietários das motocicletas da marca.[22] Em troca de uma contribuição anual, os associados fariam parte de um grupo fechado e teriam seus encontros patrocinados pela própria Harley-Davidson. Além disso, a empresa investiu numa linha de roupas e acessórios colecionáveis (como vemos, a Harley construiu sua comunidade muito antes de isso se tornar uma tendência na era da internet).

O Harley Owners Group se revelou uma eficiente arma de fidelização e uma importante fonte de receitas para a companhia. Atualmente, o clube possui cerca de 1 milhão de associados, marcando presença em mais de 90 países, incluindo o Brasil.

Por estar próxima de seu público, a Harley-Davidson desfruta hoje uma posição invejável: mais do que uma motocicleta, é um estilo de vida. Como diz um executivo da empresa: "O que vendemos é a oportunidade de um contador de 43 anos se vestir de couro preto, sair de moto por aí e ver as pessoas com medo dele."[23]

Descubra qual o DNA da sua empresa e o respeite
Assim como as pessoas, as empresas têm DNA: é sua vocação, é aquilo que fez a empresa surgir, são os valores e características que estão gravados no

coração e na mente dos fundadores e funcionários e até impregnados nas paredes dos escritórios e das fábricas.

E, como algumas pessoas, há empresas que esquecem, desprezam e até se rebelam contra seu DNA e tentam ser outra coisa. Em ambos os casos, o resultado costuma deixar muito a desejar. Você deve ver por aí: empresa que sempre foi conservadora de repente posa de moderninha. Empresa que nunca deu bola para o meio ambiente se apresenta como a mais verde. E por aí vai. Em geral, isso é um esforço inútil, que dificilmente se sustenta no longo prazo. Tudo jogará contra: a cultura da organização, a mentalidade dos funcionários, a desconfiança dos clientes, golpes dos concorrentes e outros obstáculos.

Embora isso pareça óbvio, tentativas frustradas nesse sentido se repetem o tempo todo. Principalmente em momentos de dificuldade, é grande a tentação de os dirigentes copiarem a estratégia de concorrentes bem-sucedidos.

Quer dizer então que uma empresa não pode mudar, se transformar, evoluir? Pode e deve. Desde que tenha sempre o cuidado de respeitar a origem, a história e a imagem da marca.

Não foi à toa que comparei corporações com indivíduos. Os consumidores veem as empresas como se elas fossem pessoas: enxergam algumas como simpáticas, outras como sisudas; algumas como tímidas, outras tagarelas; algumas jovens, outras envelhecidas; algumas amigas, outras interesseiras; algumas confiáveis, outras nem tanto...

Qualquer mudança deve necessariamente combinar com a imagem que o público tem da empresa, porque só dessa forma a transformação será crível – da mesma maneira que um senhor carrancudo pode começar a sorrir ou um jovem inexperiente pode começar a usar gravata. São sinalizadores de uma mudança interna, que os consumidores assimilam com facilidade.

Quando se viu no epicentro da guerra contra a indústria de fast-food, o McDonald's não virou a casaca e se apresentou como a empresa mais saudável do mundo. Agiu de maneira serena e prática, reduzindo itens gordurosos e calóricos e incluindo saladas no cardápio. Mas continuou sendo o mesmo McDonald's de sempre: alegre, simpático, divertido, colorido. Alterou-se sem perder a identidade.

Quando esse cuidado não é observado, causa uma confusão dos diabos na cabeça das pessoas. Se antes elas tinham alguma imagem da empresa, passam a não ter mais nenhuma.

Por outro lado, quando uma empresa reencontra seu DNA, as coisas deslancham. A Harley-Davidson teve seu retorno triunfal apostando em sua mística e tradição. A Apple saiu do prejuízo para a glória apenas retomando a criatividade do início. A centenária P&G continua fiel aos seus valores de origem: pesquisa e desenvolvimento.

Para que tenha ainda mais aderência, o discurso deve ser repetido por toda a corporação, desde o presidente até as redes sociais, o pessoal de vendas, a propaganda, todo mundo falando a mesma língua. Como os consumidores veem a mudança agora? Com naturalidade: se empresas são como pessoas, não é natural uma pessoa querer evoluir?

Conheça o DNA da sua empresa. Isso vai orientar você na elaboração de estratégias de comunicação e a tomar decisões em momentos difíceis. E também vai evitar que sua marca seja vista pelas pessoas como se fosse alguém sem personalidade.

E QUANDO O CLIENTE NÃO TEM RAZÃO?

É famosa a frase: "O cliente tem sempre razão." Mas o que fazer quando ele não tiver razão? Quando estiver errado? Simples: tente tratá-lo como se ele estivesse certo. Senão você corre o risco de perder o cliente e até uma oportunidade disfarçada. Veja dois exemplos disso.

O que você faria se fosse dono de uma lanchonete e os clientes vivessem furtando os pratinhos onde são servidos os sanduíches? Pior: ficassem arremessando os pratos uns para os outros, como se fossem discos, bem em frente ao seu estabelecimento?

1. Chamaria a polícia para repreender a turma.
2. Pararia de servir os lanches em pratos.
3. Convidaria uma empresa para fabricar os discos.

Foi essa situação que viveu o americano William na década de 1940. Como seu estabelecimento ficava próximo à Universidade Yale, os estudantes inventaram a diversão de arremessar os pratos de estanho da lanchonete. No início, o comerciante se revoltou. Depois, enxergou naquilo uma oportunidade. Intuiu que a brincadeira tinha potencial para se transformar em mania. William convidou então o executivo de um grande fabricante de brinquedos, a Wham-o Company, para conhecer a atração. O homem ficou tão encantado que aceitou produzir o novo brinquedo.

Algum tempo depois eram lançados no mercado americano os discos de plástico coloridos que conquistariam os jovens. Para batizar a novidade, escolheram o sobrenome do dono da lanchonete onde tudo começou: William Russell... Frisbee.[24] Em pouco tempo a febre do Frisbee se espalharia pelo mundo.

Situação também desagradável vivia a companhia aérea britânica Virgin Atlantic nos anos 1990. Os passageiros se acostumaram a furtar e levar para casa os saleiros do serviço de bordo. Era uma peça de plástico charmosa, no formato de um avião. A reposição dos objetos estava gerando um custo adicional para a companhia. Inicialmente, a direção da Virgin determinou que a tripulação ficasse mais atenta para coibir o ato. Porém, quando flagrados pelos comissários, os passageiros não reagiam bem: "Mas é só um saleiro", "Não posso levar como lembrança?", "Perto do que paguei pela passagem, isso não é nada", "Que empresa mais mesquinha!".

A saída encontrada foi tirar vantagem da situação. A direção da Virgin resolveu transformar os saleiros em presentes para os passageiros e divulgar isso como um atrativo, um material de relacionamento e fidelização dos clientes. Ao receber o charmoso presente, as pessoas abriam um enorme sorriso. Essa atitude simpática certamente contribuiu para a companhia conquistar novos clientes. Atualmente, a Virgin Atlantic é a segunda maior empresa aérea britânica.

Curiosidade: os saleiros trazem impressa na parte de baixo a frase "Roubado da Virgin Atlantic".[25]

OPORTUNIDADES DISFARÇADAS
NA FALTA DE RECURSOS

Todas as grandes empresas foram um dia pequenas e sem recursos.

Por exemplo: o Bradesco, um dos maiores bancos privados brasileiros, é hoje uma sólida instituição que emprega mais de 80 mil pessoas e está avaliada em cerca de 150 bilhões de reais.

Mas houve um tempo em que foi um negócio insignificante e sem crédito. Nos anos 1940, o próprio fundador, Amador Aguiar, se divertia com isso.

Para quem perguntava qual o significado do nome Bradesco, ele respondia: "Banco Brasileiro dos Dez Contos, se há." E soltava uma gargalhada.[1]

RESPONDA RÁPIDO: QUAL É a fonte de receita do McDonald's? Hambúrguer e batata frita? Milk-shake e refrigerante?

Nada disso. O verdadeiro faturamento do McDonald's vem do aluguel de terrenos.

É isso mesmo: a maior rede de fast-food do mundo é, na verdade, uma grande imobiliária. Não porque eles tenham planejado isso. Pelo contrário: foi a única saída que encontraram para vencer a falta de recursos. Acompanhe a história.

Em 1960, o McDonald's era uma bem-sucedida rede de 80 franquias nos Estados Unidos. Seu faturamento girava em torno de 75 milhões de dólares. Apesar da aparente robustez, a rede estava praticamente falida, por culpa de um contrato extremamente desvantajoso que garantia a quase totalidade dos lucros para os franqueados.

Como surgiu esse contrato estapafúrdio? Tudo começou em 1954, quando o vendedor Ray Kroc conheceu a lanchonete dos irmãos McDonald na Califórnia. Ele ficou encantado com a inovadora combinação de atendimento rápido, serviço simplificado, menu enxuto e público variado. Imediatamente o visionário Ray viu ali a oportunidade de fazer fortuna replicando a fórmula em outros estabelecimentos, através de franquias.

Acontece que os irmãos não queriam isso. Eles já haviam tentado abrir uma filial e quebrado a cara. Ray argumentou, insistiu, suplicou, implorou, até que os McDonald cederam. Porém impuseram ao vendedor um espantoso contrato, no qual se determinava que 98,1% do montante das vendas ficaria com os franqueados, 0,5% iria diretamente para os irmãos e apenas o restante, 1,4%, seria destinado à empresa controladora de Ray. E mais:

desse 1,4% sairiam os investimentos em marketing, as despesas da operação e a remuneração do empresário. Resultado: dos 75 milhões de dólares faturados em 1960, apenas 159 mil ficaram de fato nos cofres da empresa.

Como os termos desse contrato soam inacreditáveis, saiba que retirei as informações mencionadas do livro *Forbes: Greatest Business Stories of All Time* [Forbes: As maiores histórias de negócios de todos os tempos], de autoria de Daniel Gross e de editores da própria revista.[2]

Para garantir a viabilidade do negócio, Ray havia feito empréstimos e estava penhorado até o pescoço. Ele tentou explicar a situação para os irmãos, que não quiseram nem saber. Procurou também alguns franqueados, mas, como o acordo era tão favorável a eles, não aceitavam modificar o contrato.

Foi nesse momento de total desespero que o então diretor financeiro da companhia, Harry Sonneborn, apareceu com uma solução engenhosa. Para cobrar mais dos novos franqueados e não desrespeitar o contrato, Harry pensou em arrendar terrenos bem localizados e alugar para os interessados em novas franquias com um polpudo ágio. Dessa forma, para compensar a baixa porcentagem nas vendas, os novos parceiros pagariam uma salgada taxa pelo terreno.

Ray ficou maravilhado: a ideia era genial. Imediatamente o empresário montou uma imobiliária para cuidar da operação, a Franchise Realty Corporation. Nos meses seguintes, ele próprio voou pelo país num pequeno avião, identificando áreas de muito movimento perto de escolas, igrejas e populosos conjuntos habitacionais nos subúrbios, onde os terrenos eram mais baratos. A estratégia não demorou a se revelar uma eficiente fonte de lucro para a empresa. "Foi o início da verdadeira receita do McDonald's", admitiu depois o próprio Ray Kroc.

E até hoje é assim. O McDonald's é uma imensa imobiliária, proprietária de alguns dos terrenos mais bem localizados do mundo.

No Brasil, a então presidente da Associação de Franqueados Independentes do McDonald's (Afim), Janete Veloso, confirmou o modelo: "A rede compra os terrenos, constrói a loja e aluga para os franqueados com um acréscimo no valor original do aluguel de até 500%."[3] Note que essa inventiva estratégia surgiu da mais absoluta necessidade.

Quando temos capital suficiente, normalmente fazemos as coisas como sempre fizemos. Porém, quando os recursos minguam, sejam eles financeiros, humanos ou de produção, é preciso apelar para a criatividade. É o que ilustram os exemplos a seguir.

Roberto não sabia mais o que fazer para receber a quantia que havia emprestado para um amigo. Ele já tinha cobrado e até ameaçado, mas não conseguia ver a cor do dinheiro. Certo dia, o devedor veio com uma proposta:

– Eu vou te pagar, Roberto. Mas não em dinheiro.

– Vai pagar como, então?

– Vou te dar a única coisa que eu tenho: uma máquina.

– Máquina? Que máquina?

– Uma máquina que produz lãs de aço, Roberto. Vale um dinheirão...

– Mas você tá louco? O que eu vou fazer com isso?

O ano era 1948 e ninguém no Brasil tinha ouvido falar em lã de aço, uma novidade criada nos Estados Unidos mas que mesmo lá ainda era pouco comercializada. Roberto tentou passar o pepino adiante, mas ninguém se interessou por comprar o equipamento. Já que não tinha outro jeito, ele colocou a máquina para funcionar e iniciou a produção das tais lãs de aço.

Depois, foi de porta em porta oferecer a novidade para as donas de casa, como auxílio para a limpeza doméstica. O produto permitia polir panelas, limpar louças, azulejos, vidros e muito mais. No início, as mulheres receberam a novidade com desconfiança: uma esponja áspera, de aspecto totalmente diferente das demais e que, ainda por cima, prometia tanta versatilidade?

Mas logo as clientes perceberam as 1.001 utilidades do Bombril.[4] Já no primeiro ano as vendas da revolucionária esponja chegaram a 48 mil unidades. Animado com o sucesso, Roberto Sampaio Ferreira viajou aos Estados Unidos, trouxe duas novas máquinas e triplicou a produção.

Estava criado o produto que se tornaria sinônimo da categoria e, durante muito tempo, a marca mais lembrada do Brasil. De acordo com a revista americana *Ad Age*, o Brasil é o único país do mundo onde uma marca conseguiu bater a Coca-Cola em índice de lembrança.

Às vezes, o problema da sua empresa pode ser a falta de verba para alugar um bom ponto comercial. Em vez de desanimar, lembre-se da frase do físico inglês Stephen Hawking: "Por mais difícil que a vida pareça, sempre existe algo que você pode fazer."

Ninguém queria saber daquele local: um estabelecimento no meio de uma íngreme ladeira. Para subir, era cansativo. Para descer, incômodo. Por isso, o valor do aluguel era baixo. Tão baixo que até aquele jovem recém-formado em Bioquímica pôde alugar. Com alguns amigos, Miguel inaugurou ali sua pequena farmácia de manipulação.

Com o passar do tempo, o rapaz fez uma importante constatação: as clientes preferiam esperar ali mesmo até que o medicamento ficasse pronto, porque, se voltassem mais tarde, teriam que subir novamente a ladeira.

Como as pessoas ficavam ali paradas sem fazer nada, Miguel viu a oportunidade de expor cremes e xampus nas vitrines. Iniciou então a produção artesanal de uma linha própria de cosméticos. Enquanto aguardavam, as consumidoras podiam experimentar os produtos e conhecer os lançamentos. Foi uma forma esperta de incrementar as vendas.

Antes de revelar o nome dessa empresa, vou relatar outro episódio, agora relacionado à expansão do negócio.

O ponto inicial estava indo tão bem que Miguel planejou abrir uma filial. Mas onde? As principais ruas de Curitiba (onde a história ocorreu) e os locais mais movimentados eram muito caros. Além disso, o episódio da ladeira estimulava a busca por um ponto desvalorizado e que também contivesse uma oportunidade disfarçada. Na época – final dos anos 1970 –, perfumes só eram encontrados em dois tipos de estabelecimento: os baratos, em farmácias populares, e os caros, em lojas de importados. Ninguém havia pensado ainda em aeroportos.

Para Miguel, a localização parecia adequada. Havia grande circulação de pessoas e a concorrência ainda não tinha chegado lá. Ele e os sócios montaram no saguão do Aeroporto Afonso Pena, em Curitiba, uma loja de cosméticos diferente. Não era solene e pesadona como as de artigos importados, tampouco popular e simples como as farmácias comuns. Era arejada, com visual leve, madeira clara e flores. O preço da linha também não era nem alto nem baixo.

Novamente ocorreu uma surpresa agradável: os passageiros e a tripulação das companhias aéreas adquiriam perfumes e cosméticos da marca e os levavam para suas cidades de origem. Como o valor era atraente, as comissárias compravam os produtos para revendê-los em outras regiões do país, o que aos poucos tornou a marca nacionalmente conhecida.

Logo surgiram convites para abertura de franquias em outros aeroportos. Foi assim que, com visão e sorte, Miguel Krigsner transformou O Boticário na maior rede de franquias de perfumaria do mundo.[5] Atualmente, a marca possui mais de 4 mil lojas em 16 países.

Expandir sem precisar investir muito era também o desafio que enfrentava aquela rede de lojas de brinquedos e eletrodomésticos do interior de São Paulo em 1992.

Como trabalhava com grande variedade de produtos, a empresa necessitava de amplos espaços, de preferência em locais movimentados (como shopping centers e pontos centrais de cidades), mas o alto valor dos aluguéis inviabilizava a operação.

A saída foi apostar em microlojas: espaços pequenos que não tinham um único produto exposto, apenas vendedores munidos de catálogos, vídeos, pôsteres e computadores para exibir as mercadorias aos clientes. Como não arcava com altos custos fixos, a loja podia oferecer preços menores. Realizada a venda, a empresa se comprometia a entregar os itens na casa do cliente em, no máximo, 24 horas. Quando a pessoa fazia questão de ver o produto ao vivo antes de fechar negócio, o funcionário sugeria candidamente: "O senhor pode conferir a mercadoria nas lojas concorrentes. Depois, é só voltar aqui e comprar pelo menor preço."

Graças a seu formato inteligente, as lojas virtuais (como eram chamadas internamente) fizeram sucesso e se multiplicaram pelo país.[6] Foi com ideias simples e engenhosas como essa que a executiva Luiza Helena Rodrigues transformou o Magazine Luiza em uma das maiores empresas varejistas do Brasil, atualmente com mais de 1.300 lojas em 21 estados.

◆ ◆ ◆

Falta de recursos para investir em propaganda, comunicação e merchandising também pode gerar estratégias muito interessantes.

Na década de 1980, uma pequena loja de eletroeletrônicos de Salvador foi procurada pelo representante da retransmissora local do SBT. O homem convidou o proprietário do estabelecimento, Luís Carlos Batista, a anunciar no canal. Batista demonstrou interesse, mas colocou uma condição: que a publicidade fosse veiculada no programa dominical de Silvio Santos.

Tarefa quase impossível. Isso porque o valor das inserções seria muito elevado, uma vez que a mensagem alcançaria todo o Brasil. Além disso, haveria muita dispersão, já que a loja atuava apenas na Bahia. Sem contar o cachê do famoso locutor Lombardi, que era altíssimo. O representante da emissora bem que tentou sugerir outras opções, mas Batista estava irredutível: ou era no *Programa Silvio Santos* ou não faria nada.

Quando ambos já estavam desistindo da parceria, o empresário propôs uma solução no mínimo inusitada: veicular os anúncios no programa, mas não pelo Lombardi original e, sim, por um imitador. Quando Silvio Santos chamasse o locutor para ler as ofertas, o sinal nacional seria interrompido e entraria o imitador local falando apenas para a região. A emissora achou que valia a pena tentar. A execução foi tão bem-feita que os telespectadores não perceberam a manobra.[7]

Embalada por sacadas como essa, a loja Insinuante cresceu e chegou a ser a maior rede de eletrodomésticos do Nordeste e a quarta maior varejista do Brasil.

O segundo caso envolve um pequeno fabricante de equipamentos médicos americano chamado CSN. No início dos anos 1990, a empresa havia desenvolvido uma novidade batizada de Breathe Right: um adesivo para fixar sobre o nariz que facilitava a respiração, aliviando a congestão nasal. Sua eficácia fora comprovada pela Food and Drug Administration (FDA), a agência regulamentadora do setor nos Estados Unidos.

O problema: o adesivo era tão visível que as pessoas se recusavam a usá-lo. Ficavam envergonhadas de ter aquela espécie de band-aid gigante cobrindo o nariz, como se tivessem levado um soco ou algo assim.

Como não dispunha de recursos suficientes para explicar e promover o produto, a direção da CSN ficou de mãos atadas. Até o dia em que o então CEO da companhia, Daniel Cohen, assistia a uma partida de futebol americano pela TV. Ao ver os atletas competindo, ele pensou: "Se existe um público capaz de se interessar pelo Breathe Right, são esses esportistas que precisam melhorar suas performances em campo." Assim, Cohen enviou para cada uma das 28 equipes da National Football League, principal liga do esporte americana, uma caixa contendo amostras grátis do produto e um folheto explicativo.

Semanas depois, os telespectadores viram pela primeira vez um dos craques do Philadelphia Eagles usando aquele espalhafatoso adereço no nariz. Depois, um jogador do San Francisco 49ers. Logo vários atletas de futebol americano exibiam o curioso adorno. A novidade chamou a atenção do público e a mídia se apressou em revelar que se tratava de um produto de última geração para melhorar a performance.[8]

O auge da exposição foi na final do Super Bowl de 1994: ao todo, 10 jogadores dos times finalistas usavam o Breathe Right. Enquanto a Pepsi e a Nike pagaram 2,5 milhões de dólares por 30 segundos de propaganda durante o intervalo, o adesivo foi exibido durante toda a partida para os milhões de telespectadores em todo o mundo. Detalhe: sem custar praticamente nada.

Dispensável dizer que o produto vendeu como nunca. Afinal, uma das fórmulas mais antigas da publicidade é se associar a personalidades.

Por falar nisso, imagine que sua empresa patrocina uma atração na TV que dá muito resultado em vendas, porém de uma hora para outra o programa é cancelado. O que fazer?

Foi a situação que viveu aquela pequena lanchonete de Washington em 1963. Depois de patrocinar com sucesso um programa infantil da TV local chamado *Bozo's Circus*, o movimento triplicou. Bastava o palhaço anunciar uma novidade ou promoção para que as crianças corressem ao local levando seus pais. Acontece que, sem aviso prévio, a emissora decidiu tirar o programa do ar por tempo indeterminado.

O dono do estabelecimento ficou aflito: a concorrência era forte e não dava para abrir mão da comunicação naquele momento. O diálogo que se seguiu entre proprietário e gerente foi mais ou menos o seguinte:

– A gente precisa continuar com o palhaço. As crianças o amam.

– Mas como? O programa não existe mais.

– O ator deve estar desempregado. Vamos contratá-lo nós mesmos.

– Mas a gente pode usá-lo?

– Por que não? Palhaço é tudo igual. A gente dá outro nome e pronto.

E foi exatamente isso que a empresa fez: recontratou o ator que fazia o palhaço na televisão, um rapaz de 25 anos chamado Willard Scott. Devidamente trajado, o rapaz foi fotografado e utilizado como garoto-propaganda em comerciais e cartazes espalhados pela cidade. O objetivo era informar que o palhaço da TV havia migrado para a lanchonete, onde começou a fazer shows. A estratégia deu certo.

A lanchonete citada era uma filial do McDonald's – e o palhaço improvisado, Ronald McDonald, que se transformou em um dos ícones mais duradouros da publicidade.⁹ O sucesso foi tão grande que a matriz decidiu utilizá-lo também nas campanhas globais da marca.

A emenda saiu melhor que o soneto: Ronald McDonald se tornou o palhaço mais famoso do mundo, superando o personagem original, o saudoso Bozo.¹⁰

Note que, em todos esses três casos, os executivos apelam para a imaginação a fim de driblar a falta de recursos. Os exemplos mostram que um ambiente de restrições, com ameaças e pouco dinheiro, pode ser bom para gerar ideias. O importante é não se desesperar e manter a calma.

A propósito, um calmante natural bastante conhecido é o chá. Seus efeitos no combate a ansiedade, nervosismo e tensão são comprovados pela medicina. O chá só não é relaxante para quem *trabalha* com chá.

O americano Thomas Sullivan andava bastante preocupado. Como distribuidor de chá, ele enviava latinhas com amostras do produto para os clientes experimentarem. Acontece que o preço do metal não parava de subir, o que o impedia de continuar utilizando as latinhas como amostras grátis. Se não encontrasse um substituto rapidamente, Sullivan sabia que seu negócio poderia ir por água abaixo.

Depois de considerar vários materiais, ele chegou à seda chinesa. O tecido se mostrou adequado porque, além de mais barato, mantinha o chá fresco e respirando. Para os fregueses não perceberem que o objetivo da troca era economizar, Sullivan teve o cuidado de mandar costurar os saquinhos à mão.

Ao enviar as primeiras embalagens, surpresa: os pedidos aumentaram. E vários clientes o parabenizaram pela nova e revolucionária técnica de preparo do chá. "Como assim?", pensou Sullivan. Ele só tinha substituído a latinha pela seda. Após falar com alguns compradores, ele finalmente entendeu o que havia ocorrido: as pessoas pensaram que era para mergulhar o saquinho de seda diretamente na água quente. O método era mais prático do que o usual, porque dispensava o coador e não fazia sujeira. Depois de esclarecer o mistério, o comerciante passou a explicar marotamente aos amigos de onde viera sua inspiração: "Percebi que a forma tradicional de preparar chá era muito trabalhosa, por isso criei essa."¹¹

Atualmente, os fabricantes produzem os sachês em materiais ainda mais baratos, como o papel-filtro. E o mercado de bebida por infusão não para de crescer.

♦ ♦ ♦

Uma das maiores dificuldades dos empresários é ter de lidar com variáveis imprevisíveis. Uma crise, guerra ou dificuldade qualquer vivida em um país distante pode, rapidamente, ter consequências por aqui. Veja o caso a seguir, ocorrido no Brasil logo após a Segunda Guerra Mundial.

O país sofria uma grave crise de abastecimento de celulose importada. Gráficas e distribuidoras de papéis já sentiam o golpe, demitindo pessoas e até ameaçando fechar as portas. Representantes do segmento pressionavam o governo para encontrar uma saída.

Até que uma pequena gráfica no interior de São Paulo tentou uma solução diferente. Os proprietários decidiram buscar um material alternativo, investindo por conta própria em pesquisas com os mais diferentes tipos de árvore locais. Concorrentes julgaram o esforço inútil, porque acreditavam que os testes dariam em nada e que logo a oferta internacional estaria normalizada.

Porém a situação persistiu. E, após um ano de tentativas, a equipe finalmente chegou a um substituto satisfatório, à base de celulose de eucalipto.

Para comprovar a viabilidade do novo material, os proprietários viajaram para os Estados Unidos e realizaram testes na Universidade da Flórida. Assim, em 1961, a gráfica paulista foi a primeira no mundo a produzir papel de qualidade utilizando a árvore.

Foi o ponto de partida para Leon e Max Feffer transformarem a pequena fábrica no interior de São Paulo na Companhia Suzano Papel e Celulose,[12] maior produtor do gênero do mundo. Os Feffer inauguraram também uma nova era do setor: em pouco tempo o Brasil passou de importador a exportador de celulose.

Apenas como curiosidade, Leon Feffer foi também um dos fundadores da Hebraica, maior clube judaico do mundo, e um dos idealizadores do Hospital Albert Einstein, em São Paulo.

Agora, uma pausa para se refrescar. Que tal uma Coca-Cola geladinha?

Você sabia que 99% do refrigerante é água e açúcar? Somente 1% é xarope. E a fórmula desse xarope é o segredo mais bem guardado do mundo. A matriz americana é a única unidade autorizada a produzi-lo. Parece lenda urbana, mas apenas três pessoas no planeta conhecem a fórmula. Elas nunca estão no mesmo avião, navio ou edifício porque, se morrerem ao mesmo tempo, acaba esse símbolo americano. Enfim, a Coca-Cola só existe por causa do xarope.

Por isso, imagine a aflição que vivia a filial alemã da Coca-Cola no auge da Segunda Guerra Mundial. Em virtude do conflito, a matriz americana suspendeu o envio do concentrado para a fábrica local.

Desesperada para não fechar as portas, a direção da empresa decidiu realizar testes com as matérias-primas disponíveis na região. O que tinha bastante por lá era malte (o mesmo que serve de base para cerveja) e soro de leite. Como é de imaginar, o resultado não foi dos melhores. Acontece que a Alemanha sofria com um rigoroso embargo dos países adversários e faltava de tudo nas prateleiras dos mercados. A população, sem opções, praticamente foi obrigada a engolir a bebida. E não é que o produto decolou? Essa é a história da criação da Fanta. O nome é uma redução da palavra Fantastic.

O sabor laranja, criado pela Coca-Cola italiana após a guerra, caiu imediatamente no gosto popular e não demorou a conquistar outros mercados.[13] Em 1960, a marca entrou no país responsável indiretamente pela sua criação: os Estados Unidos. Atualmente, a Fanta está entre as marcas de refrigerante mais vendidas do mundo.[14]

IMPULSO PARA A CRIATIVIDADE

Se a sua empresa estiver vivendo uma situação momentânea de falta de recursos, sejam eles financeiros, naturais ou humanos, não desanime. Inspire-se nos casos deste livro e tente usar as restrições como motor para encontrar uma saída.

Henry Mintzberg, um dos acadêmicos mais respeitados do mundo, sugere que os empresários não devem acreditar nas previsões fatalistas de economistas nem seguir passivamente as recomendações pessimistas de gurus financeiros: "Três cientistas sofrem uma terrível exposição nuclear e cada um tem direito a um último pedido. O russo diz que gostaria de passar seus dias finais no mar Báltico, com mulheres, vinho e música. O italiano pede para ir para a Riviera. Quando perguntam ao judeu qual o seu último desejo, ele diz: 'Eu gostaria de consultar outro médico.' É isso que as empresas devem fazer: buscar outra solução."[15]

OPORTUNIDADES DISFARÇADAS
NOS PROBLEMAS COM A EQUIPE

O consultor Gary Hamel explicava aos diretores de uma empresa as vantagens do processo aberto, aquele que envolve toda a equipe na busca de soluções inovadoras.

De repente, o presidente da companhia o interrompeu:

— E se minha equipe só vier com ideias idiotas?

Gary olhou seriamente para ele e respondeu:

— Se isso acontecer, então você tem um problema muito maior: uma equipe idiota.[1]

OS REIS MATAVAM OS MENSAGEIROS que traziam más notícias. Como nunca sabiam se o soberano acharia boa ou ruim a informação que estavam levando, os mensageiros foram deixando de levá-la. E o rei foi ficando cada vez mais desinformado, isolado e enfraquecido. Deve ser por isso que a monarquia desapareceu em quase todo o mundo.

Ter um relacionamento saudável com a equipe é mais do que uma boa política. É a garantia de que você estará sempre bem-informado, é a certeza de que haverá menos conspiração contra você, é a melhor maneira de reter os grandes talentos. Como mostra o caso a seguir.

Harry era um rapaz insuportavelmente criativo e participativo, uma fonte inesgotável de ideias, sugestões e questionamentos. Ele entrou na loja de departamentos Marshall Fields, de Chicago, como um simples estoquista. Sua iniciativa e criatividade incomodavam os superiores, mas não tinha como brigar com ele: suas sugestões eram ótimas.

A sacada de colocar os produtos ao alcance dos consumidores, por exemplo, se mostrou irresistível. Até então, em lojas do gênero, as mercadorias ficavam atrás dos balcões dos vendedores. Com a alteração, os clientes ficaram mais à vontade para escolher e as vendas aumentaram.

Outra boa solução foi a que ele encontrou para desovar os itens encalhados: Harry sugeriu fixar uma data para oferecer mercadorias com preços incrivelmente baixos. Os patrões ficaram reticentes, porque não sabiam como o consumidor reagiria quando os preços voltassem ao normal, mas o rapaz argumentou que as ofertas atrairiam mais pessoas à loja e assim elas poderiam se interessar por outros produtos. Dito e feito (mais tarde, essa prática levaria o nome de liquidação).

Harry inventou também o vale-presente. Ninguém imaginaria que um pedaço de papel pudesse fazer tanto sucesso. Certo dia, ainda observando o fluxo de pessoas no estabelecimento, ele teve a ideia de deixar os perfumes e cosméticos expostos no local onde o público mais transita: o andar térreo. Ao sentirem os aromas, os clientes seriam compelidos a levá-los. (Já reparou que até hoje é assim? Em toda loja de departamentos, os cosméticos ficam no térreo.)

Para fazer a população antecipar as compras de Natal, ele teve a iniciativa de fixar cartazes com contagem regressiva para a Noite Feliz. Outro acerto.

Nem ao sair do trabalho Harry sossegava: em determinada noite, o estoquista percebeu que as vitrines ficavam apagadas durante a madrugada. Ele intuiu que, se ficassem iluminadas à noite, atrairiam a atenção dos pedestres e poderiam despertar seu desejo de compras no dia seguinte.

Foi assim que Harry Selfridge praticamente concebeu o modelo de lojas de departamentos como conhecemos hoje.[2] Apesar de tanta liberdade e receptividade da direção, aos 50 anos ele decidiu deixar a Marshall Fields. Mudou-se para Londres, onde abriu a famosa loja que leva seu sobrenome.

É sempre assim: os melhores talentos são os mais inquietos, imprevisíveis, inconformados. Se não forem atendidos ou ao menos ouvidos, podem ir embora. Alguns são tão geniosos que vão embora de qualquer jeito. Pelo menos enquanto estiverem na sua empresa, você pode se beneficiar da intensa criatividade deles.

Esteja sempre aberto a ouvir as sugestões da equipe. Nem todo mundo possui a persistência e a determinação da brasileira Soraya, a mulher que colocou o cargo em risco para provar uma ideia ao patrão, o todo-poderoso Bill Gates.

Em 1993, ela trabalhava na sede da Microsoft, em Redmond, estado de Washington, no mesmo prédio de Gates. A internet ainda engatinhava. Mas Soraya previu que um dos segmentos mais promissores no mercado on-line era o de turismo. Ela imaginou criar uma agência de viagens virtual, na qual os consumidores poderiam pesquisar tarifas aéreas, reservar hotéis, alugar carros, comparar pacotes e até consultar mapas de regiões a partir de qualquer computador.

Mas tirar sua ideia do papel exigia dinheiro. E isso o líder da Microsoft tinha de sobra: Gates era, na época, o homem mais rico do mundo. Justamente por isso vivia cercado de um séquito de assessores e seguranças, o que impedia qualquer contato. Assim, o caminho natural seria entregar o documento para a secretária do chefe e torcer para que um dia chegasse às mãos dele. Mas Soraya acreditava demais no projeto para deixar a cargo de quem mal conhecia.

A oportunidade surgiu num fim de semana. A brasileira colocava trabalhos atrasados em dia quando resolveu se aventurar no andar do dono da companhia. Circulando por lá, notou a porta de seu escritório apenas encostada. Sem perder tempo, Soraya literalmente invadiu a sala e pôs sobre a mesa do patrão o CD com a apresentação, acompanhado pelo seguinte bilhete: "Prezado Sr. Gates, sei que, se o senhor vir o conteúdo, ficará interessado. Gostaria de expor minhas ideias sobre como a Microsoft poderá revolucionar a indústria do turismo."

Como num filme de suspense, na saída ela foi surpreendida pelo segurança. O homem ameaçou denunciá-la, o que fatalmente lhe custaria o emprego. Soraya argumentou que havia se perdido e, com muita lábia, conseguiu convencê-lo a deixar o assunto para lá.

A aventura valeu a pena. Semanas depois, uma diretora a chamou para lhe comunicar que Gates havia visto o projeto, se interessado e que apostaria nele. E mais: a brasileira tocaria a nova divisão e ainda receberia um aumento de salário.[3] Soraya ficou eufórica.

Três anos depois, em 1996, a Microsoft lançava o portal Expedia, o primeiro site de turismo da internet. Atualmente, o Expedia Group é a maior companhia de viagens do mundo, com valor de mercado de 30 bilhões de dólares.

A sorte da Microsoft foi contar com uma executiva determinada e corajosa como Soraya Bittencourt. Gente assim é muito rara. O ideal é que sua empresa tenha um ambiente receptivo, de modo que a equipe se sinta à vontade para expor ideias, sugestões, experiências e até seus deslizes.

Em 1944, na companhia americana 3M, uma assistente de laboratório entrou na sala do diretor para relatar um acidente de trabalho. Mostrando seu uniforme manchado, a moça falou: "Outro dia derrubei um produto químico na roupa. Como não tinha outro uniforme, continuei a usar esse mesmo. E olha que interessante: o lugar onde caiu a substância não fica sujo de jeito algum."

Ao estudar a área atingida, os técnicos descobriram uma propriedade então desconhecida da substância, a capacidade de proteger os tecidos. Graças à funcionária participativa, no mesmo ano a 3M lançou no mercado o primeiro produto destinado à manutenção de tecidos: ScotchGard.[4]

A atual onda no meio empresarial é chamar os funcionários de colaboradores. Mas, para que a alteração não seja apenas semântica, deixe-os realmente colaborar. Não apenas ouça o que têm a dizer; divida os desafios com eles. "Em vez de estabelecer metas específicas para os funcionários, desafie-os a apresentar cada boa ideia que tiverem", sugeriu Jack Welch.[5]

Os melhores executivos desejam ser reconhecidos e sonham com um grande desafio. Saiba que, ao passar um problema para eles, alguns pensarão no assunto obsessivamente, mesmo durante o banho, o passeio com o cachorro ou uma viagem de avião.

Foi o que aconteceu em 1967 com o pesquisador alemão Wolfgang Dierichs, que viajava a negócios. Para passar o tempo no avião, ele recordou um desafio que enfrentava no trabalho. Sua empresa, Henkel, que já produzia cola líquida, estava agora empenhada em desenvolver o adesivo em estado sólido, mais limpo, prático e fácil de usar. Dierichs matutava sobre isso quando viu uma passageira passando batom.

Nesse momento, o homem teve um estalo: talvez o mecanismo do batom pudesse ser adaptado para acionar a cola em bastão. Imediatamente ele pegou um papel e registrou sua ideia.

Assim que retornou de viagem, levou a sugestão aos seus superiores. O resultado? Em dois anos a Cola Pritt já estava disponível em 38 países (atualmente são 120). Estima-se que mais de 2,5 bilhões de tubinhos já tenham sido vendidos no mundo desde o lançamento do produto. "O suficiente para, empilhando um tubinho sobre outro, ir da Terra à Lua e voltar", afirma a Henkel.[6]

Observe que a sacada surgiu durante uma situação aleatória, fora do ambiente de trabalho. Talvez em nenhum outro momento ela aparecesse.

Ao abrir o problema para a equipe, o diretor permitiu que as experiências pessoais dos empregados contribuíssem para a solução. Sua empresa tem um produto aparentemente sem utilidade? Ponha toda a equipe para encontrar – ou inventar – uma aplicação para ele.

Foi o que aconteceu também na 3M americana em 1968. Depois de passar meses pesquisando um adesivo superpotente, o químico Spencer Silver concluiu que seu esforço não dera em nada. Ou quase nada: o resultado tinha sido uma cola fraca, que apenas se fixava suavemente a outros materiais e podia ser descolada facilmente. Ora, pensou Silver, para que serve uma cola que não cola?

Frustrado com sua experiência malsucedida, ele pensou em jogar tudo fora e começar do zero. Porém, na esperança de que algum colega encontrasse uma utilidade para o material, resolveu espalhar a novidade na companhia. Depois disso, o químico esqueceu o episódio e todo mundo tocou a vida. Guarde essa história. Voltarei a falar dela mais adiante.

A sabedoria popular diz que duas cabeças pensam melhor do que uma. Imagine então o potencial de ter dezenas de cabeças empenhadas em responder ao mesmo desafio! Experimente fazer isso na sua empresa. A solução não virá necessariamente de quem ganha os maiores salários ou dirige os melhores carrões. Às vezes pode vir de quem pilota uma simples... vassoura.

Aquela indústria vivia uma situação preocupante, já que seu principal produto vinha perdendo participação no mercado por conta do alto custo de fabricação. O presidente convocou então os principais executivos para uma reunião e falou: "Temos que baixar o custo, mas sem perder qualidade. Que sugestões vocês me dão?"

Os homens começaram a cogitar saídas, como substituir matérias-primas caras por outras mais baratas, apertar os fornecedores para extrair preços menores, diminuir a margem de lucro ou até mesmo enxugar o quadro de funcionários. O patrão se irritou:

– Chega! Pago vocês para pensarem. Essas alternativas são óbvias. Quero ideias novas! E já!

A sala ficou em silêncio. Os executivos engoliram em seco. O clima ficou tenso. Os segundos custavam a passar. Podia-se ouvir até uma mosca batendo as asas. Até que uma voz fraca e titubeante rompeu o silêncio:

– Com licença, chefe... O produto precisa ter embalagem?

Todo mundo se virou para ver quem fora o autor daquela sugestão tão inusitada. E ficaram surpresos ao descobrir que havia sido o faxineiro: um homem magro, de uniforme azul e apoiado em sua vassoura, até então invisível na sala. Envergonhado por se transformar subitamente no centro das atenções, ele continuou, hesitante:

– A empresa podia tirar a embalagem e o próprio produto ficar exposto. Assim acho que ia economizar bastante, não?

Os executivos não acreditavam no que tinham ouvido.

Que ousadia daquele homem da limpeza! Quem ele pensava que era, interrompendo uma importante reunião da diretoria? Além do mais, a ideia era ridícula. Claro que todo produto precisa de embalagem. Afinal, como diferenciá-lo dos concorrentes? Como identificá-lo no ponto de venda? Onde colocar a marca do fabricante e as informações técnicas? Quando alguns diretores já ensaiavam sorrisos de deboche, o presidente comentou:

– Pode ser... Por que não? Por que não?

O produto em questão era o pneu de automóvel. Acredite se quiser, mas até o início do século 20, como qualquer outra mercadoria, vinha dentro de embalagem de papel.[7] Graças àquela sugestão inesperada de um faxineiro, os pneus passaram a ser expostos nas lojas sem embalagens, com a marca e as informações necessárias impressas na própria borracha. E até hoje é assim.

Esse caso me foi relatado por um importante executivo de uma empresa de telefonia brasileira. Não consegui checar a veracidade da história, mas ilustra muito bem que as ideias podem vir de qualquer lugar. Basta que os dirigentes estejam dispostos a ouvi-las.

Infelizmente, isso não é tão corriqueiro e simples como deveria. Em geral, as companhias estão presas a formatos antigos, com muitos departamentos, organogramas rígidos e hierarquias intimidadoras. O sistema de reconhecimento baseado na meritocracia estimula a competição, torna os profissionais individualistas e faz com que os gerentes evitem dar ouvidos e espaço para seus subordinados, com medo de serem substituídos.

"A criatividade não anda escassa", afirmou certa vez o guru da administração Peter Drucker. "O que acontece é que a maioria das organizações se esforça para acabar com ela."

Quem perde com isso são as empresas, que desperdiçam sua maior fonte de inovação: a criatividade da equipe.

A Toyota é um exemplo de companhia que favorece a participação dos empregados. A montadora japonesa os incentiva a contribuir com qualquer sugestão que tiverem, mesmo as mais simples ou desimportantes. Para a empresa, o engajamento é tão importante que existe até uma meta a atingir: 1 milhão de ideias por ano.[8] De acordo com o Sistema Toyota de

Produção, a participação constante aumenta a criatividade, a reflexão e a capacidade de pensar, além de garantir um ambiente de inovação diário.

No final de cada ano, a montadora promove o Idea Expo Annual, evento que destaca as maiores inovações tecnológicas criadas por sua equipe.

Premiação: solução ou problema?

Uma das grandes diferenças entre as empresas orientais e ocidentais é a forma de motivar os funcionários. Para estimular a equipe a participar com ideias, muitas organizações ocidentais têm o hábito de pagar por elas. Parece eficiente, mas, na maioria das vezes, o resultado é o inverso do que se pretendia. Como é possível? Acompanhe o raciocínio.

No início, as pessoas ficam animadas com a possibilidade de ganhar algum dinheiro extra. Mas, como a empresa só paga por ideias aceitas, é grande a possibilidade de terem sua sugestão recusada. E, naturalmente, ficarão frustradas. Depois de duas ou três negativas, é provável que deixem de participar.

No livro *Toyota: A fórmula da inovação*, de Matthew May, há uma interessante história que demonstra como a remuneração pode roubar o poder criativo das pessoas:

Uma velha senhora morava numa rua onde um grupo de meninos jogava bola todas as tardes. Como eles faziam muito barulho, ela pensou em pedir que falassem mais baixo. Intuindo que não seria atendida, a mulher teve outra ideia.

Chamou a garotada e falou o contrário: que gostava demais de ouvi-los brincar, mas que estava com problemas de surdez e só poderia escutá-los se gritassem mais alto ainda. E propôs um acordo: toda vez que fizessem muito barulho, cada um ganharia um dólar. Os garotos adoraram a proposta e toparam na hora.

No dia seguinte, brincaram e gritaram como nunca. No final do dia, receberam o dinheiro combinado. Na tarde seguinte, a história se repetiu. Só que, dessa vez, a senhora disse que estava sem dinheiro e só poderia pagar 50 centavos. Os meninos aceitaram, meio a contragosto. No outro dia, nova surpresa: ela disse que tinha menos ainda e que, dessa vez, pagaria apenas 10 centavos para cada um. Os garotos se revoltaram e disseram que não voltariam mais: não valia a pena gritar por 10 centavos ao dia.[9]

Não é interessante? Ao decidir pagar por uma coisa que os garotos faziam de graça, a velha senhora tirou o prazer deles de brincar. A mesma coisa pode acontecer com sua equipe se você pagar apenas por ideias aceitas.

Num ambiente propício, os profissionais contribuem de graça, simplesmente porque o ser humano gosta de participar, sugerir, ser ouvido pelos outros, provar seu valor. No momento em que a empresa decide pagar, a magia se rompe: eles só criarão movidos pelo dinheiro.

No Sistema Toyota de Produção, ocorre o contrário: o hábito de formular ideias continuamente faz parte da cultura da empresa. Isso promove um forte espírito de cooperação e proatividade. As pessoas incorporam a criatividade no seu dia a dia, passa a fazer parte do trabalho.

É claro que não são todas as companhias ocidentais que gratificam a equipe apenas com dinheiro. Na Disney, por exemplo, "as recompensas financeiras não fazem parte da nossa cultura. A recompensa está no reconhecimento de um trabalho bem-feito". A afirmação é de Jim Cunningham, que foi responsável pelos programas de qualidade de serviços dos parques da Disney por 14 anos.[10]

A vantagem disso é que as pessoas se esforçam para dar o melhor de si no dia a dia.

Equipe: ouvir para reter
Se a sua empresa não oferece um ambiente apropriado para reter os maiores talentos, saiba que eles podem ir embora e explorar suas melhores ideias por conta própria.

Earl não aguentava mais ver tanta sobra de material na linha de produção. E ele não via qualquer esforço da empresa para aproveitar os excedentes. O rapaz já havia reclamado, apontando o desperdício, mas ninguém na DuPont lhe dera ouvidos. Certo dia, Earl resolveu pedir as sobras ao encarregado.

– Sobras de quê?
– De polietano... São restos do refino de petróleo.
– E para que você quer isso? Não serve para nada.
– Ah, eu sei... De repente encontro algum uso...

Não vendo motivos para negar, o chefe consentiu. A partir daquele dia, Earl passou a fazer experiências em casa após o expediente. O material plástico era de péssima qualidade, retorcido e sujo. Mas o sujeito era persistente. Ao longo de meses, investiu suas economias para desenvolver uma forma de tratar e recuperar o material. Até que, finalmente, teve progressos: projetou uma máquina capaz de moldar as sobras, transformando-as em plástico versátil.

Acreditando no potencial da invenção, em 1948 Earl Silas Tupper saiu da DuPont e fundou sua própria fábrica de vasilhas plásticas: a Tupperware.[11] A marca virou sinônimo de recipientes para conservar alimentos. Atualmente, os produtos da Tupperware estão presentes em mais de 80 países.

Observe que o material era da DuPont, o funcionário era da DuPont e o novo negócio também tinha tudo para ser da DuPont. Uma postura diferente da empresa naquele momento e possivelmente a oportunidade não teria sido desperdiçada.

Para evitar perder precocemente as melhores pessoas, esteja aberto a ouvi-las. Você vai ver que a frase "santo de casa não faz milagre" é equivocada. Não apenas faz, como o milagre pode surgir justamente numa igreja.

Sempre que ia cantar seus hinos na capela, Arthur Fry vivia o mesmo problema. Ao virar as páginas do hinário, as tiras usadas para marcar as folhas caíam, fazendo a maior bagunça e chamando a atenção dos fiéis. Mas as tiras eram necessárias, porque permitiam localizar os cânticos mais depressa.

Aparentemente simples, o problema se mostrou difícil de resolver. Numa das tentativas, Fry usou fita isolante para fixar as tiras aos hinos. Mas, ao descolá-las, os papéis rasgaram. Sua paciência estava se esgotando: tinha que haver um jeito mais prático de organizar aquilo. O ideal, pensou, seria um papel que se fixasse suavemente às folhas e que pudesse ser retirado sem esforço e... Ei, espere aí!

Foi nesse momento que Fry se lembrou, como você também deve ter se lembrado, do fraco adesivo descoberto por um colega que trabalhava na mesma empresa que ele, a 3M.[12] Sem perder tempo, Fry entrou em contato com Spencer Silver, pediu uma amostra do material – e o resto é história. Foi assim que surgiu o Post-it,[13] inicialmente um marcador de livros e, depois, o mais revolucionário bloco de recados já inventado.

Esse é um excelente exemplo de comprometimento dos funcionários. Saiba que, entre problema e solução, se passaram 11 anos. Isso mesmo: a experiência malsucedida de Silver foi em 1968 e a sacada de Fry, em 1979. Está certo que ambos os casos ocorreram na mesma cidade (St. Paul,

Minnesota), mas uma atitude diferente de qualquer um dos dois e talvez hoje o mundo não conhecesse o Post-it.

Ter uma relação de respeito, proximidade e união com a equipe pode até mesmo salvar sua empresa, como mostra a inacreditável história a seguir.

Em 1979, o mundo enfrentou a segunda maior crise do petróleo, com o preço do barril atingindo picos históricos. Foi desastroso para a economia. O nível de falências e concordatas nos Estados Unidos cresceu 45%.

Um dos setores mais afetados no país foi o da aviação civil. Além do preço do petróleo, um ato assinado pelo então presidente americano Jimmy Carter em 1978 quebrou o monopólio do mercado, incentivando a livre concorrência, o que foi fatal para diversas companhias. Entre 1979 e 1982, inúmeras empresas aéreas faliram, fecharam ou foram absorvidas.

Mas havia uma que se diferenciava das outras pela cultura de respeito e valorização dos funcionários. Além de ouvir e atender a equipe, a empresa evitava demissões, buscando, sempre que possível, medidas alternativas e conciliadoras. Numa das ocasiões, por exemplo, propôs redução coletiva de salários e, passada a dificuldade, compensou tudo com juros e correção monetária.

Pois foi essa política trabalhista que fez a diferença durante as turbulências do choque do petróleo. Depois de seguidos prejuízos financeiros, a empresa ameaçava sucumbir. Porém, numa iniciativa inédita e impressionante, os 50 mil funcionários resolveram se unir e doar à companhia 50 dólares cada um. O valor foi abatido diretamente da folha de pagamento. O montante arrecadado, de 2,5 milhões de dólares, foi utilizado para dar entrada no primeiro Boeing 767 da companhia.

Mais do que o capital, essa incrível demonstração de apoio funcionou como uma poderosa injeção de ânimo e otimismo na empresa, qualidades que foram fundamentais para ajudar a Delta Air Lines a atravessar o pior momento de sua história e a decolar novamente.

Atualmente, a Delta é uma das companhias aéreas líderes do mundo. E talvez a melhor: vem sendo reconhecida repetidamente pela excelência na operação, cultura e atendimento ao cliente.[14]

Em seu site, a empresa dedica seu desempenho à excelência dos colaboradores. Em homenagem a eles, aquele primeiro Boeing 767 recebeu o nome de *The Spirit of Delta*.

OPORTUNIDADES DISFARÇADAS NOS ERROS

Um dos primeiros magnatas do petróleo, o químico sueco Alfred se tornou famoso por ter inventado a dinamite. Incorporado por exércitos do mundo todo, o explosivo se tornou item obrigatório nas guerras no final do século 19.

Certo dia, porém, um jornal francês noticiou por engano a morte de Alfred. Com o título "Morre o mercador da morte", a matéria destacava o poder destruidor de sua criação, capaz de causar morte e sofrimento numa proporção nunca antes vista na história da humanidade.

Alfred ficou chocado: ele não tinha ideia de que era essa a imagem que o mundo fazia dele. A partir desse fato, mudou radicalmente sua forma de pensar e passou a apoiar os movimentos em favor da paz.

Em 1895, um ano antes de morrer, fez um testamento determinando que toda a sua riqueza fosse distribuída na forma de prêmios para quem defendesse a paz mundial ou contribuísse para o avanço do conhecimento humano nas áreas de física, química, medicina e literatura.

Nascia assim o Prêmio Nobel.[1] Hoje, mais de um século depois da morte de Alfred Nobel, a premiação continua forte e prestigiada como nunca. Todo ano, o valor distribuído para o vencedor em cada uma das seis modalidades (economia foi incluída posteriormente) é de cerca de 1 milhão de dólares.

Graças ao Nobel, Alfred conseguiu o que queria: mudar sua imagem para a posteridade.

CONSIDERADA A MAIS IMPORTANTE ideia da história da ciência, a Teoria da Evolução teve forte impacto nas crenças da humanidade. Concebida por Charles Darwin em 1859, no livro *A origem das espécies*, a teoria sugere que a humanidade não é obra pronta de um ser superior, mas resultado de uma evolução lenta e constante ao longo de milênios.

Segundo o naturalista inglês, essa evolução só foi possível porque na natureza há acidentes. De vez em quando, toda espécie produz um erro de cópia, um ser diferente. Essa alteração pode representar uma vantagem competitiva na adaptação ao meio e na luta pela sobrevivência. Nesse caso, o "defeito" é transmitido aos descendentes e incorporado à linha de montagem da vida.

Como você vê, em sua Teoria da Evolução, Charles Darwin defende basicamente a importância do erro.

Um erro significa que algo saiu diferente do planejado, seguiu por um caminho desconhecido. Exatamente por isso, pode apresentar um benefício também totalmente novo.

Por mais que o mundo corporativo se esforce para evitar equívocos, eles acontecem. "Errar é humano", diz a sabedoria popular. Já que são inevitáveis, cabe às empresas tentar tirar algum proveito dos deslizes. Mas, para isso, é preciso que se esteja, tal como a natureza, aberto ao novo. Veja este caso.

Um operário de uma fábrica de velas e sabão em Cincinnati, Ohio, mal podia esperar pela hora do almoço. Faminto, ele saiu tão apressado que esqueceu de desligar a máquina que operava. Durante um bom tempo o equipamento continuou trabalhando e adicionando ar à massa de sabonete.

Ao retornar, o homem percebeu a dimensão de sua falha: todo o lote estava alterado, fora das especificações, perdido. Olhando receoso para os lados, ele pensou: "Se eu contar, estarei na rua. Melhor deixar quieto. Pode ser que nem percebam."

E remeteu o produto defeituoso adiante na linha de produção. A mistura foi endurecida, cortada em barras, embalada e distribuída normalmente para o mercado. E, por um tempo, o operário pôde respirar aliviado.

Porém, alguns dias depois, estranhas ligações de clientes começaram a chegar à empresa: "Que sabonete é esse que não afunda?", "Derrubei várias vezes na bacia e ele boiou", "É o único que a gente não perde na banheira".

Ninguém na fábrica entendeu do que se tratava. Ao averiguar os fatos, os diretores descobriram que o produto estava mais aerado que o normal, presumivelmente por causa de um erro de fabricação. O patrão convocou urgentemente toda a equipe para descobrir quem fora o responsável por aquilo. Com medo de represálias, o operário não se manifestou. Suspirando, o chefe lamentou: "Que pena. Íamos dar um aumento ao gênio que criou esse novo sabonete que tanto sucesso está fazendo. Mas se não foi ninguém..."

Essa história se passou na Procter & Gamble no final do século 19.[2] A empresa foi ágil em notar o potencial do novo produto e lançar no mercado o Ivory, o "incrível sabonete que flutua". A marca pode ser encontrada até hoje nos Estados Unidos em uma extensa linha de produtos.

Outro objeto que só existe porque havia pessoas abertas a ver algo de bom em um erro – dessa vez numa falha de comunicação – foi o clássico cofrinho em formato de porco. Pense bem: o que tem a ver a imagem de um porco com dinheiro? O que um suíno entende de poupança? Nada, porque tudo começou com um mal-entendido.

O homem entrou apressado numa loja de cerâmica na Inglaterra, procurando pelo dono. Um rapaz o atendeu:

– Todo mundo saiu para o almoço. O senhor quer alguma coisa?

– Sim, eu quero um pote para guardar moedas. Um pote de *pygg*, entendeu?

– *Pig*?

Pygg é um tipo de argila que os ceramistas da Grã-Bretanha usavam para fazer potes, vasos e outros recipientes no século 18. O rapaz não conhecia o material e confundiu a palavra com *pig*, que significa porco em inglês. E fez um pote para guardar moedas no formato do animal.[3]

Quando apareceu para buscar a encomenda, o cliente estava acompanhado do filho pequeno. Nem deu tempo de reclamar do equívoco: o menino ficou tão maravilhado que agarrou o porquinho na hora.

O pai não apenas ficou com o cofrinho como encomendou diversos outros para presentear os amiguinhos da criança. Foi o início da multiplicação do conhecido objeto.

♦ ♦ ♦

O famoso sistema de rodízio, utilizado com sucesso em inúmeros restaurantes, também é resultado de um erro. Na verdade, não um, mas vários, um caos total.

Em 1965, Albino Ongaratto não sabia mais o que fazer para colocar ordem na sua churrascaria, localizada em Jacupiranga, no Vale do Ribeira. Diariamente o estabelecimento recebia um grande número de clientes, mas não tinha condições de atendê-los. Os garçons, mal treinados e sobrecarregados, trocavam todos os pedidos. Quem pedia picanha recebia filé. Quem pedia linguiça recebia peixe. Quem pedia cupim recebia costela. E assim por diante. Muitos clientes, famintos e revoltados com a desorganização, desistiam e iam embora sem pagar.

Certo dia, cansado de dar bronca nos funcionários, Albino teve a brilhante ideia de se adaptar à confusão. Ele orientou os garçons a servirem de tudo a todos. Quem saísse da cozinha com um prato de picanha, por exemplo, serviria a todos que quisessem a carne. Pagando um preço fixo, o freguês podia comer à vontade os pratos disponíveis.[4] Pela sua simplicidade, o sistema se espalhou pelos quatro cantos do país e chegou até ao exterior. A rede brasileira Fogo de Chão, por exemplo, apresentou o rodízio aos americanos e hoje possui mais de 40 unidades por lá.[5]

Para muitos, o maior ícone do design de todos os tempos é a garrafa de Coca-Cola. Um desenho tão consagrado que ilustra um quadro de Andy Warhol em exposição permanente no Museu de Arte Moderna de Nova York.

Mas e se eu dissesse que a mais famosa embalagem do mundo também é resultado de um erro? Vamos à história.

Em 1917, a Coca-Cola já vendia muito bem nos Estados Unidos. Inspiradas em seu sucesso, surgiram inúmeras marcas concorrentes. Para ser mais exato, havia (pasme!) 153 novas marcas de cola no mercado, algumas claramente concebidas para confundir as pessoas: Carbo-Cola, Coca-Nola, Coke-Ola, Coke, Takola e até uma que se tornaria famosa depois, a Pepsi-Cola.

A propaganda da pioneira dizia: "Exija Coca-Cola genuína. Recuse imitações." Mas era difícil para o consumidor saber qual era a verdadeira. Os nomes eram parecidos, e as garrafas, também. Pensando numa forma de combater as imitações, o então presidente da companhia, Asa Candler, encomendou aos fabricantes de embalagens uma garrafa diferenciada e exclusiva. O empresário passou o seguinte briefing: "A embalagem deve ser inconfundível. O consumidor tem de reconhecê-la mesmo no escuro."[6]

Um dos fabricantes, a Root Glass Company, de Indiana, teve a inspiração de basear sua criação nas plantas que davam nome ao produto: a noz-de-cola e a folha da coca. Mas ninguém na empresa fazia a menor ideia da aparência desses vegetais.

Por isso, a fábrica enviou um assistente à biblioteca da cidade para realizar uma pesquisa. Mas o rapaz também não entendia nada de botânica e acabou se enganando: pegou a ilustração de um cacau em vez da noz-de-cola. O equívoco passou batido pelo designer, pelos donos da empresa e também pelo cliente, que aprovou o projeto. Todos acharam que a forma do cacau, bojudo e recortado em gomos, era perfeita para a embalagem.[7]

E o mundo inteiro, posteriormente, achou a mesma coisa. Uma pergunta de difícil resposta: será que se o processo fosse correto, isto é, se o desenho reproduzisse realmente a noz-de-cola, teria feito tanto sucesso?

Existe uma outra versão para o surgimento da embalagem: teria sido inspirada na moda da época, a saia funil. Como deu para perceber, eu prefiro a primeira história. É isso aí.

• • •

Você recebeu uma mercadoria com defeito que não pode ser devolvida?

Antes de se livrar do material, pense bem: será que não existe ali uma oportunidade disfarçada?

No início do século passado, uma fábrica americana de papel higiênico recebeu um rolo fora dos padrões: mais enrugado, grosso e pesado do que o normal. Um técnico atento observou que aquele material poroso tinha a capacidade de absorver água e secar áreas úmidas.

Ao comentar sua descoberta com um amigo, ambos tiveram a ideia de utilizar a novidade no lavatório da empresa, onde as pessoas têm necessidade de secar as mãos. Para destacar as folhas mais facilmente, alguém teve a ideia de fazer picotes a cada 30 centímetros. Surgia assim, a partir de um material com defeito, o papel-toalha.[8]

Grandes descobertas da ciência também são resultados de distrações e enganos. Como aconteceu com o cientista inglês Alexander Fleming, em 1928. Ele pesquisava uma forma de combater a bactéria responsável pela infecção generalizada no ser humano, mas, depois de meses realizando testes, percebeu que não fizera avanço algum.

Irritado, resolveu jogar tudo fora e descansar. Viajou por uns dias, aproveitando o enorme calor que fazia naquele verão londrino.

Ao retornar, Alexander percebeu que não tinha limpado bem seu laboratório. Algumas placas ainda continham soluções, com mofo e bolor causados pela alta temperatura. Ao analisar esse material no microscópio, o cientista fez uma descoberta reveladora: onde tinha mofo não havia bactérias. Como viria a descobrir, o fungo que causa o bolor destrói o agente causador da infecção. Foi assim, graças a um descuido, que Alexander Fleming criou o primeiro antibiótico da história: a penicilina.[9]

Há outra história de um medicamento de enorme sucesso que surgiu de um imprevisto. Na cidade de Vancouver, Canadá, a paciente entrou no consultório da oftalmologista Jean Carruthers e foi logo falando: "Doutora, aconteceu um negócio estranho: aquele remédio que a senhora me aplicou nas pálpebras parece que repuxou minha testa. É possível?"

Não era a primeira vez que a doutora ouvia depoimento semelhante. O medicamento, indicado para espasmos involuntários nas pálpebras, provocava relaxamento muscular na região dos olhos. Mas, pelos testemunhos, devia causar algo mais.

Jean e o marido, o dermatologista Alastair, ficaram apreensivos com a situação. Afinal, qualquer efeito colateral não previsto pela classe médica pode significar processos, indenizações e outras dores de cabeça. Por isso, resolveram investigar a fundo.

E os resultados foram surpreendentes: realmente, a substância conhecida como toxina botulínica tinha o poder de atenuar rugas de expressão e eliminar pés de galinha sem a necessidade de cirurgia plástica.

Estava descoberto um dos maiores fenômenos da indústria cosmética e farmacêutica: o Botox.[10]

Pela simplicidade de aplicação (basta uma injeção no local) e pelos resultados rápidos (ainda que temporários: duram cerca de seis meses), o produto promoveu uma revolução na área da estética.

Além de agir nas marcas de expressão, o Botox se mostrou eficaz também para levantar a ponta do nariz, arredondar queixos quadrados, levantar seios, combater o suor excessivo e atenuar o sorriso gengival.

E novas aplicações não param de ser descobertas, como no tratamento de enxaqueca, problemas de cordas vocais, redução da capacidade do estômago de pessoas obesas e até para combater dores de cabeça de origem cervical.

Porém a principal razão para o rápido sucesso do produto foi sem dúvida seu benefício estético. Nem mesmo o casal Jean e Alastair resistiu à toxina do rejuvenescimento: desde o início eles aplicam regularmente a substância um no outro.

Imagine ter alguém em casa para lhe aplicar Botox quando você quiser! Esse parece ser o sonho de muitas pessoas. O risco é que, em excesso, a substância pode provocar deformações. Talvez não seja o caso dos doutores canadenses, mas o visual "plastificado" chega a transformar fisionomias.

Mudando de assunto, você já viu um rato excitado? Nem os médicos da Pfizer, acostumados a utilizar os animais como cobaias. Em 1993, enquanto testavam um novo medicamento para combater a hipertensão, os pesquisadores perceberam que os roedores continuavam hipertensos, mas, para surpresa de todos, apresentavam ereções potentes e duradouras como se estivessem sonhando com a Minnie.

Em vez de tentar descobrir onde erraram, os cientistas decidiram redirecionar as pesquisas para desenvolver um tratamento contra a impotência masculina.[11]

Assim, para alegria de milhões de homens e mulheres, em 1998 o Viagra era liberado para uso comercial.

Quem também era capaz de reverter uma falha em seu favor era – de novo ele – o comandante Rolim.

Quando um cliente escrevia reclamando de extravio de bagagem, o comandante ordenava que a localizassem o mais rápido possível. Depois, redigia de próprio punho um pedido de desculpas e o enviava ao cliente.[12] O passageiro se sentia valorizado e comentava a experiência (positiva) para todo mundo. A carta era assinada pelo próprio presidente da TAM!

A Samsung, gigante coreana fabricante de eletrônicos, também soube transformar uma falha em boa publicidade. Certa vez, em 2000, a empresa sofreu um enorme revés em sua linha de telefones sem fio. Os aparelhos foram liberados com sérios problemas de fabricação. Um número crescente de consumidores se queixava à empresa e também à imprensa.

Em vez de anunciar um recall, a Samsung foi muito mais longe. Numa iniciativa drástica, recolheu todos os produtos do mercado e os empilhou no pátio de uma de suas fábricas. Em seguida, a direção ordenou que os funcionários ateassem fogo aos equipamentos. Foi destruído o equivalente a 50 milhões de dólares em mercadorias. Ao lado da fogueira havia uma faixa com a frase: "A qualidade vem em primeiro lugar."[13]

Foi uma atitude radical, mas que transmitiu claramente a funcionários, mídia, acionistas e consumidores o compromisso com a qualidade. Como diz uma conhecida frase corporativa: "Princípios só são princípios quando envolvem dinheiro."

Por último, se você não conseguir reverter um erro a seu favor, pelo menos aprenda com ele. Analise o raciocínio ou as razões que levaram à falha. Só assim você terá certeza de que não vai repeti-la. Errar uma vez é aprendizado; errar duas vezes é burrice.

O dia em que a revista Veja derrubou o presidente mundial da Coca-Cola

Aprender com os próprios erros não é só uma virtude, é uma obrigação e sinal de inteligência. Experiência nada mais é do que o nome que damos para nossos equívocos e aprendizados.

Mais inteligente ainda é aprender com os erros dos outros. Afinal, como apontou a americana Eleanor Roosevelt, você não vai viver o suficiente para cometer todos por conta própria. Pessoalmente, gosto de pesquisar, estudar e dissecar equívocos cometidos por executivos e empresas do mundo dos negócios, para aprender onde eles erraram e não repetir seus deslizes. Tão importante quanto saber o que fazer é saber o que não fazer. Dos casos que coleciono, um se destaca pela forma totalmente gratuita como ocorreu. Em outubro de 1999, a revista *Veja* trouxe em sua seção Páginas Amarelas uma entrevista com o então presidente mundial da Coca-Cola, Douglas Ivester. Em determinado momento, o jornalista Eurípedes Alcântara perguntou:

– A Coca-Cola está testando uma máquina de vendas que aumenta automaticamente o preço do refrigerante quando a temperatura ambiente aumenta. Que tipo de tendência é essa?

Ingenuamente, Ivester respondeu:

– Essa é uma situação clássica de oferta e procura. Aumentou a procura, o preço tende a subir. A Coca-Cola é um produto cuja utilidade varia de momento para momento. Numa final de campeonato, no verão, quando as pessoas estão reunidas num estádio se divertindo, a utilidade de uma Coca gelada é alta. Por isso, é justo que ela custe mais caro. A máquina vai simplesmente automatizar esse processo.[14]

A declaração caiu como uma bomba: o fato de um fabricante alterar o preço de um produto no momento em que o consumidor mais precisa dele soou como exploração. Teve início uma crise de proporções mundiais. Já no dia seguinte o assunto estava estampado em jornais internacionais como o inglês *Financial Times*, o americano *Wall Street Journal* e o espanhol *El País*.

Em pouco tempo as críticas se avolumaram e milhares de cartas de consumidores indignados chegaram à sede da empresa, em Atlanta. Apenas dois meses depois da fatídica entrevista, Ivester foi obrigado a renunciar ao cargo. Claro que houve outras razões para a sua saída, mas esse incidente foi a gota d'água.

Como a informação chegou às mãos do jornalista da *Veja*? De um jeito banal: no dia anterior à entrevista, Eurípedes passeava pelas ruas de Atlanta próximas à sede da multinacional e encontrou no chão um panfleto amassado e sujo onde um sindicato criticava a tal máquina. Até então, o projeto era desconhecido até mesmo da imprensa americana.

Lição a se tirar do episódio: nunca revele para a imprensa planos que estão em processo de desenvolvimento ou estratégias que não foram finalizadas, pela simples razão de não ter certeza absoluta se aquilo vai realmente acontecer. No caso da Coca-Cola, em algum momento alguém de bom senso dentro da empresa poderia alertar sobre o risco da ideia. É aí que está a ironia do caso: talvez a máquina que altera os preços de acordo com a temperatura ambiente nunca chegasse às ruas de fato.

TÃO IMPORTANTE QUANTO SABER O QUE FAZER É SABER O QUE NÃO FAZER

Todos nós cometemos erros. Faz parte da vida. Se você for duro demais com o funcionário que cometer um lapso, saiba que poderá desestimular toda a equipe a pensar, ousar, arriscar, ser criativa. Como disse Michael Eisner, que foi CEO da Disney por mais de 20 anos: "Punir um erro é estimular a mediocridade."

Encare a falha como uma lição, um treinamento não planejado.

Como aconteceu nos anos 1950 com o jovem executivo da IBM que cometeu um engano que custou 10 milhões de dólares aos cofres da empresa. Totalmente constrangido, o rapaz entrou na sala do então presidente, Thomas Watson Jr., e disse:

– O senhor pode me demitir que eu vou entender.

O presidente arregalou os olhos e respondeu:

– Despedi-lo? Mas nós acabamos de gastar 10 milhões para treiná-lo.[15]

OPORTUNIDADES DISFARÇADAS
NOS PROBLEMAS PESSOAIS

Criador de um sistema de ignição para automóveis, Charles Kettering trabalhava em sua oficina no interior de Ohio quando recebeu a visita do representante de uma grande empresa interessada em adquirir a patente do invento. O executivo, de terno todo alinhado, se dirigiu a Charles, que vestia um macacão sujo de graxa:

– Bom dia. Gostaria de falar com o técnico em termodinâmica. Você poderia chamá-lo?

Esboçando um sorriso, Charles respondeu:

– Lamento muito, aqui não tem um técnico nem alguém que saiba o que é termodinâmica. Agora, se o senhor quiser saber como criei esse sistema de ignição, explicarei com prazer.[1]

THOMAS EDISON É CONSIDERADO o maior inventor da história. Autodidata, deixou registradas mais de 1.300 patentes, dentre as quais se destacam a lâmpada elétrica, o fonógrafo, o microfone e o projetor de cinema.

Leonardo da Vinci foi pintor, escultor, engenheiro e arquiteto, além de ter antevisto invenções importantes, como o helicóptero e as lentes de contato.

Esses dois homens deixaram contribuições em áreas tão diferentes entre si porque, entre outras razões, se permitiram fazer isso.

Hoje em dia é diferente. Vivemos a era dos especialistas. Mesmo as pessoas mais inteligentes e capazes se limitam a sua área de domínio e não ousam se arriscar em outros segmentos.

Todos nós acreditamos que, se existe alguém capaz de resolver nossos problemas, são as pessoas especializadas naquele dado assunto. Se existe alguém capaz de encontrar saídas para as mudanças climáticas, por exemplo, só podem ser os cientistas que analisam o fenômeno. Se um dia alguém criar um sachê de ketchup mais fácil de abrir, certamente será o engenheiro de uma grande indústria de embalagens.

Mas isso não é necessariamente verdade. O simples fato de sermos humanos nos habilita a fazer contribuições em todas as áreas de atividade. Qualquer um de nós pode ter grandes ideias e colaborar para o avanço nas mais diversas áreas, mesmo sabendo muito pouco do assunto.

Às vezes ser leigo pode até ser uma vantagem. Você acreditaria que um sujeito, tendo assistido a menos de 100 horas de noticiário na vida, seria capaz de criar um império de jornalismo eletrônico? Pois foi isso que aconteceu com Ted Turner, criador da CNN. Ele mesmo declarou: "Sabe por que sou tão esperto? Nunca vi muita TV."[2]

É comum que o especialista, por estar dentro do problema e conhecer de perto os obstáculos e dificuldades, não consiga enxergar a saída. Nesse momento, quem está de fora pode ver muito melhor.

Lembre-se disso ao se deparar com um incidente, um contratempo ou uma experiência ruim. Ao invés de se irritar, pense numa forma de lucrar.

Foi o que aconteceu com o brasileiro Paulo Fabra, em 1989, num voo para Madri. Ao chegar à capital espanhola, o advogado descobriu que haviam estourado o cadeado de sua bagagem e furtado vários pertences. A decepção se transformou em revolta. Afinal, era a segunda vez que isso acontecia.

Ao reclamar para as autoridades, o que se seguiu foi o conhecido jogo de empurra-empurra. "A responsabilidade é de quem cuida da segurança do aeroporto", declarava a empresa aérea. "A companhia é quem deve ressarcir os prejuízos", esquivava-se o pessoal do aeroporto.

De volta ao Brasil, Paulo contou o incidente aos amigos, entre eles o administrador de empresas Sérgio Cassettari. O diálogo foi mais ou menos o seguinte:

– Roubado num voo de novo? Que absurdo!

– Alguém tinha que fazer alguma coisa...

– Por que não a gente?

Os amigos se entreolharam, refletiram um pouco e começaram a pensar em alternativas. Depois de algum tempo, chegaram à seguinte solução: proteger as malas envolvendo-as com algum material resistente antes de despachá-las.

Para materializar a ideia, Paulo e Sérgio procuraram um amigo conhecedor de mecânica, que desenvolveu uma máquina capaz de embalar grandes volumes utilizando uma fina película de PVC. Foi assim que, em 1990, um ano após o ocorrido em Madri, surgia no Brasil a Protec Bag.[3] Inicialmente, a empresa funcionou num pequeno estande no Aeroporto Salgado Filho, em Porto Alegre. Atualmente, o serviço está disponível em diversos aeroportos nacionais e internacionais.

Quantas vezes não voltamos de um passeio revoltados com um mau serviço ou atendimento? Mas nem imaginamos que talvez seja o destino colocando uma oportunidade em nosso caminho.

Depois de esperar ansiosamente pela chegada das férias, a família Wilson finalmente embarcou em um carro alugado. O roteiro previa passeios por regiões deslumbrantes, balneários e pontos turísticos próximos de Memphis, cidade onde moravam no estado americano do Tennessee.

Eles não podiam imaginar que se decepcionariam tanto com a viagem. Os hotéis próximos das estradas eram de péssima qualidade e tinham diárias salgadas. Para completar, cobravam adicional por criança e pelo café da manhã. Resultado: o dinheiro terminou antes do previsto e a família teve que retornar mais cedo para casa. Revoltadíssima, desnecessário falar.

O pai, Charles Wilson, concluiu que, das duas, uma: ou os hotéis lucravam demais ou não sabiam trabalhar. De qualquer forma, havia uma brecha ali. Como era investidor imobiliário e entendia de construção, Charles decidiu aproveitar a oportunidade: reuniu as economias, vendeu alguns bens, fez empréstimos, comprou um terreno e iniciou a construção de um hotel diferente. Seria um estabelecimento projetado para oferecer tudo que a família não havia encontrado nas férias: conforto a preço baixo e com hospedagem grátis para crianças. Foi assim que, em 1952, surgiu o primeiro Holiday Inn,[4] atualmente com mais de 1.200 hotéis em todo o mundo.

Note bem: quem ofereceu uma solução para bagagens violadas não foi um especialista do setor, mas três amigos – um advogado, um administrador de empresas e um mecânico. Quem criou uma alternativa de hospedagem mais em conta não foi um empresário da hotelaria, mas um investidor imobiliário.

Da mesma forma, o mais popular e prático instrumento de aço do mundo foi idealizado por alguém que nunca tinha trabalhado com o metal.

No final do século 19, o vendedor King Camp, então na meia-idade, vivia apreensivo com o futuro. Ganhava a vida vendendo rolhas, trabalho apenas razoável e que lhe rendia um salário incerto. Tudo mudou no dia em que ele dividiu sua preocupação com o amigo William Painter, que havia enriquecido após criar a tampinha descartável para garrafas. Ele deu o seguinte conselho a King: "Vá por mim, rapaz: para ganhar dinheiro sem parar, você também deve criar alguma coisa descartável, que o freguês use e jogue fora."

A frase ficou na cabeça do vendedor. Nas manhãs seguintes, ele pensava no assunto enquanto se barbeava usando o instrumento comum na época: a navalha. Em determinado momento, King se distraiu e acabou se cortando. Foi quando percebeu que o ato de barbear não era nada prático. Além de insegura, a navalha tinha tamanho exagerado, perdia o fio facilmente e precisava de reparos frequentes.

Ainda com sangue no rosto, King esboçou o projeto de um aparelho pequeno, fácil de manusear e seguro, no qual fosse possível fixar uma lâmina de aço fina, afiada e, claro, descartável. Levou cinco anos para materializar sua ideia. Mas pode-se dizer que King Camp Gillette teve muito sucesso com sua invenção.[5] Vendeu tanto que seu nome se tornou sinônimo de lâmina de barbear.

Já contei neste livro como os irmãos Richard e Maurice McDonald criaram o inovador estabelecimento que deu origem à famosa rede de lanches. Também já falei sobre Ray Kroc, o visionário líder que transformou o McDonald's no maior império de fast-food do planeta. Agora vou relatar como ocorreu o primeiro encontro de Kroc com os irmãos, outra história envolvendo um vendedor preocupado com a aposentadoria.

Esse era o perfil do americano Ray Kroc aos 52 anos. Ele comercializava multimixers, uma espécie de liquidificador para produzir milk-shakes. Tudo corria normalmente até que surgiu no mercado um concorrente poderoso, um aparelho mais moderno, eficiente, barato e com publicidade maciça. Rapidamente Kroc sentiu o impacto: suas vendas despencaram.

Ele ficou receoso de que em pouco tempo não houvesse mais espaço para seus aparelhos tradicionais. Para piorar, considerava-se velho demais para se aventurar num novo negócio ou começar em outro emprego. Tudo que ele almejava era garantir seus 12 mil dólares anuais, necessários para manter o padrão de vida de sua família na época.

Certo dia, Ray recebeu um pedido surpreendente: um único estabelecimento encomendou oito multimixers. Ele ficou intrigado, pois, se cada aparelhinho podia bater até seis milk-shakes ao mesmo tempo, oito dariam para preparar 48 simultaneamente. Que lugar teria um público tão grande? Curioso, o vendedor foi investigar de perto.

Situado no sul da Califórnia, o pequeno drive-in realmente era um sucesso. Havia uma fila de clientes na porta. E o serviço era rapidíssimo, tanto que as pessoas faziam o pedido e saíam em menos de um minuto. Como o vendedor observou, a agilidade era resultado de uma azeitada linha de produção e de uma equipe bem treinada. Além do processo bem coordenado, chamou sua atenção também a economia de utensílios e instalações:

não havia pratos, talheres, mesas, cadeiras, nada. Os clientes levavam seus hambúrgueres e batatas fritas em saquinhos.

Mesmo Ray, um homem acostumado a visitar estabelecimentos, nunca tinha visto algo semelhante. Encantado com o conceito inovador, ele imaginou que, se conseguisse convencer os donos a abrir filiais, haveria muito mais mercado para seus multimixers. O problema é que os irmãos não queriam isso de jeito nenhum e levantaram inúmeros entraves. A proposta só foi adiante porque Ray aceitou um contrato extremamente desfavorável.

De qualquer forma, o que motivou Ray Kroc a realizar a parceria foi a preocupação com o futuro. Ele próprio declarou mais tarde: "Se eu fracassasse com o McDonald's, estaria perdido. Não teria para onde ir."[6] No entanto, em apenas quatro anos já havia 79 franquias em território americano.

Até um constrangimento pode resultar num grande invento. Em 1949, o executivo do mercado financeiro Frank McNamara havia convidado dois colegas para jantar num luxuoso restaurante de Nova York. No final da refeição, porém, ele teve uma surpresa: descobriu que havia esquecido a carteira no escritório.

O dono do estabelecimento não foi nada compreensivo. Disse já ter recebido vários calotes na vida e ameaçou chamar a polícia. Frank também se irritou, disse que era um homem importante e que se comprometia a quitar a dívida no dia seguinte. Mas não teve acordo: ele foi obrigado a ligar para casa e pedir à esposa que fosse lhe levar o dinheiro.

O executivo saiu do estabelecimento arrasado e ofendido. Como era possível que ele, um profissional bem-sucedido e conceituado, tivesse sido tratado como "um sujeito qualquer"? Naquele momento, todo o seu patrimônio, prestígio e bens não lhe garantiram um tratamento diferenciado nem um voto de confiança.

Pensando numa forma de distinguir as pessoas, Frank imaginou criar um clube fechado, para pessoas endinheiradas como ele, que pudessem obter crédito apenas apresentando um… cartão.

Essa é a história do nascimento do primeiro cartão de crédito da história: o Diners Club.[7] Inicialmente, 27 restaurantes de Nova York se associaram ao novo serviço. Os 200 primeiros integrantes do clube foram justamente amigos de Frank, dois dos quais, aliás, estavam presentes naquele fatídico jantar.

Por falar em jantar, você já teve a experiência de ir a um restaurante indicado por um crítico e comer mal? Sem dúvida. Todo mundo já passou por isso. Principalmente o casal de advogados americanos Nina e Tim. Não que os críticos estivessem sempre equivocados, mas o fato é que marido e mulher eram extremamente exigentes. Depois de viver alguns anos em Paris, os dois haviam se acostumado com os grandes chefs, restaurantes estrelados e pratos inigualáveis da culinária francesa. Mas agora, de volta aos Estados Unidos, padeciam para encontrar algum estabelecimento que os agradasse. Seguir as recomendações de jornais e revistas também vinha se revelando uma furada. O que fazer? Ora, ouvir os amigos. Passaram, então, a reunir em casa um grupo de conhecidos gourmands como eles para trocar receitas de pratos e dicas de restaurantes.

Após reunir uma lista razoável de lugares, o casal teve a ideia de transformar o conteúdo em guia. E não um guia comum: o primeiro feito por dezenas de clientes.

Assim, em 1979, Nina e Tim Zagat lançaram o primeiro guia Zagat.[8] Com a colaboração de cerca de 200 amigos, a edição avaliava 100 restaurantes. A novidade teve tanta aceitação que alguns anos depois o casal deixou a advocacia para se dedicar exclusivamente ao negócio.

O Zagat chegou a ser uma das mais respeitadas grifes do segmento, cobrindo 70 grandes cidades, 25 mil estabelecimentos e um exército de cerca de 100 mil colaboradores. Em 2011, foi adquirido pela Google por 150 milhões de dólares.

Mas o mais importante é que Nina e Tim resolveram seu problema: nunca mais tiveram dificuldade para comer bem.

Se você observar com atenção, verá que muitas das grandes ideias e empresas surgiram a partir de problemas pessoais. Gente comum que, ao se deparar com um obstáculo, se permitiu inventar a saída. Como disse o escritor americano Mark Twain: "Não sabendo que era impossível, ele foi lá e fez."

Ao delegar para os especialistas as soluções de todos os nossos problemas, deixamos de pensar por conta própria e acabamos desperdiçando grandes oportunidades.

Em 1998, dois amigos obcecados por computadores andavam muito insatisfeitos com os mecanismos de busca disponíveis na internet. Buscadores como o Yahoo! se baseavam no número de vezes que determinada palavra aparecia nas páginas da web, só que esse mecanismo estava sujeito a frequentes distorções: bastava alguém repetir o termo inúmeras vezes para que sua página fosse dada como "relevante".

Sem um mecanismo de busca mais criterioso e abrangente, era muito difícil realizar pesquisas virtuais precisas. Para atender inicialmente sua própria necessidade, os amigos partiram em busca de uma nova forma de encontrar e ordenar os sites mais importantes de cada assunto.

Para isso, era necessário responder à seguinte questão: qual o melhor critério para ordenar as páginas? Foi então que eles se lembraram da sabedoria popular: "A voz do povo é a voz de Deus." E concluíram que a página certa para cada pesquisa seria aquela indicada pelo mundo inteiro. Ou seja, quanto mais um endereço fosse acessado, citado e recomendado por outros sites, mais relevante ele seria.

O raciocínio fazia sentido, mas levava a um grande desafio: como varrer a internet e selecionar as páginas de acordo com esses critérios?

Naquele momento, foi de grande ajuda o fato de os dois serem ótimos em matemática. Como vestibulandos determinados a resolver uma questão difícil, eles mergulharam numa profunda viagem por algarismos, equações e fórmulas a fim de entender como as páginas da internet se ligavam umas às outras.

Depois de uma infinidade de contas e uma montanha de números, finalmente eles chegaram à resposta.[9] E a equação encontrada foi... Infelizmente, não vou poder revelar aqui. Esse é um dos segredos mais bem guardados da atualidade. Um segredo que vale 1,8 trilhão de dólares: o valor avaliado da Google, ou melhor, da Alphabet, conglomerado fundado por Sergey Brin e Larry Page.

Por que a Google vale tanto? De onde vem o lucro da empresa?
O mais famoso mecanismo de busca do planeta surgiu da necessidade pessoal de dois amigos. E logo se viu que a necessidade não era só deles. Atualmente, estima-se que o Google gerencie 3,5 bilhões de buscas por dia. Apesar de ter se tornado popular rapidamente, durante muito tempo houve dúvidas sobre a real capacidade da companhia de ser rentável. Afinal, as pessoas não pagam absolutamente nada para utilizar o buscador. A receita vem da publicidade.

A forma de vender anúncios foi outra sacada genial de Sergey e Larry. Em vez de simplesmente vender espaços e banners, como fazem os portais, a dupla decidiu tratar a publicidade como conteúdo.

Funciona assim: quando você faz uma busca pelo Google, as respostas aparecem em ordem de importância, das mais relevantes para as menos. Anunciar no buscador significa furar fila, ou seja, o anunciante aparece no topo das respostas mais relevantes. É o chamado link patrocinado. Esse formato revolucionário quebrou diversos paradigmas da publicidade. Em vez de pagar pela veiculação, o anunciante remunera o veículo pela performance: número de cliques ou relevância. Além de segmentar e evitar a dispersão da mensagem, esse modelo tem a vantagem de demandar valores pequenos de investimento. Isso permitiu que um número gigante de pequenas e médias empresas se tornassem anunciantes, garantindo uma receita polpuda e crescente ao buscador.

Claro que isso sozinho não explica a impressionante valorização da companhia. É que a Google gerencia um número assombroso de informações, e isso justifica todo o seu poder – sem contar que não para de adquirir novas empresas e criar ferramentas, algumas ainda nem exploradas comercialmente.

A publicidade no Google tem o mesmo formato das respostas buscadas. Não há fotos, splashes ou títulos grandes. Você pode se perguntar: isso não é ruim? Não seria melhor para anunciantes e agências que o Google comercializasse espaços publicitários em suas páginas, como os outros sites?

Como empresário de propaganda, posso afirmar que não. O sonho da publicidade é ter tanta credibilidade quanto as reportagens. É por essa razão que existem tantos informes publicitários na mídia. Para não confundir as autorias, os veículos exigem que tenham layout ligeiramente diferente.

Pelo mesmo motivo, repórteres e apresentadores de telejornais não são autorizados a participar de publicidade: para não comprometer a credibilidade da emissora.

Então por que o Google, ao contrário da prática comum, não apenas permite como exige que a publicidade tenha o mesmo formato de seu conteúdo? Por que Sergey e Larry compreenderam, de maneira assombrosa (considerando a pouca idade dos dois), que a briga dos anunciantes pela atenção do consumidor pode afastá-lo. Não existe nada mais desagradável do que abrir um site e imediatamente pipocarem janelinhas e banners publicitários na sua frente, não é mesmo?

Grande parte dos anúncios é assim: invasivos, barulhentos e desagradáveis, nos obrigando a fugir deles acessando outros sites, trocando o canal de TV, virando a página da revista e assim por diante.

Você pode estar surpreso de ver um profissional do ramo dizer que a publicidade pode incomodar as pessoas. Mas lembre-se: eu também sou consumidor. E, como você, aprecio publicidade inteligente, criativa, divertida, memorável ou apenas informativa, que respeita o público.

• • •

Voltando às necessidades pessoais. Como consumidores, estamos o tempo todo esbarrando em demandas que ainda não foram atendidas pela indústria. E pouco adianta fazer sugestões às empresas. Em geral, o serviço de atendimento ao consumidor é utilizado para sanar dúvidas e lidar com reclamações, mas não está preparado para funcionar de forma estratégica.

Infelizmente, ainda vivemos uma realidade em que todo o esforço, o foco e a dedicação das corporações estão em fazer você comprar o produto ou contratar o serviço. Depois disso, com raríssimas exceções, você deixa de ser a prioridade.

Foi justamente esse sentimento de abandono que levou o jovem Michael a encontrar uma belíssima oportunidade disfarçada.

Desde pequeno, o rapaz era apaixonado por computadores. No início dos anos 1980, com apenas 16 anos, adquiriu um Apple II só para desmontar e desvendar sua arquitetura interna. Depois, quando cursava a Universidade do Texas, passou a comprar e revender componentes e acessórios para outros alunos.

Foi esse contato com os fabricantes que deixou clara para ele a deficiência dos serviços. Apesar de negociar frequentemente com as mesmas empresas, Michael era tratado sempre como um cliente novo e desconhecido. "Mas eu compro tudo aqui e você não me conhece?", indignava-se. Não havia histórico de consumo, preocupação em lembrar seu nome, muito menos em conhecer suas preferências e necessidades.

Outra deficiência observada pelo universitário foi que o preço final das mercadorias fugia completamente ao controle das fábricas. Cada revendedor e intermediário adicionava livremente suas margens de lucro, de modo que o produto chegava ao consumidor final com valores elevados.

Todas essas dificuldades deram a Michael a certeza de que havia espaço no mercado para um novo tipo de empresa, um fabricante que conhecesse os fregueses pelo nome, perfil e últimas compras. E que, exatamente por compreender suas necessidades, pudesse oferecer o que cada cliente estava procurando. Além disso, essa empresa poderia vender direto aos consumidores, eliminando os intermediários e, consequentemente, tendo controle total sobre o preço final. Foi baseado nisso tudo que em 1984, com apenas 19 anos, Michael Dell criou mais do que uma nova empresa, mas um novo modelo de vendas, um sistema revolucionário de produção em massa, que permitia a fabricação de computadores pessoais sob encomenda.[10] No método tradicional, primeiro a indústria produzia determinado número de equipamentos, depois os distribuía e rezava para vendê-los.

Além de eliminar os estoques, a venda direta Dell impedia as remarcações que inflavam o preço. O modelo oferecia ainda a vantagem de permitir que o próprio cliente acompanhasse o processo de produção de seu equipamento e até contribuísse para o aperfeiçoamento do projeto.

Por surgir da observação do que interessava aos clientes, a Dell fez um sucesso meteórico. Em 1992, quando Michael tinha 27 anos, a empresa entrou para a lista Fortune 500. Em pouco tempo se tornou líder mundial na fabricação de PCs (atualmente ocupa a terceira posição, atrás de Lenovo e HP).

Partindo de sua experiência negativa como consumidor, Michael nunca deixou a Dell ficar distante dos clientes. Dizem que até hoje ele próprio faz turnos no centro de atendimento da companhia, ouvindo as necessidades, queixas e solicitações dos compradores.

Mesmo uma necessidade trivial, aparentemente sem importância, pode resultar em algo comercial. Foi o que aconteceu com o irlandês Hugh Beaver, em 1951.

Ele tinha o hobby de caçar pássaros nos fins de semana, na Irlanda. Entre os amigos, Hugh se gabava de ser um exímio atirador.

Porém, certa tarde, foi surpreendido por um bando de tarambolas, ave de pernas longas parecida com a cegonha. Ele tentou alvejá-las, mas o bando inteiro escapou ileso. Os amigos caçoaram de Hugh: "Não acertou nenhuma?", "Que belo atirador, hein?", "Tá ficando velho".

O irlandês se defendeu dizendo que aquela ave não era como as outras, tinha uma agilidade fora do comum, talvez fosse a mais rápida da Europa. Claro que a gozação só aumentou.

Humilhado, Hugh decidiu pesquisar em livros, enciclopédias e revistas sobre a velocidade de voo das tarambolas. Não apenas não encontrou essa informação como descobriu que nenhuma publicação dizia qual animal era o mais rápido, o maior, o mais leve e assim por diante.

Acreditando haver descoberto uma brecha no mercado editorial, Hugh contratou dois pesquisadores ingleses para levantarem a primeira coletânea de curiosidades desse tipo.

Sendo diretor administrativo de uma grande cervejaria, Beaver convenceu a direção da empresa a bancar o livro. Assim, em 27 de agosto de 1955 foi publicada a primeira edição do *Guinness: O livro dos recordes*.[11] Como prova de que o interesse não era apenas dele, o livro alcançou o primeiro lugar em vendas no Reino Unido.

Com o tempo e as edições atualizadas ano a ano, a própria publicação acabou batendo um recorde: em 2019, informou ter atingido a marca de 143 milhões de exemplares vendidos no mundo desde a primeira tiragem.[12]

Mas Hugh não acertou em tudo: ao contrário do que ele defendeu no princípio, a ave mais rápida do mundo não é a tarambola, mas o falcão-peregrino, que faz até 145 quilômetros por hora. Curiosamente, ao consultar o último *Guinness*, constatei que essa informação não estava lá. Será que o irlandês não quis dar o braço a torcer aos amigos?

✦ ✦ ✦

Um bate-papo com os colegas, o ambiente do trabalho, o cotidiano nas casas – qualquer lugar pode ser terreno fértil para se detectar uma necessidade ainda não suprida.

Todos os dias, quando chegava em casa, o americano Earle Dickson encontrava a esposa com pequenos machucados nos dedos das mãos. Distraída, a mulher vivia se cortando com as facas de cozinha. Earle ficava angustiado, mas a esposa não via gravidade: "É só um cortezinho à toa, querido. Deixa pra lá."

Mas Earle não conseguia deixar para lá: dia e noite pensava numa forma de atenuar o sofrimento da companheira. Certa vez, ao passar pelo depósito da companhia em que trabalhava como comprador de algodão, a Johnson & Johnson, viu dezenas de caixas de gaze e esparadrapo empilhadas e teve uma ideia. Colocou um pequeno volume de gaze no centro de uma fita de esparadrapo e foi para casa testar a novidade.

A mulher aprovou a solução improvisada. Além de proteger o ferimento, o curativo impedia o contato com líquidos como água e suco de limão, aliviando a dor.

A invenção funcionou tão bem que Earle resolveu mostrá-la aos superiores. A princípio, o pessoal não se interessou. Mas, quando ele demonstrou que era possível aplicar o curativo com apenas uma das mãos, a direção imediatamente compreendeu o potencial da ideia.

Assim, graças a uma cozinheira desatenta e a seu marido dedicado, em 1920 o mundo conheceu o Band-Aid.[13] De acordo com o site da marca, desde então foram produzidas mais de 100 bilhões de unidades do produto.

Quem tem empregada em casa sabe que é comum, de vez em quando, se quebrar um copo, um prato ou lascar um vaso. Mas quem tem louças valiosas não costuma ser tão compreensivo com os acidentes.

Era essa a situação da socialite americana Josephine Cochrane em 1886. Ela vivia dando festas para a alta sociedade e recebendo os convivas para jantares. Josephine tinha especial carinho por suas porcelanas chinesas, adquiridas em viagens pela Ásia. Como advertir e até penalizar os empregados não estava impedindo os deslizes, ela decidiu pensar num jeito de proteger as peças na hora da limpeza.

Note que era uma socialite, não uma engenheira, projetista ou marceneira. Movida pela necessidade e orientada pelo óbvio, Josephine imaginou uma caixa onde seriam colocadas as louças. Por um lado entrariam jatos de água e do outro sairia o líquido levando a sujeira.

Ela procurou especialistas apenas para materializar a ideia. Um marceneiro fez a caixa e um encanador fixou a bomba de água e o cano para a saída. Com esse princípio extremamente simples foi desenvolvida a primeira lava-louça moderna de que se tem notícia.[14] Pela sua invenção, Josephine entrou para o Hall da Fama dos Inventores Nacionais dos Estados Unidos em 2006.

As tarefas domésticas do cotidiano estão no centro de grandes invenções da história – e também de grandes discussões entre casais. São esposas se queixando de maridos que não ajudam nos serviços de casa, maridos reclamando da desenvoltura das esposas na cozinha... E esses atritos frequentemente geram brigas, xingamentos e até troca de sopapos. Mas no caso a seguir gerou uma empresa inteira.

Na cidade de Dresden, sudeste da Alemanha, vivia um casal às turras. A esposa dava duro na cozinha enquanto o homem reclamava de tudo. De todas as queixas, a que mais intrigava a dona de casa era a inconstância no sabor do cafezinho. De fato, apesar de utilizar o mesmo tipo de grão e as mesmas quantidades de água e açúcar, o resultado era sempre diferente. E dá-lhe críticas: "Hoje ficou forte", "Agora está fraco", "Põe menos água na próxima vez".

A mulher estava perdendo a paciência. Antes de mandar o marido para aquele lugar, ela resolveu estudar as causas das variações e chegou à conclusão de que o culpado era o coador de pano. Por ser usado várias vezes, o tecido guardava resíduos do pó de café e alterava seu sabor.

A saída era um coador descartável. A dona de casa então pegou uma panela e fez vários furos embaixo. Depois, forrou o recipiente com papel mata-borrão, colocou o café moído e despejou água quente. O resultado agradou a ela, ao chato do marido e, posteriormente, ao mundo inteiro.

Foi dessa forma que a Sra. Melitta criou o filtro de café de papel, em 1908.[15] Atualmente, a Melitta é líder no segmento na América do Norte e está presente em 60 países.

• • •

Os amigos Jerry, Gordon e Zev também eram amantes de café e chá e viviam procurando um estabelecimento na cidade em que moravam, Seattle, onde pudessem saborear uma boa xícara. Era algo bem difícil no final dos anos 1960. Na época, os Estados Unidos já eram o país mais avançado do mundo, mas, em assuntos de café, deixavam muito a desejar. Ao contrário dos europeus, os americanos nunca tiveram grande tradição com o produto.

Nos supermercados do país, só se encontravam os tipos mais básicos de café. Para piorar, os fabricantes adicionavam grãos baratos à mistura para conseguir vendê-la a preços menores. Era comum ainda os supermercados deixarem as mercadorias nas prateleiras até o café ficar passado. E, como o paladar das pessoas não era lá muito desenvolvido, ninguém reclamava. Quer dizer, quase ninguém.

Jerry, Gordon e Zev se queixavam muito. Tinham que recorrer ao serviço de correspondência para receber um produto de qualidade. Não raro viajavam três horas até Vancouver, no Canadá, para adquirir grãos mais selecionados.

Finalmente, cansados dessa busca, resolveram abrir a primeira loja especializada em café de Seattle. Nem esperavam ganhar dinheiro com o negócio, pois sabiam que os americanos não eram exigentes com o produto.

Cada um contribuiu com 1.350 dólares. Juntos, eles conseguiram um empréstimo bancário de 5 mil. Com o dinheiro, alugaram um bom ponto, montaram a loja e a abasteceram com os melhores tipos de café. Faltava apenas o nome.

Amante de literatura, Jerry foi buscar inspiração em *Moby Dick*, de Herman Melville, romance em que há um marinheiro com um nome bem sonoro. Ao apresentar sua ideia aos sócios, Jerry argumentou que seria uma boa forma de homenagear os primeiros vendedores de café que viajaram por mar.

Para o logotipo, imaginaram um tema náutico. Ao consultar livros antigos, o artista gráfico contratado encontrou uma interessante xilogravura escandinava do século 16: uma sereia nua com os seios cobertos por longos cabelos. O artista argumentou: "Esta mulher é tão sedutora quanto os seus cafés."

Assim, em abril de 1971 abria as portas em Seattle a primeira Starbucks Coffee, Tea, and Spice.[16] Nos 10 anos seguintes, os amigos abriram outras três filiais na mesma cidade. Como apaixonados pelo assunto, eles continuaram se aprofundando no tema. Viviam em busca de grãos especiais, trocavam informações com mestres do mundo inteiro e acabaram desenvolvendo um estilo único de torrefação.

Paixão pelo produto, obsessão pela qualidade e um ambiente de amigos: como uma semente, a pequena loja já continha o necessário para se transformar na maior rede de cafeterias do mundo. Faltava apenas a visão e a ambição de um grande empreendedor. Mas essa é outra história.

Importante dizer que nenhum dos três companheiros era empresário ou tinha revelado qualquer talento especial para estabelecimentos comerciais. Jerry Baldwin era professor de inglês, Gordon Bowker era escritor e Zev Siegl, professor de história.

Eram apenas sujeitos comuns com uma necessidade específica. Como nos casos anteriores, qualquer um com igual interesse poderia ter tido a mesma ideia.

Isso toca num ponto interessante. Quando escrevia meus artigos no *Valor Econômico*, de vez em quando eu recebia algum e-mail dizendo o seguinte: "Mas você só fala de gente que entrou para a história, como Gillette, Melitta, Ted Turner. Não sou como eles, sou apenas um sujeito comum."

Ao pesquisar material para este livro, tive a oportunidade de estudar a biografia de vários desses personagens. E posso afirmar que, salvo exceções – como Asa Candler, da Coca-Cola; Steve Jobs, da Apple, e Thomas Edison, fundador da GE –, a grande maioria estava longe de ser gênio. No máximo, eram pessoas esforçadas se debatendo com problemas do cotidiano, em casa ou no trabalho – gente comum que, graças a persistência, otimismo, ousadia e, por que não dizer, sorte, teve a felicidade de aparecer com a ideia certa no momento certo. Em muitos casos, a única sacada que tiveram na vida foi justamente aquela que lhes rendeu fama, fortuna e um império.

A maior prova disso é que, ao serem indagados sobre qual a fórmula do sucesso, vários deles dão a única resposta que conhecem: aquela que deu certo com eles.

Lembre-se do conselho dado a King Gillette pelo amigo William Painter, o criador das tampinhas descartáveis: "Para ganhar dinheiro sem parar, crie algo descartável." Ou pense em Armand Hammer, um americano que foi para a União Soviética nos anos 1920 e se aproveitou da Revolução Comunista para enriquecer. Hammer intermediou transações entre os dois países, trocando barris de caviar russo por trigo americano e vendendo tratores Ford. Certa vez, um jornalista perguntou a ele qual era a receita para se tornar milionário. A resposta foi a seguinte: "Não há mistério algum. Você simplesmente deve esperar por uma revolução na Rússia. Em seguida, pegue todas as suas roupas de inverno e vá para lá."[17]

Conhecer histórias como essas pode ajudar bastante a despertar a sua criatividade. Você pode simplesmente pegar o mesmo raciocínio e aplicar em outra situação, como fez King Gillette, ou pode combinar diversos casos e criar algo totalmente novo. O importante é ficar atento para identificar um produto ou serviço que ainda não tenha sido explorado pelas empresas. Uma necessidade sua pode não ser apenas sua; pode ser um desejo do mundo inteiro.

Por exemplo: você acredita que até os anos 1950 não havia nos Estados Unidos uma única revista masculina de qualidade mostrando mulheres nuas? É verdade. Até aquela época, as publicações voltadas para homens falavam de caçadas, armas, esportes, carros (pasme: tinha até revista de tratores). Mas nada sobre o interesse número um de qualquer marmanjo heterossexual: garotas.

Claro que havia uma razão para isso. A sociedade americana sempre foi muito tradicional, conservadora e até repressora, o que desestimulava as editoras a lançar algo mais ousado.

Essa lacuna intrigava Hef. Aos 27 anos, o então diretor editorial da revista infantil *Children's Activities* enxergou naquilo um grande potencial, tanto que resolveu largar o trabalho e apostar em uma nova revista.

Com familiares e colegas, levantou 500 dólares, que usou para adquirir as fotos de uma linda modelo, uma loura que havia posado nua para um calendário.

Para o nome da revista, escolheu *Stag Party* (algo como farra, em inglês). O símbolo selecionado foi o desenho de um cervo fumando, à espera de companhia feminina.

Estava tudo pronto. Porém, na véspera do lançamento, a notícia bombástica: já existia no mercado uma revista chamada *Stag Party*. Era preciso criar outro nome em menos de 24 horas. Aflito, Hef começou a rabiscar diversas opções: *Top Hat, Bachelor, Gentlemen*... mas nenhuma lhe agradava. Foi então que um amigo sugeriu:

– E se fosse... *Playboy*?

– Não dá. É o nome de uma fábrica de carros.

– Não é mais, Hef. A fábrica faliu.

Não dá mais para fazer suspense: esse foi o nome escolhido por Hugh Hefner, ou Hef, para os íntimos. O editor resolveu buscar também uma nova mascote. O diretor de arte Art Paul fez o melhor que pôde, mas não conseguiu algo satisfatório a tempo. Assim, aos trancos e barrancos, em dezembro de 1953 foi publicada a edição número 1 da *Playboy*. Número 1 por assim dizer: Hef estava tão inseguro com o futuro da revista que nem chegou a numerá-la.[18]

Já na edição de estreia o editor mostrava seu talento para escolher estrelas. Sabe quem era a desconhecida modelo cujas fotos custaram apenas 500 dólares? Marilyn Monroe, então em início de carreira. Sua imagem saiu estampada na capa e na página central.

Dos 69.500 exemplares distribuídos em bancas, 54.175 foram vendidos em poucas semanas – um sucesso e tanto para um novo título editorial. A segunda edição já exibia a nova mascote: o simpático coelhinho de gravata que se tornaria marca mundialmente conhecida.

A título de curiosidade: segundo Hef, o coelho foi escolhido por sua "divertida conotação sexual" e a gravatinha, "para dar uma ideia de sofisticação". A imagem se tornou tão famosa que, seis anos depois de seu lançamento, era possível enviar uma carta para a revista usando apenas o coelho no lugar do endereço.

Mas a trajetória de Hugh Hefner não foi feita só de sucessos. A *Playboy* rendeu a seu fundador, além dos óbvios benefícios, muita dor de cabeça. Ele enfrentou forte oposição das autoridades americanas. Órgãos oficiais, entidades de defesa da moral e alguns segmentos da sociedade acusaram a publicação de violar as leis e promover a obscenidade. O editor chegou a ser preso, em 1963.

Para escapar da perseguição, Hefner se empenhou em elevar cada vez mais o nível da revista. Convidou respeitados autores a publicar artigos e obteve entrevistas com grandes personalidades, como o músico Miles Davis e o astrônomo Carl Sagan.

O esforço valeu a pena. A *Playboy* se transformou no maior porta-voz do universo masculino, traduzindo seus desejos e tendências sempre com bom gosto e qualidade. Para Hefner, a publicação nunca foi estritamente erótica. Em suas palavras: "A *Playboy* é uma revista de estilo de vida, em que o sexo tem um papel importante."

Eis outra inovação envolvendo uma famosa revista americana na década de 1950. Até aquela época, jornalistas de negócios e editores de economia tinham dificuldade para comparar empresas e analisar a evolução de seu desempenho financeiro. Isso porque não havia disponível uma classificação confiável de companhias por tamanho, faturamento e crescimento.

Pensando em suprir essa necessidade, um assistente de redação da revista *Fortune* resolveu por conta própria elaborar uma lista com as maiores organizações dos Estados Unidos. Para a enorme pesquisa de dados, contou com o auxílio de uma secretária.

Com o ranking finalizado, o rapaz o deixou afixado numa das paredes da redação. Quando o diretor viu a lista, achou-a tão interessante que decidiu publicá-la já na edição seguinte. Foi assim que nasceu a Fortune 500.[19] Descobriu-se aí o enorme fascínio que os rankings despertam em leitores, empresas e jornalistas. A Fortune 500 virou base de comparação empresarial e inspirou todos os outros rankings empresariais que surgiram depois.

◆ ◆ ◆

O primeiro ranking, a primeira revista masculina, a primeira rede especializada em café. Você pode estar pensando: "Antigamente era mais fácil ter ideias originais e criar negócios inovadores, porque praticamente nada existia ainda. Hoje é muito mais complicado, pois tudo já foi feito."

É fato que, analisando o passado, vemos quantas oportunidades evidentes já foram exploradas. Mas a verdade é que essas soluções não estavam explícitas em sua época. Foi preciso um aguçado senso de percepção e oportunidade, além de iniciativa e capacidade de realização, para que as pessoas emplacassem suas ideias.

Numa perspectiva histórica, podemos concluir que nunca houve uma época realmente "fácil": talvez daqui a 50 anos, quando olharmos para trás, pensemos que produtos e serviços como iPhone e Google tenham sido soluções óbvias, mas hoje sabemos quanto de persistência exigiram de seus criadores e como a tecnologia precisou evoluir para torná-las possíveis.

Pode não parecer, mas hoje – assim como há 100 anos – existem inúmeras oportunidades disfarçadas ao nosso redor. Diariamente novas necessidades estão surgindo, porque o mundo evolui, alterando os hábitos de consumo e a vida de todos.

Como você vê o novo: ameaça ou oportunidade?

O século 21 tem sido uma montanha-russa emocional de avanços tecnológicos.

Redes sociais, dispositivos móveis, aplicativos, computação em nuvem, internet das coisas (IoT), carros autônomos, impressão 3D, realidade virtual (VR), realidade aumentada (AR), criptomoedas, engenharia genética, robótica avançada, inteligência artificial (AI), etc.

Nunca na história da humanidade o ritmo e a velocidade das mudanças estiveram tão intensos como na era atual. Basta uma olhada ao redor para percebermos como os novos modelos estão se impondo e sepultando as velhas fórmulas.

Isso obriga as empresas e os executivos a estarem continuamente abertos ao novo. Até porque a cada nova tecnologia que surge ampliam-se as possibilidades de solução de problemas novos e antigos. Foi o que descobri após mais de 20 anos estudando as oportunidades disfarçadas.

Mas como se manter receptivo ao novo? Como sair da postura defensiva, vencer o medo, o cansaço e se colocar numa posição potente, capaz de identificar oportunidades nas novidades?

Alguns anos atrás, fui procurado pelo conglomerado japonês Dentsu, quarto maior grupo de comunicação do mundo. Eles estavam interessados em adquirir minha primeira agência (AGE). Nós fechamos negócio. Mas confesso que fiquei apreensivo com o que estava por vir: deixar de ser empresário para voltar a ser executivo, conviver com uma cultura diferente da minha, responder a pessoas tão adeptas da tecnologia.

Foi por isso que elaborei o "Manifesto em favor do novo", texto publicado na forma de anúncio na ocasião de nossa associação. Sempre que me sinto apreensivo com o futuro, recorro à sua leitura:

Alguns temem o novo
Porque ele ameaça o estabelecido, contesta as convenções
Desafia as regras
Alguns evitam o novo
Porque ele traz insegurança, estimula o experimento,
    convida à reflexão
Alguns fogem do novo
Porque ele nos retira da confortável posição de autoridades
E nos obriga a reaprender
Alguns zombam do novo
Porque ele é frágil, não foi consagrado pelo uso
Mas essas pessoas esquecem que tudo o que hoje é consagrado

Um dia já foi novo
Alguns combatem o novo
Porque ele contraria interesses, desafia os paradigmas, não respeita o ego, despreza o status quo
Mas tudo isso é inútil
Porque a história da humanidade mostra
Que o novo sempre vem
Por isso, recicle seus pensamentos, reveja seus pontos de vista
Atualize suas fórmulas, seus métodos, suas armas
Senão você será sempre um grande profissional
Um sujeito muito preparado para lutar numa guerra que já passou

• • •

A história está repleta de pessoas que foram bem-sucedidas porque souberam aproveitar antes das outras as mudanças no mundo e no comportamento do consumidor.

Quem viveu o início dos anos 1980 pôde acompanhar a rápida conquista das mulheres de seu espaço no mercado de trabalho. Mas era possível identificar também certa angústia e insatisfação no ar. Ao mesmo tempo que buscavam se equiparar aos homens em cargos e salários, as executivas não queriam perder a feminilidade. Ao mesmo tempo que tomavam decisões firmes e corajosas, não queriam deixar de ser sedutoras e doces.

Um dos primeiros a perceber uma forma de explorar esse dilema foi o americano Leslie Wexner. Ele intuiu que um particular tipo de roupa tinha o potencial de repor emocionalmente a feminilidade perdida no dia a dia das atarefadas executivas: a lingerie.

Vendo a oportunidade de promover uma mudança radical no negócio de lingerie, o empresário adquiriu, em 1982, uma rede de seis lojas de roupas íntimas que andava mal das pernas. Era um negócio voltado para facilitar a compra de lingerie pelos homens. Mas o que Wexner enxergou foi um atrativo essencial para as mulheres.

A partir daí, tudo que ele fez foi no sentido de acrescentar valor, sonho, sedução e magia às peças – algo bem mais atraente do que a simples imagem de "roupas de baixo".

Primeiro, Wexner investiu no desenvolvimento de produtos mais sofisticados. Depois, focou no treinamento dos funcionários. As lojas ofereceriam a experiência completa da marca: decoração sofisticada; fragrância irresistível no ar; Vivaldi, Beethoven e Bach no som ambiente.

Essa é a história da Victoria's Secret.[20] A ideia de luxo acessível atingiu em cheio o coração das mulheres. Enquanto as outras consumidoras compram roupas íntimas em média duas vezes ao ano, as clientes da Victoria's Secret compram peças com frequência pelo menos 10 vezes maior. O que Wexner acha disso? "As mulheres precisam de roupa de baixo, mas desejam lingerie. Eu prefiro estar no negócio do que elas desejam a estar naquele do que elas precisam."[21]

Quando ele adquiriu a rede, em 1982, o faturamento girava em torno dos 7 milhões de dólares anuais. Pouco mais de 10 anos depois, a empresa atingia o patamar de 1,8 bilhão.

Wexner foi perspicaz também ao explorar o potencial do nome. Quando foi pensado pelo fundador, Roy Raymond, em 1977, Victoria remetia à rainha Vitória, monarca que comandou o Império Britânico por 63 anos no século 19. A era vitoriana foi marcada por grande luxo e ostentação.

Sob a gestão de Wexner, o glamour europeu foi bem explorado na propaganda e nos catálogos de produtos. A ligação ficou tão forte que o público pensava que a marca fosse britânica. Marotamente, a empresa não desmentia e até dava a entender, de maneira indireta, que sua sede era em Londres. Tudo fictício: a matriz sempre foi em... Ohio.

Até mesmo mudanças políticas e econômicas podem oferecer oportunidades disfarçadas, como o caso que relato a seguir, ocorrido também na década de 1980, mas no Brasil.

Naquele período, o país vivia uma enorme instabilidade, com várias trocas de moeda e planos econômicos. Tudo isso, somado à inflação galopante, tornava o trabalho de empresas do setor financeiro extremamente difícil, em especial as multinacionais, que tinham dificuldade em entender e acompanhar índices malucos.

Quem trabalhava numa dessas companhias internacionais era o contabilista e administrador de empresas José Carlos Fontes. Para explicar aos chefes estrangeiros suas decisões, ele teve a iniciativa de organizar os índices econômicos disponíveis no mercado.

O acervo, coletado depois de um tempo de pesquisa, passou a ser usado pelos colegas do trabalho. A procura foi tão grande que, no início dos anos 1990, José Carlos teve a ideia de produzir um programa de computador que atualizasse automaticamente os indicadores financeiros.

Assim, em 1996, foi lançado o software Atualiza.[22] Apesar de ter estreado junto com o Plano Real e sua estabilidade econômica, a novidade fez enorme sucesso. Diversas organizações importantes – nacionais e internacionais, empresas privadas e órgãos públicos, até o gabinete da Presidência da República – adquiriram o programa. O Atualiza segue até os dias atuais como um referencial em softwares do gênero no país.

Você já esbarrou em alguma necessidade profissional que ninguém na sua categoria enxergou? Não perca a chance: desenvolva a solução por conta própria.

Por mais que tentasse, o médico francês René não conseguia ouvir os batimentos cardíacos de uma paciente. A mulher era obesa, e o método tradicional utilizado até então (final do século 19), de encostar o ouvido no peito, não estava funcionando.

O doutor ficou sem jeito de dizer à senhora que sua condição impedia o diagnóstico. Pelo contrário, concluiu corretamente que a falha era da medicina, que ainda não havia desenvolvido um instrumento capaz de atender a todo tipo de pessoa.

Dias depois, enquanto atravessava um parque, René viu dois meninos brincando com um pedaço de madeira oco. De um lado, um dos garotos dava pequenas pancadas e, do lado oposto, outro menino escutava as batidas.

Inspirado pela cena, o homem improvisou um tubo feito com papel-cartão. Quando a mulher retornou ao seu consultório, ele testou a novidade. Sucesso: o médico conseguiu ouvir as batidas do coração dela. Foi assim que René Laennec criou o estetoscópio.[23]

Outro profissional que enfrentava dificuldades em seu trabalho no século 19 era o físico e químico James Dewar. Nos dias mais quentes do verão de seu país, a Escócia, suas fórmulas não resistiam e estragavam. Ele pensou em bolar algo para conservar as soluções.

Chegando em casa, Dewar encontrou a esposa com um problema semelhante: não havia nada que pudesse manter aquecida a mamadeira do filho do casal, um bebê de poucos meses.

Tentando resolver os dois problemas de uma vez só, o químico pegou uma garrafa de vidro e introduziu outra menor dentro dela. Em seguida, preencheu a área entre as duas garrafas com prata, material que evita a perda do calor. O teste realizado com o leite quente de seu bebê foi assistido pela esposa e pela sogra.

Duvidando da eficiência da invenção, a sogra sugeriu um reforço: uma capa de lã, que ela mesma tricotou. Como o invento funcionou perfeitamente, os dois disputaram o crédito. Mas testes posteriores comprovaram que o segredo da garrafa térmica é a combinação entre o vácuo e a prata, e não o abafador de lã da sogra enxerida.[24]

❖ ❖ ❖

Os mais jovens podem não acreditar, mas, durante praticamente todo o século 20, a máquina de escrever reinou soberana nos escritórios do mundo inteiro. Até o final dos anos 1980, as secretárias eram avaliadas pelo seu desempenho em datilografia. Recebia os melhores salários quem escrevia mais rápido e cometia menos erros. Era esse problema que atormentava a secretária Bette Graham.

Ela trabalhava num grande escritório em Dallas, Estados Unidos, e vivia cometendo erros nos documentos, memorandos e cartas. Por isso, era comum ficar até tarde refazendo tudo.

Numa das esticadas noite adentro, Bette imaginou que, se existisse algo para esconder seus deslizes, isso evitaria ter de repetir o trabalho. Assim, a secretária pegou um pouco de tinta branca de parede, adicionou cola de papel e misturou bem. O resultado foi um líquido branco, viscoso e sem cheiro.

Com um pequeno pincel, ela escondeu os erros e reescreveu por cima. Deu tão certo que logo outras secretárias da empresa estavam pedindo emprestado o líquido milagroso.

Entusiasmada com a rápida aceitação, Bette pegou suas economias e decidiu produzir e comercializar a novidade. Fundou, em 1956, uma pequena empresa, a Mistake Out Company, na qual todo o processo de fabricação – desde a mistura das substâncias até a colocação nos frascos e a selagem dos rótulos – era manual. Ela denominou o produto de Liquid Paper.[25] A substância se tornou a amiga número um das secretárias distraídas. Em 1979, Bette vendeu sua empresa para a Gillette por 47,5 milhões de dólares (o equivalente a cerca de 190 milhões de dólares atuais). Nada mau para alguém que só queria sair mais cedo do trabalho.

Quantas vezes, como clientes, nos deparamos com processos burocráticos, serviços deficientes, e pensamos que o problema não é nosso? Sempre acreditamos piamente que deve ter alguém nas empresas pensando numa solução. Nem sempre é verdade. As empresas podem estar preocupadas demais em ganhar dinheiro para resolver os problemas de seus clientes.

Em 1930, o recém-formado Chester Carlson estava feliz da vida. Havia conseguido um emprego no pior momento da economia americana. Formado em Física pelo California Institute of Technology, Carlson foi contratado por uma firma de eletrônicos em Nova York para cuidar do gerenciamento de patentes.

De todos os seus afazeres, o que mais o entediava era a tarefa de copiar documentos. O processo era lento e trabalhoso. Primeiro os textos eram passados para papel-carbono; depois, enviados para uma empresa que fotografava o material. Por último vinha a impressão das cópias. Para quem precisava fazer isso de vez em quando, tudo bem. Só que Carlson era obrigado a repetir essa operação várias vezes ao dia.

"Alguém deveria inventar uma maneira mais prática de realizar esse processo", pensou. Lembrando seus conhecimentos de física, ele se perguntou: "Por que não eu?" O rapaz mergulhou, então, na pesquisa em bibliotecas públicas e conheceu tudo sobre papel, eletrostática e elementos químicos. Nos fins de semana, realizava experiências em seu apartamento.

Depois de três anos de dedicação e esforço, finalmente Chester chegou ao projeto embrionário da primeira copiadora. Mas, ao procurar as grandes empresas de equipamentos de escritório, nenhuma se interessou. Apenas uma pequena firma de Nova York, a Haloid Company, aceitou apostar na máquina. Não se arrependeu: logo a Haloid trocaria seu nome para Xerox Corporation.[26]

Por falar em processos difíceis, você já escreveu com uma antiga caneta-tinteiro? Sem dúvida são charmosas, imponentes, sofisticadas e perfeitas para redigir documentos pomposos e cartas de amor. Porém não são nada práticas. Precisam ser recarregadas continuamente, vazam com frequência e podem borrar os papéis. No entanto, antes da invenção da esferográfica as canetas-tinteiro eram a melhor opção. Imagine como devia ser irritante para quem precisava redigir rapidamente e em grande quantidade, como os jornalistas.

O húngaro László Biró trabalhava como revisor num jornal de Budapeste em 1937. E não aguentava mais se debater com os constantes acidentes de sua caneta-tinteiro.

Certa tarde, ao se dirigir rapidamente para a gráfica com as provas revisadas na mão, László se deteve por um instante em frente a uma rotativa. E observou seu funcionamento: um cilindro com caracteres gravados se empapava de tinta, girava e imprimia o texto numa folha de papel. O húngaro imaginou que um mecanismo semelhante poderia dar origem a uma caneta mais prática.

Ajudado pelo irmão e por um amigo, László produziu um pequeno tubo e encaixou uma bolinha de aço móvel na ponta. Em contato com uma superfície, a bolinha girava, trazendo a tinta do reservatório para a extremidade. Estava criada a caneta esferográfica.[27]

Curiosamente, a invenção foi patenteada na Argentina. Isso porque László se mudou para lá para fugir do nazismo que crescia na Hungria. Na década de 1940, o ex-revisor vendeu sua patente por 2 milhões de dólares (valor equivalente hoje a 42,4 milhões) para um francês chamado Marcel Bich. Nos anos seguintes, Bich lançaria a caneta com o seu nome (sem o "h"), que se tornaria a mais popular do mundo: a Bic Cristal.

DE PERTO, TODO MUNDO É NORMAL

Lembre-se: ao encontrar uma dificuldade, não fique esperando a grande "autoridade" para resolvê-la. Ninguém melhor do que você, que vive a situação e está por dentro do problema, para tentar a solução.

Ao contrário do que cantou Caetano Veloso, eu digo que "de perto, todo mundo é normal". Todos têm as mesmas necessidades, dificuldades e desejos. Todos querem ter mais conforto, prazer e segurança. Todos gostariam de ser reconhecidos, ascender socialmente e desfrutar de prestígio. Resolva o problema de um e você estará resolvendo o problema de todos.

OPORTUNIDADES DISFARÇADAS
NOS FRACASSOS

No início da década de 1990, a Starbucks investiu milhões de dólares no desenvolvimento de uma bebida de café carbonada chamada Mazagran. Para distribuí-la, fechou parceria com a gigante Pepsi. O produto foi lançado em 1994, com o apoio de uma enorme campanha publicitária. E o resultado foi... um fiasco. O Mazagran simplesmente não saiu das prateleiras.

Mas a experiência fez a empresa perceber que havia espaço no mercado para outro tipo de bebida engarrafada: um café com leite pronto para beber, que recebeu o nome de Frappuccino. Rapidamente a bebida se tornou a preferida do público.

Segundo o presidente da Starbucks, Howard Schultz, o revés foi tão importante para o sucesso da empresa que até hoje ele deixa na mesa do escritório uma garrafa de Mazagran, como lembrete. "Às vezes você tem que celebrar os fracassos", diz ele.[1]

TODO MUNDO EVITA O FRACASSO. E não é para menos: fracassar é sinônimo de derrota, incompetência, frustração. É tornar-se alvo de crítica, deboche, rejeição. E ninguém quer isso para sua vida ou carreira.

Por ser motivo de vergonha, a primeira coisa que as empresas fazem quando se deparam com um fracasso é eliminá-lo o mais rápido possível. Quanto antes for esquecido, melhor.

Mas e se o fracasso não for um inimigo tão grande? E se for uma etapa necessária para se chegar ao sucesso?

A Apple é atualmente a marca mais cultuada do mundo, um ícone de modernidade e sucesso. Steve Jobs é lembrado como o visionário da tecnologia, um executivo admirado por todos. Mas o que pouca gente sabe é que a Apple é uma das empresas que mais colecionam fracassos. Veja o resumo de sua curta trajetória de pouco mais de 40 anos:

- 1980: apresentou ao mercado o Apple III, computador que tendia ao superaquecimento e por isso não emplacou.
- 1983: lançou o Lisa, equipamento tão caro e elaborado que teve pouca comercialização.
- 1985: com a participação de mercado em queda, Steve Jobs foi demitido da empresa pelo então presidente John Sculley.
- 1989: lançou o laptop Macintosh Portable, que, apesar do nome, pesava inacreditáveis 7 quilos. Teve poucos compradores, é claro.
- 1993: criou o Newton, primeiro palmtop do mercado, que foi um tremendo fiasco.

- 1994: inventou o Apple eWorld, serviço de email com a pretensão de criar uma comunidade Apple on-line. Foi oficialmente desativado dois anos depois.
- 1996: após uma gestão desastrosa, a fatia de mercado da empresa caiu de 20% para 5%. Com prejuízos seguidos, andava à beira da falência.
- 2000: lançou o Power Mac G4 Cube, que foi descontinuado com apenas um ano de comercialização.
- 2004: surgiu o Apple TV, cuja primeira versão foi tão decepcionante que forçou a empresa a rever o conceito geral do produto (o próprio Jobs admitiu isso ao apresentar a segunda versão).
- 2005: em parceria com a Motorola, lançou o The ROKR, uma tentativa de fazer um iPod phone, que morreu silenciosamente.
- 2006: a primeira tentativa da Apple de entrar no segmento de alto-falantes premium, com o iPod HiFi, foi um fiasco, graças ao tamanho e ao preço do produto.
- 2010: o lançamento da rede social Itunes Ping não pegou, porque tinha limitações demais.
- 2013: o iPhone 5c, com estrutura de plástico, foi uma aposta da marca para oferecer um aparelho mais acessível, mas não foi bem recebido pelo público.
- 2018: a primeira versão do HomePod, outra investida da Apple para entrar no mercado de alto-falantes inteligentes, fracassou pelo preço alto e a baixa qualidade do som.

Como você vê, é longa a lista de tropeços da badalada marca da maçã. Mas, olhe que interessante, esses fracassos foram intercalados por grandes êxitos:[2]

- 1977: lançamento do Apple II, produto que colocou a empresa no mercado e foi o primeiro computador pessoal a fazer sucesso real.
- 1984: apresentou o Macintosh, que tornou a computação acessível aos leigos e representou a base do computador pessoal como conhecemos hoje.
- 1985: lançou o LaserWriter, a impressora a laser que permitiu ao Macintosh revolucionar a editoração eletrônica.

- 1991: criou o PowerBook série 100, bem-sucedida linha que colocaria a empresa à frente de Toshiba e Compaq no então nascente mercado de laptops.
- 1997: apresentou o iMac, que rompeu a hegemonia dos computadores bege e quadradões. Com funcionamento simples e design vistoso, já vinha preparado para navegar na internet (é isso que significa o "i" do nome).
- 2001: lançou a rede Apple Store, lojas interativas que se transformaram em verdadeiros templos onde consumidores podem cultuar a marca.
- 2001: surgiu o iPod, fenômeno que conquistou 70% do mercado mundial de tocadores de MP3 e vendeu 170 milhões de unidades.
- 2003: lançou o iTunes Music Store, que havia comercializado mais de 25 bilhões de músicas até fevereiro de 2013.
- 2007: foi a vez do iPhone, uma pequena maravilha tecnológica que era objeto de desejo antes mesmo de chegar às lojas.
- 2010: introduziu o iPad, outro lançamento tecnológico que inaugurou a categoria de tablets modernos.
- 2015: o Apple Watch tornou-se um dos smartwatches mais populares do mundo e colocou a Apple no mercado de dispositivos vestíveis.
- 2019: lançou o Apple Arcade, uma biblioteca de jogos premium disponível por assinatura mensal. Em menos de quatro anos o serviço tinha mais de 100 milhões de usuários.

A história da Apple é um exemplo de como o preço do sucesso é cometer erros. "Quem faz pode cometer falhas. Mas a maior de todas as falhas é não fazer nada", disse o grande Benjamin Franklin.

Para inventar a lâmpada, Thomas Edison realizou 2 mil testes. Sabendo disso, um repórter perguntou a ele o porquê de tantos fracassos. Edison respondeu: "Eu não fracassei uma vez sequer. Inventei a lâmpada num processo em duas mil etapas."

Errar não deveria ser motivo de vergonha em nossa sociedade. Pelo contrário, deveria ser valorizado como fonte de aprendizado, uma etapa necessária em todo processo. A história mostra que grandes sucessos são precedidos por grandes falhas.

Em 1957, a Ford cometeu o maior equívoco de sua história ao lançar o Edsel. O carro foi planejado meticulosamente: o estilo seguia as preferências apontadas por pesquisas; o controle de qualidade atingiu um nível nunca antes visto. A montadora tinha tanta expectativa que batizou o modelo com o nome do filho do fundador, Edsel Ford. Apesar de todos os esforços, o carro foi o mais espetacular fracasso da história da indústria americana (por lá, Edsel virou sinônimo de limão).

Após se recuperar do revés, a Ford dedicou um tempo a estudar o insucesso. E descobriu onde havia errado: ao seguir cegamente as pesquisas, a empresa manteve o carro no formato dos veículos da década de 1940. Além disso, avaliou o público por faixa de renda, e não por estilo de vida.

A empresa aprendeu essas e outras lições importantes. Tanto que seu lançamento seguinte, o Mustang, é considerado o maior sucesso da indústria automobilística:[3] lançado em 1964, vendeu 22 mil unidades em seu primeiro dia de mercado, tornou-se um ícone americano e um dos modelos mais cultuados do planeta (deve ter surgido daí a expressão "Se a vida te der um limão, faça uma limonada").

Eis outro exemplo do segmento automotivo. Logo após a Segunda Guerra Mundial, os Estados Unidos entraram num momento de euforia econômica. Com mais dinheiro no bolso, as famílias partiram para a compra de um segundo carro. Porém, em vez de outro veículo tipicamente americano, enorme e dispendioso, optaram por carros menores e mais econômicos. Importados como o Beetle, da alemã Volkswagen, foram beneficiados.

Ao identificar essa tendência, a montadora Toyota decidiu investir no novo mercado, até porque seu país de origem, o Japão, estava devastado e empobrecido pela derrota na guerra.

Sem perder tempo, a marca japonesa elegeu dentre seus produtos aquele que teria maior chance de emplacar nos Estados Unidos: o Crown, um pequeno sedã lançado em 1955 no Japão e que havia feito enorme sucesso entre os consumidores, especialmente motoristas de táxi.

Assim, em 1959 o Toyota Crown desembarcou em território americano fazendo… feio. Contrariando as expectativas, o carro que conquistara os orientais decepcionou profundamente os americanos. Ao pegar longas estradas, inexplicavelmente, o veículo começava a tremer, perdia potência e tinha que ser parado no acostamento. Também queimava óleo e consumia mais gasolina do que o esperado. Enfim, revelou-se uma bomba ambulante e virou motivo de chacota no novo país.

Assustado e sem entender o que estava acontecendo, o representante da Toyota nos Estados Unidos, Seisi Kato, aconselhou a matriz a cancelar imediatamente o envio dos veículos. E mais: disse que deveriam abandonar o novo mercado para não queimar de vez a marca por lá. Em resumo, o fracasso era tão insuportável que Kato recomendou a fuga. Para sua surpresa, a matriz não concordou. E enviou uma resposta desconcertante:

"A oportunidade é excepcional. Temos a melhor pesquisa de produto: algumas centenas de Toyotas rodando pelos Estados Unidos. Eles estão nos envergonhando, sim, mas também apontando as falhas nas palavras do próprio consumidor americano. Aqui, no Japão, temos engenheiros humilhados que não descansarão enquanto não resgatarem a imagem de competência provisoriamente abalada. Vamos prosseguir."[4]

A Toyota estava decidida a aprender com a derrota. Já que havia investido tempo e dinheiro na empreitada, que pelo menos tirasse vantagem daquilo. A partir daí, os engenheiros da marca iniciaram uma fria e cuidadosa autópsia no defunto Toyota Crown. O objetivo era identificar as causas do insucesso para evitar um novo tropeço no futuro.

Depois de meses de análises, levantamentos e entrevistas, chegou-se à conclusão de que o veículo não fizera sucesso nos Estados Unidos por três razões principais:

1. O carro tinha sido projetado para as ruas estreitas, curtas e sinuosas do Japão. Por isso não aguentara as longas vias expressas americanas;

2. O Crown fora desenvolvido para o japonês típico. Para o americano típico, alto e com pernas e braços longos, o espaço interno era extremamente limitado;

3. Mesmo ao adquirir o segundo automóvel, os americanos optavam por marcas que transmitiam confiança em termos de qualidade e assistência técnica (o que, sabidamente, as marcas orientais não ofereciam).

Com base nessas conclusões, a equipe Toyota passou a desenvolver produtos voltados especialmente para o mercado americano. Nos anos seguintes, lançou o Corolla e, depois, o Celica. Ao mesmo tempo, fez uma forte campanha para a construção da marca. Os resultados não tardaram a aparecer: já em 1967 a montadora japonesa vendia cerca de 38 mil unidades por ano, número que não parou mais de crescer.

Com o episódio Crown, a Toyota aprendeu que não se deve lançar um produto num mercado novo sem antes conhecer os hábitos e preferências dos consumidores. Ou seja: com 30 anos de antecedência, a Toyota aprendeu os princípios da globalização.[5]

Trata-se de uma lição que até hoje muitas empresas parecem desconhecer, impondo os mesmos produtos a diferentes mercados sem levar em conta as especificidades de cada região. Assim, fazem lançamentos equivocados e desperdiçam milhões de dólares.

• • •

Você lançou no mercado um produto que não está indo bem? Antes de retirá-lo das prateleiras, dê a ele mais uma chance. Estude-o em profundidade, pesquise a concorrência, entreviste o consumidor.

Talvez você esteja apenas anunciando o benefício errado.

Em 1908, o americano Hugh sofria para tentar vender copinhos de água nas ruas do Kansas. Ninguém comprava seu produto, porque já existia água potável gratuita nas praças. Para piorar, o hábito de tomar água pública estava tão arraigado no cotidiano da população que existiam até canecas comunitárias à disposição nas fontes.

Seria possível convencer as pessoas a pagar por algo que elas tinham de graça? Hugh estava quase desistindo quando ouviu uma frase interessante perto da fonte: "Não vou tomar água depois de você. Vai que você tem alguma doença."

Isso acendeu uma luz na cabeça do americano: realmente, uma caneca comunitária não parecia ser a coisa mais higiênica do mundo. Ele foi então pesquisar os perigos para a saúde quando várias pessoas dividem o mesmo recipiente. E descobriu algo terrível: o hábito podia não apenas transmitir inúmeras doenças como propagar a temida tuberculose. Naquele momento, Hugh concluiu que estava oferecendo o produto errado. As pessoas não precisavam de copinhos com água, só de copinhos descartáveis.

Foi assim que Hugh Moore fundou a Dixie Copos Descartáveis.[6] Para a felicidade do empresário, alguns anos depois o próprio governo proibiu o uso de canecas comunitárias em locais públicos, o que deu forte impulso às vendas da nova empresa. Até hoje a Dixie é uma das maiores fabricantes de descartáveis plásticos do mundo. O próximo caso segue essa linha.

Durante a Primeira Guerra Mundial, o algodão praticamente desapareceu do mercado global. Para substituí-lo, a Kimberly-Clark desenvolveu um tecido macio e suave chamado Cellucoton. Porém, nos anos 1920, a oferta de algodão se normalizou. E a empresa americana ficou com um problemão nas mãos: o que fazer com o Cellucoton?

A Kimberly-Clark concluiu que o produto poderia ser utilizado para retirar maquiagem do rosto das mulheres. Depois de testes positivos com consumidoras, a novidade foi lançada nos Estados Unidos em caixas de 100 unidades, mas não emplacou.

Não dava para entender: por que as clientes aprovaram o produto nos testes, mas não o compravam nas lojas? Após realizar entrevistas mais profundas, a companhia descobriu um motivo sutil: elas gostavam do Cellucoton, mas se sentiam culpadas por consumi-lo. Naquele mundo sofrido do pós-guerra, em que faltava de tudo – de dinheiro a alimentos –, as mulheres se sentiam mal em utilizar um lenço descartável para retirar maquiagem quando podiam usar um tecido comum.

Antes de jogar a toalha, o departamento de marketing da empresa tentou uma última tacada. Perguntou às poucas consumidoras que o adquiriram o que pensavam do produto. E a resposta surpreendeu todo mundo: as clientes não o usavam para remover cremes, mas para assoar o nariz. Ah, como é difícil prever o consumidor! Para tirar maquiagem, o produto era considerado supérfluo, mas para limpar o nariz, não. Segundo as mulheres, era muito mais prático e higiênico jogar fora o tecido em que assoavam o nariz do que lavá-lo na pia do banheiro.

Desconcertados, os homens levaram a descoberta à direção da companhia. Em pouco tempo, o mesmo material foi lançado no mercado com novo nome e a seguinte campanha publicitária: "Não ponha um resfriado no bolso. Use Kleenex."[7]

Outro exemplo de marca lançada com foco equivocado é o YouTube. Você sabia que o site de vídeos que se transformou em fenômeno cultural tinha como objetivo inicial promover encontros amorosos?

É verdade: quando surgiu, em fevereiro de 2005, era apenas mais um site de relacionamentos. Na página inicial o usuário informava gênero, idade e o tipo de pessoa em que estava interessado. A ferramenta para publicar vídeos já existia, mas a intenção era fazer com que as pessoas postassem em seu perfil falando de si mesmas.

Como não apresentava diferenciais, o site de encontros não pegou. Mas a tecnologia de vídeos se revelou fantástica. Tanto que os fundadores, Chad Hurley, de 29 anos, e Steven Chen, 27, foram rápidos em abandonar a função de Cupido e focar apenas no audiovisual.[8] Foi a decisão correta: pouco mais de um ano depois, a Google pagava 1,6 bilhão de dólares pelo site.

• • •

Lamentavelmente, as organizações têm pouca tolerância para os fracassos. Cedem ao impulso inicial de negar o revés e varrer tudo para debaixo do tapete. Com isso, acabam desperdiçando grandes oportunidades.

O medo de errar pode tirar a capacidade das pessoas de ousar. Da próxima vez que sua empresa protagonizar um fracasso, faça diferente. Pense que sua equipe tem uma oportunidade de ouro nas mãos para aprender, repensar modelos superados, colocar certezas em dúvida, dar a volta por cima. Não raro, o fracasso é melhor professor do que o sucesso.

Winston Churchill foi um dos maiores líderes do século 20. Como primeiro-ministro britânico, dirigiu os Aliados na espetacular vitória contra Hitler e a ameaça nazista. O mundo livre tem muito a agradecer a Churchill.

Mas o que pouca gente sabe é que, até o início da Segunda Guerra, o inglês era um político esquecido e desprezado em seu próprio país. Isso porque, durante a Primeira Guerra Mundial, Churchill apoiou uma operação para controlar o estreito de Bósforo que não deu certo. Como consequência, teve que renunciar ao cargo de primeiro-lorde do Almirantado e a partir daí assumiu alguns cargos menores, até ser afastado da política e entrar num longo período de ostracismo.

Para passar o tempo livre, ele viajava, pintava quadros, fumava charutos e colaborava em jornais. Até seus artigos eram ridicularizados pelo Parlamento inglês.

Você acredita que foram justamente esses ostracismo e humilhação que o deixaram tão preparado para o momento da guerra? O próprio Churchill confirma isso em seu livro *Memórias da Segunda Guerra Mundial*: "Senti (...) como se toda a minha vida pregressa tivesse sido apenas uma preparação para essa hora e para essa provação. Dez anos no ostracismo político haviam me libertado dos costumeiros antagonismos partidários."

Nos anos que antecederam o conflito, mesmo afastado da política, Churchill sempre acompanhou com interesse o movimento internacional. No início da década de 1930, viu com preocupação o fortalecimento do Exército alemão. Em 1933, quando Hitler se tornou chanceler, o inglês alertou a todos sobre o perigo crescente. Em 1938, quando a Alemanha anexou a Áustria e avançou sobre a antiga Tchecoslováquia, Churchill deu um ultimato para as autoridades de seu país: "Temos de fazer algo antes que seja tarde. Os próximos podemos ser nós." Além de não ser ouvido, foi acusado de incitador de violência, semeador da discórdia e arauto da guerra.

Quando o pior se confirmou, com a invasão da Polônia, em 1939, o Parlamento inglês foi pego desprevenido. Não havia se preparado para a situação. O único político do país que, sabidamente, havia meditado sobre o assunto, acompanhado os passos de Hitler e se preparado para a tragédia era Winston Churchill. Por isso, foi chamado às pressas para ocupar o posto de primeiro-ministro inglês. O tempo deu razão a ele. Veja como descreve suas emoções ao assumir o cargo, em 1940:

> Finalmente eu tinha autoridade para dar instruções sobre o cenário inteiro. Senti-me como se caminhasse de mãos dadas com o destino (...). Minhas advertências dos seis anos anteriores tinham sido tão numerosas e detalhadas, e agora se confirmavam tão terrivelmente, que ninguém poderia me contradizer. Eu não poderia ser censurado nem por travar a guerra, nem por estar despreparado para ela. Acreditava ter um sólido conhecimento daquilo tudo e tinha certeza de que não fracassaria. Assim, apesar de aguardar com impaciência o amanhecer, dormi profundamente e não precisei de sonhos animadores. A realidade é melhor do que os sonhos.[9]

E foi mesmo: Churchill teve papel fundamental na formação da aliança com os Estados Unidos e a União Soviética e conduziu os Aliados em batalhas de dimensões épicas, que culminaram na rendição da Alemanha, em 1945. Após o conflito, participou ainda do desenho do novo mapa político que se estabeleceu no mundo. Por seu livro de memórias da guerra, ele recebeu, em 1953, o Prêmio Nobel de Literatura.

Lembre-se dessa história quando a empresa em que você trabalha tomar alguma decisão que o prejudique ou isole profissionalmente. Se você tem convicção de que está certo, aguarde. Quem sabe o tempo também não lhe dará razão?

Em 1985, Steve Jobs foi demitido da Apple. Como é possível ser demitido da empresa que você mesmo fundou? Aconteceu assim: à medida que a Apple crescia, Jobs resolveu recrutar no mercado um executivo para ajudá-lo a administrar a companhia. E conseguiu contratar um peso-pesado: o então presidente da Pepsi, John Sculley.

Mas em pouco tempo os dois tiveram divergências que se transformaram em enormes desentendimentos. A situação chegou a um ponto tão insuportável que um dos dois teve que sair. Para surpresa de Jobs, a diretoria ficou ao lado de Sculley.

Como é natural, o fundador da Apple ficou arrasado. Caiu publicamente e se sentia traído. Vendeu todas as ações da empresa menos uma, porque, segundo ele, "queria acompanhar os demonstrativos financeiros".

O tempo foi passando e, assim que conseguiu se recompor, Jobs percebeu que o ocorrido não era de todo mau. Pelo contrário, havia até uma oportunidade disfarçada ali: "À época não percebi, mas foi a melhor coisa que poderia ter me acontecido. O peso do sucesso foi substituído pela leveza de um iniciante, com menos certeza sobre tudo. Isso me deu liberdade para entrar em um dos períodos mais criativos da minha vida."[10]

Inicialmente, Jobs fundou a NeXT Computers. Entre os produtos lançados pela empresa destaca-se o NeXT Cube, considerado um dos computadores mais revolucionários de todos os tempos. Em 1986, o empresário adquiriu o braço de computação gráfica da Lucasfilm, do cineasta George Lucas, e o rebatizou de Pixar.

A Pixar entrou para a história ao lançar o primeiro filme feito totalmente em computador, *Toy Story*. Em seguida vieram outros grandes sucessos, como *Vida de inseto*, *Toy Story 2* e *Monstros S.A.* No início dos anos 1990, Jobs ia muito bem, e a Apple, muito mal. A empresa estava paralisada por uma profunda crise financeira e criativa. Foi então que, de olho num inovador sistema operacional desenvolvido por Jobs, a Apple adquiriu a NeXT Computers. Finalmente, em 1997, Steve Jobs voltou ao comando da empresa que havia fundado. E o resto é história: nos anos seguintes, a companhia lançou produtos que, para além do sucesso comercial, se tornaram objetos de culto.

Como a Apple consegue inovar tanto?
Nas duas primeiras décadas do século 21, nenhuma empresa inovou mais e conseguiu se destacar tanto da concorrência quanto a Apple. Enquanto as outras marcas apresentam produtos novos, a empresa criada por Steve Jobs lançou verdadeiras revoluções: iPod, iTunes, iPhone, iPad, App Store, Apple Watch...

Como a Apple conseguiu emplacar tantas novidades e se manter sempre à frente? A seguir, algumas revelações que tentam responder a isso.

Primeiro: obstinação em realizar o que foi planejado
Com a palavra, o próprio fundador da Apple: "Todo fabricante de automóveis gosta de exibir seu carro-conceito, que deixa imprensa e consumidores de queixo caído. O problema é que, quando o carro finalmente é lançado, quatro anos depois, é um lixo. O que acontece? Ora, o designer tem uma peça maravilhosa nas mãos, mas os engenheiros simplesmente não conseguem fabricá-la em série. Na Apple, nós conseguimos."[11]

Para que as coisas saíssem como desejava, Jobs acompanhava cada etapa do desenvolvimento dos projetos. E não aceitava desculpas: "Os engenheiros vêm com 38 razões para matar nossas melhores ideias e eu digo a eles que não aceito nãos porque sou o chefe e sei que aquilo pode ser feito como eu quero."[12]

Segundo: prazos exíguos
Propositadamente, Jobs estabelecia prazos curtos para a equipe. Segundo ele, prazos confortáveis permitem às pessoas se dispersar e tocar vários projetos ao mesmo tempo. Já prazos apertados fazem todo mundo se concentrar e as coisas progridem rápido. Foi o que aconteceu com o iPod. Um

prazo razoável para desenvolver um projeto eletrônico desse tipo é de, no mínimo, um ano e meio. O pessoal da Apple teve nove meses. E só.

Terceiro: aparelhos de uso intuitivo
Jobs é considerado o mago da inovação. A razão de seu sucesso é a obsessão que ele tinha por facilitar o uso dos equipamentos. Grande parte da sensação criada em torno do iPhone se deveu à sua inovadora tela sensível ao toque, que simplificou bastante o acesso. Essa filosofia se manteve na companhia mesmo após a morte de seu fundador, em 2011. O Apple Watch, por exemplo, destacou-se pelo seu funcionamento intuitivo e fácil de usar, colaborando em vários aspectos na vida dos usuários.

Quatro: aposta no design
A missão da Apple parece ser difundir a beleza e a simplicidade no setor de eletrônicos. Num mundo em que os produtos se assemelham em eficiência e qualidade, um Apple se destaca pelo design. Desenhando produtos atraentes, Jobs se beneficiou do aspecto da alma humana que é se sentir seduzida por coisas belas – e, exatamente por causar prazer e admiração, parecem funcionar melhor.

Tanto que é possível que você encontre no mercado produtos concorrentes melhores e mais baratos que um iMac, um iPad, um iPhone ou um MacBook Air, mas, para muita gente, isso não faz a menor diferença. Afinal, ter um Apple é simplesmente... irresistível.

A DEMISSÃO COMO UM EMPURRÃO

Poucas situações provocam sensação maior de fracasso do que ser dispensado por uma empresa. Além de causar problemas financeiros, o desemprego leva a insegurança e tem efeito devastador na autoestima da pessoa.

Mas nem sempre a demissão é ruim. Às vezes, pode ser o destino dizendo que o sujeito deve se mexer, se atualizar, rever seus planos profissionais. O ser humano é naturalmente acomodado. Um bom emprego, com salário fixo e benefícios, pode levar a pessoa a esquecer seus sonhos e se contentar com um trabalho que considera medíocre. Nesse caso, a demissão pode ser o empurrão que faltava para que o profissional reencontre seu verdadeiro talento.

A secretária britânica Joanne tinha como hobby escrever histórias infantis nas horas vagas. Quer dizer, não apenas nas horas vagas: mais de uma vez foi flagrada redigindo os textos no trabalho mesmo. Depois de ser advertida seguidamente pelo chefe, ela foi demitida.

O golpe veio agravar uma situação que já ia de mal a pior: Joanne havia acabado de se separar, tinha uma filha pequena para cuidar e estava em depressão crônica. Chegara a cogitar o suicídio.

Para se distrair, a britânica decidiu colocar todo o seu estresse, frustração, depressão e medo nas histórias infantis. Durante meses frequentou cafés de Londres, onde conseguiu finalizar seu primeiro livro: *Harry Potter e a pedra filosofal*.

Atualmente, a ex-secretária Joanne Kathleen Rowling, ou simplesmente J. K. Rowling, como ficou conhecida, é a escritora mais bem-sucedida do mundo.[13]

Se não tivesse fracassado como profissional e em outras áreas da vida, será que Joanne teria descoberto sua verdadeira aptidão? De acordo com ela própria, não: "O fundo do poço se tornou a sólida fundação sobre a qual reconstruí minha vida."

Ela não foi a única. Steve Jobs, Oprah Winfrey, Lee Iacocca, Walt Disney, Michael Bloomberg e Elon Musk são algumas das personalidades que também foram surpreendidas por uma demissão inesperada mas acabaram se beneficiando. Parte dessas histórias está relatada no livro *We Got Fired!... And It's the Best Thing That Ever Happened to Us* [Fomos demitidos!... E foi a melhor coisa que nos aconteceu], do americano Harvey Mackay.[14]

Na carreira, assim como na vida, não dá para ser bem-sucedido sempre. Por mais que tomemos precauções, às vezes fracassar é inevitável. Se você parar para pensar, vai perceber que na natureza, no mundo, nas empresas, em tudo, enfim, fracasso e sucesso se alternam indefinidamente.

Quem também parece concordar com isso é o astro americano Jack Nicholson. Certa vez, após receber o Oscar de melhor ator pelo filme *Melhor é impossível*, ele ouviu de um repórter a seguinte pergunta:

– E agora, o que você espera de seu próximo trabalho?

Nicholson sorriu e respondeu:

– Sabe como é a vida: montanhas e vales. Eu espero um fracasso monumental.

OPORTUNIDADES DISFARÇADAS
NO SOFRIMENTO

"*Devemos encarar com tolerância toda loucura, fracasso e vício dos outros, sabendo que encaramos apenas nossas próprias loucuras, fracassos e vícios. Pois eles são os fracassos da humanidade à qual também pertencemos e, assim, temos os mesmos fracassos em nós. Não devemos nos indignar com os outros por essas fraquezas apenas por não aparecerem em nós naquele momento.*"[1]

Arthur Schopenhauer

ESTE CAPÍTULO É O mais filosófico do livro. Se você não gosta desse tipo de abordagem, pode pular para a próxima parte. Já adianto que aqui, ao contrário do restante da publicação, você não vai encontrar um único caso de oportunidade disfarçada. Sabe por quê? Praticamente todas as histórias narradas neste livro envolvem sofrimento.

Não há vitória sem dificuldade. Não há superação sem obstáculo. Não há conquista sem esforço. Para dar a volta por cima é preciso necessariamente estar por baixo.

Então, como explicar a aversão que temos pelo sofrimento? Nunca na história da humanidade se viveu uma época tão contrária à dor como os dias atuais. Quem sofre é tido como indesejado, alguém de quem manter distância. Quem fracassa é visto como incompetente, fraco.

Mas isso não faz sentido. Se os maiores executivos e líderes já fracassaram, por que a incompreensão com quem hoje está em dificuldade? Se praticamente todas as histórias de sucesso envolvem sofrimento, então, por que a repulsa?

Quando foi que decidimos não aceitar as derrotas, sejam elas nossas ou dos outros? Talvez quando deixamos que a mídia, a imprensa e a publicidade nos vendessem padrões de sucesso, beleza e felicidade inatingíveis. Talvez quando aceitamos que a produtividade, a eficiência e o dinheiro são o que há de mais importante. Talvez quando construímos uma sociedade tão imediatista e superficial que não tem tempo para perder com problemas e indagações. Talvez tenha sido com o avanço da tecnologia, que nos pressionou a fazer tudo mais rápido e a acertar sempre, segundo os parâmetros das máquinas. Talvez com a globalização, que compara o desempenho de pessoas, empresas e países de diferentes pontos do planeta.

O fato é que passamos a não admitir o erro, a ter vergonha do fracasso, a disfarçar o sofrimento. Vivemos a ditadura da felicidade. É preciso estar feliz sempre, aparentar constante sucesso, exibir uma alegria insustentável.

Para manter essa máscara de felicidade, as pessoas apelam cada vez mais para antidepressivos. O consumo desse tipo de medicamento não para de crescer em todo o mundo. No Brasil, entre 2019 e 2022, num ambiente agravado pela pandemia de covid-19, a venda desses remédios cresceu 34%.[2]

Do ponto de vista profissional, não admitir um erro, fracasso ou sofrimento pode trazer três consequências graves:

1. *Impedir que o profissional cresça*
Se você estiver passando por um momento difícil, o primeiro passo que deve dar é admitir isso. O segundo é pesquisar o que deu errado, entender as causas. O terceiro passo é refletir sobre o que pode ser feito de forma diferente. Se você souber reagir, será apenas uma fase.

Ao escolher não encarar a realidade, a pessoa perde uma excelente oportunidade de rever sua forma de trabalhar. Essa reflexão é necessária para reciclar os pensamentos.

Quem não reflete não cresce. Não atualiza suas fórmulas, seus métodos, suas armas. E continua se repetindo indefinidamente. Como diz a frase que costuma ser atribuída a Einstein: "Insanidade é fazer sempre a mesma coisa e esperar resultados diferentes." Com o tempo, o profissional ficará ultrapassado. Em vez de ter 10 anos de experiência, terá a experiência de um ano repetida 10 vezes.

No final, o ultracompetitivo mercado de trabalho se encarregará de descartar a pessoa.

2. *Impedir que a empresa dê a volta por cima*
Quando uma empresa perde clientes, comete erros, encolhe ou até mesmo fecha as portas, é comum o empreendedor se sentir injustiçado. Normalmente culpa a crise, a concorrência, o governo, os altos impostos, o mercado e assim por diante. É raro admitir ter falhado.

Novamente, sem falha não há conserto, sem conserto não há aprendizado, sem aprendizado não há crescimento. E assim se desperdiça uma chance valiosa de aprender com o revés. O filósofo Montaigne dizia: "Teimar obstinadamente é o defeito de almas vulgares, ao passo que voltar atrás, se corrigir, abandonar uma opinião errada é qualidade rara das almas fortes."[3]

Fracassar não deveria ser motivo de vergonha. Inúmeros empresários citados neste livro naufragaram completamente, mas, como tiveram a humildade de refletir sobre seus erros, puderam corrigir a rota e voltar a triunfar.

"Somente aqueles que se atrevem a falhar muito podem alcançar muito", afirmou o senador americano Robert Kennedy.[4]

3. *Fazer com que a pessoa sofra em dobro*
No Brasil, a carga tributária é alta porque os tributos incorrem em cascata, imposto sobre imposto. No final, chegam a consumir 34% do Produto Interno Bruto (PIB).

O mesmo acontece com as pessoas que sofrem e não o admitem. Ao tentar esconder a tristeza de si e dos outros, elas se esforçam bastante. Não raro se culpam por estarem sofrendo. E sofrem em cascata: sofrimento sobre sofrimento. Isso consome grande parte da energia que poderia ser utilizada na tentativa de sair do buraco.

Muitas vezes o peso fica tão insuportável que a pessoa joga a toalha. O executivo pede demissão, o profissional desiste de lutar, o empresário fecha as portas do negócio, alguns até se matam. A pergunta que fica é: o insuportável era o sofrimento em si ou o sofrimento em cascata?

Talvez esta seja a missão principal deste livro: mostrar às pessoas que passam por dificuldades que elas não estão sozinhas, que muita gente enfrenta grandes desafios. Que alguns dos profissionais mais talentosos viveram e vivem problemas semelhantes. Que é possível superar a situação se você tiver equilíbrio emocional. Que as pessoas nunca fracassam: elas simplesmente desistem.

FAILURE IS AN OPTION

O meio empresarial está repleto de frases encorajadoras e impactantes afirmando que é preciso seguir sempre em frente, nunca fraquejar – não importa o obstáculo, jamais se deve pensar em desistir.

Essas mensagens são positivas, claro. O problema é quando impedem o profissional de perceber se está realmente no caminho certo. O que quero dizer é que, se as evidências mostrarem que o negócio está naufragando, que o futuro é sombrio, que os prejuízos só tendem a aumentar, é melhor parar tudo imediatamente. Nesse caso, falhar pode ser uma opção, sim, senhor. "Se você está num buraco, pare de cavar", ensina a frase célebre.

Numa situação assim, a oportunidade pode estar em encontrar outro emprego ou abrir um novo negócio mais saudável.

Por fim, é preciso entender que dificuldades fazem parte de qualquer trajetória, todos nós passamos por elas.

Como disse o filósofo Cícero: "A sorte é instável; ora nos ergue, ora nos derruba. O que muda mesmo é a maneira como cada um de nós lida com sua cota de infortúnios."[5]

OPORTUNIDADES DISFARÇADAS
AO SEU REDOR

Até o final do século 19, o profissional mais importante num abatedouro era o açougueiro, um homem habilidoso, experiente e bem remunerado que, sozinho, cortava e separava todas as partes do boi. O problema desse processo centrado num único indivíduo era que a produção ficava limitada.

O cenário mudou com a chegada da esteira rolante: enquanto a carcaça se movia lentamente, diversos operários menos habilidosos podiam realizar uma pequena parte da tarefa. Isso permitiu maior produtividade, mais agilidade e melhor controle da operação.

Foi essa performance que chamou a atenção de um mecânico em visita a um local como esse em Detroit. O homem ficou tão impressionado que, apenas alguns anos depois, implementou um processo semelhante na produção de carros. O mecânico era Henry Ford, e o método, a linha de montagem, revolucionou a indústria automobilística e inaugurou a indústria moderna.[1]

FREQUENTEMENTE RECEBO NA AGÊNCIA mensagens dizendo: "Procuro uma oportunidade." Tenho vontade de responder: "Eu também." Hoje em dia, todo mundo está em busca de uma forma de crescer profissionalmente ou de alavancar o próprio negócio.

O que pouca gente se dá conta é que as oportunidades estão por toda parte: nas ruas, nos parques, dentro de casa, no trabalho, nas necessidades das pessoas. Qualquer lugar pode ser o estopim para uma grande ideia.

A seguir, uma seleção de histórias curtas organizada por tópicos que mostram na prática como as oportunidades realmente estão ao seu redor. O desafio é conseguir identificá-las.

AO SEU REDOR EM CASA

No início dos anos 1950, em sua casa em Los Angeles, Ruth observava a filha, Barbara, de 10 anos, brincar no chão da sala. Foi quando algo chamou sua atenção: em vez de se divertir com sua boneca bebê, a menina preferia recortar imagens de mulheres adultas de revistas femininas.

Na época, as bonecas com aparência de bebê eram muito populares entre as famílias americanas. Para as crianças, significavam diversão, e para os pais, uma forma de despertar o lado materno das meninas para assumirem o papel de mães no futuro.

Naquele momento, Ruth percebeu que talvez Barbara sonhasse com algo mais: com o futuro, com o que seria quando crescesse ou até com o mundo glamouroso das atrizes de Hollywood. Para atender à filha e, quem sabe, a outras crianças de sua idade, ela se empenhou em desenvolver por conta própria uma boneca com aparência adulta. Utilizando fotos de estrelas da época, desenhou uma boneca magra, alta e elegante, com traços delicados e vestida na última moda.

Empolgada, Ruth apresentou o projeto ao marido, Elliot. Ambos tocavam uma fábrica de casinhas de madeira. Porém a boneca revelou-se custosa demais para ser desenvolvida na época e foi arquivada. Mas a ideia não saía da cabeça da mulher.

Alguns anos depois, em 1956, quando passeava pela Suíça, Ruth viu em uma vitrine uma boneca do jeito que havia sonhado: com rosto e corpo de mulher, chamada Lili. Era a prova de que já era possível concretizar seu sonho.

De volta aos Estados Unidos, Ruth tratou de levar o projeto adiante, usando Lili como referência. O lançamento aconteceu em 1959, na feira de brinquedos de Nova York. Para batizar a novidade, Ruth usou o apelido da filha: Barbie.[2] O sucesso foi tão grande que, de um simples fabricante de casinhas de madeira, o negócio do casal se transformou na gigante Mattel.

Um fator que contribuiu para que a Barbie se transformasse em mania foram as roupas novas lançadas a cada estação. Isso fazia com que as meninas se interessassem por outros modelos e até iniciassem uma coleção. Graças à capacidade de se adaptar com estilo, elegância e beleza aos novos padrões da sociedade, a Barbie se tornou o brinquedo de maior sucesso empresarial de todos os tempos. Calcula-se que mais de 1 bilhão de bonecas tenham sido vendidas em todo o mundo.

Ícone da cultura pop, Barbie já foi vestida pelos maiores nomes do mundo da moda, como Yves Saint-Laurent, Dior, Versace, Armani, Calvin Klein, Kenzo, Pierre Cardin, entre outros.

De uma filha brincando na sala a um aparelho de fazer waffle na cozinha, tudo em casa pode esconder uma oportunidade.

Enquanto tomava café da manhã com a família, Bill pensava numa forma de melhorar a performance de seus corredores. Ele era treinador da Universidade de Oregon, em Portland. Em sua opinião, o que atrapalhava o desempenho dos atletas eram os calçados maciços e pesadões da época. A solução, portanto, estaria num solado mais flexível e leve.

Foi quando seus olhos pararam num waffle no prato da esposa. Bill percebeu que o formato era interessante: grosso nas bordas, fino no meio, largo e leve.

O treinador se levantou e fez algo aparentemente maluco: pegou um pedaço de borracha e colocou no aparelho de waffle. A mulher acompanhou a cena espantada, achando que o marido tinha perdido o juízo. Mas o que saiu da máquina foi basicamente o solado que ele estava procurando: leve e resistente. E ainda por cima tinha relevos, que dariam maior tração e aderência aos tênis nas corridas.

Empolgado, Bill levou sua descoberta para diversos fabricantes de calçados de Portland. Todos recusaram, por não enxergarem a necessidade de um calçado mais leve. Mas o homem estava determinado: com a ajuda de um de seus atletas, levou o projeto adiante. Assim, na "primeira fornada" foram produzidos 330 pares do modelo. Foi dessa forma que o treinador Bill Bowerman e o corredor Phil Knight deram origem à Nike.[3]

Da cozinha para o quintal: até o jardim da sua casa pode servir de inspiração para bolar algo diferente. Steve Jobs e o ex-designer-chefe da Apple, Jonathan Ive, caminhavam pela horta da casa de Jobs quando um girassol chamou a atenção deles. A flor foi o ponto de partida para a criação do iMac em formato de luminária.[4]

AO SEU REDOR NAS RUAS

Uma das criações mais impactantes da história da moda é a minissaia. A estilista inglesa Mary Quant leva o mérito pela invenção, mas, segundo ela, "a ideia da minissaia não é minha. Foi a rua que a inventou".

Aconteceu assim: numa tarde ensolarada dos anos 1960, Mary descansava num café de Londres quando cruzou à sua frente uma garota com uma chamativa saia cortada na altura das coxas. Até então, as mulheres usavam apenas saias compridas, sempre abaixo do joelho. Nem preciso dizer que a novidade chamou a atenção de todo mundo. A estilista não perdeu tempo: correu para o ateliê e reproduziu a peça que viria a conquistar o mundo.[5]

Muito do que faz sucesso hoje, em diversos segmentos, surgiu como um modismo de pequenos grupos. "O futuro já está aqui. Apenas não está distribuído de maneira uniforme", diz a frase atribuída ao escritor canadense William Gibson.[6]

No final dos anos 1980, jovens no Brasil tiveram a ideia de virar a sola de suas sandálias Havaianas para cima, tornando-as mais exclusivas e divertidas. A Alpargatas, dona da marca, levou anos para perceber o potencial daquela mania. Somente em 1994 a empresa apresentou ao mercado as Havaianas Top,[7] nas cores azul-royal, lilás, preta e pink. O lançamento, acompanhado de editoriais de moda favoráveis e publicidade sofisticada, inaugurou uma nova era para o produto. As Havaianas Top transformaram o chinelo tradicional em produto fashion. E as vendas explodiram.

Observar as pessoas na rua também pode indicar uma necessidade dos lojistas. No Natal de 1901, um sujeito chamado Joshua percebeu que poucos pedestres se sentiam atraídos pelas vitrines das lojas de Nova York. "Talvez as pessoas estivessem tão atarefadas que não tinham tempo para as lojas", pensou. Ou talvez simplesmente as vitrines não fossem atrativas o suficiente.

Joshua imaginou que, se bolasse algo capaz de chamar a atenção dos pedestres, certamente as lojas se interessariam. Uma atração em movimento se destacaria das vitrines estáticas. Era importante também que fosse adaptável para diferentes tamanhos de loja.

E a solução encontrada por Joshua foi um trem em miniatura. Parecia perfeito: ao mesmo tempo que os trilhos podiam se encaixar e ter a extensão necessária, os vagões serviriam para carregar as mercadorias.

O rapaz comprou um trenzinho e, como ainda não existia um modelo movido a eletricidade, improvisou um motor utilizando um ventilador elétrico. Por 4 dólares, ofereceu a engenhoca a um lojista da região. E não é que funcionou? Multidões paravam para ver a curiosa vitrine em movimento. O problema é que muitos entravam na loja, procuravam os vendedores e perguntavam sobre... o trenzinho.

Frustrado, o lojista dispensou Joshua. Mas agora ele sabia que havia mercado para trens elétricos. Depois de conseguir empréstimos com amigos, o rapaz iniciou a produção de locomotivas, pontes e túneis em miniatura. Foi assim que Joshua Lionel criou a Lionel Manufacturing Company, até hoje sinônimo de trens em miniatura em todo o mundo.[8]

AO SEU REDOR NO TRABALHO

Em 1945, o engenheiro naval Richard James trabalhava em uma embarcação num estaleiro na Filadélfia. Desenvolvia um dispositivo para diminuir as vibrações dos instrumentos de navegação. Em determinado momento, a embarcação balançou e Richard deixou cair uma das molas no chão. Foi então que um fato curioso aconteceu: a mola desceu a escada como um acrobata, degrau por degrau. Achando divertido, o engenheiro levou a peça para os filhos, e em pouco tempo o brinquedo já era a sensação da vizinhança.

Pensando ter descoberto algo lucrativo, o engenheiro procurou alguns fabricantes da região, mas os homens riram dele: "Você não pode vender isso como brinquedo. É só uma mola."

Richard não se abalou e fez mais uma tentativa. Foi até uma loja de eletrodomésticos e produtos infantis e propôs ao proprietário: "Deixe-me fazer uma demonstração para os clientes. Se não der certo, eu vou embora." Em apenas 90 minutos, 400 unidades foram vendidas. Atualmente, as vendas do Slinky (nome dado pela esposa de Richard), conhecido no Brasil como mola maluca, já superam a marca de 300 milhões de unidades.[9]

No mesmo ano de 1945, outro engenheiro americano, Percy Spencer, servia ao Exército operando um gerador de micro-ondas para radar. Um belo dia, ao deixar o trabalho, ele enfiou a mão no bolso para pegar uma barra de chocolate. Para sua surpresa, o produto tinha derretido completamente. "Como isso aconteceu?", pensou ele, afinal, não era um dia de tanto calor assim.

Voltando ao escritório, Spencer desconfiou que as micro-ondas tivessem gerado o calor. Para tirar a dúvida, fez uma experiência: comprou milho de pipoca e colocou na frente do gerador. Em poucos minutos as pipocas estouraram. Naquele momento, o engenheiro identificou as possibilidades culinárias do equipamento.

O primeiro forno de micro-ondas foi lançado nos Estados Unidos em 1954.[10] Inicialmente, o aparelho foi destinado para grandes restaurantes, por causa do alto custo e do tamanho, mas hoje está presente em lares dos quatro cantos do planeta.

Certamente, Richard e Spencer não foram as primeiras pessoas do mundo a derrubar uma mola no chão ou a pegar um chocolate derretido no bolso. Mas o mérito deles está em não terem deixado que esses acontecimentos morressem ali. "O acaso só favorece a mente preparada", disse Louis Pasteur, que desenvolveu o processo de pasteurização e a vacina antirrábica.

Se você estiver atento, pode descobrir uma oportunidade disfarçada até num pedido grande de um cliente:

"Como é possível? Uma rede de apenas quatro lojas está encomendando mais aparelhos do que a Macy's? Não é possível." A reação do gerente da Hammarplast, importante empresa americana de utensílios para cozinha, poderia ter parado aí. Mas ele decidiu desvendar o mistério: pegou um avião e foi visitar a pequena rede de cafeterias de Seattle.

Ao chegar ao estabelecimento, o gerente Howard não acreditou no que viu: a loja parecia um templo de adoração ao café. Havia grãos de todo o mundo – Quênia, Etiópia, Sumatra, Costa Rica... Prateleiras de madeira envelhecida exibiam diversos utensílios relacionados ao preparo da bebida, incluindo as cafeteiras da Hammarplast. Boquiaberto, Howard foi até o proprietário, identificou-se e indagou o porquê do pedido tão grande. O homem respondeu: "Simples: quem vem aqui quer saborear o melhor café. Para isso, a bebida deve ser preparada em cafeteiras manuais, como a Hammarplast, e não em cafeteiras elétricas, que acumulam e queimam o pó."

O conhecimento e a paixão pelo café demonstrados pelos proprietários realmente impressionavam. Eles falavam do produto como quem fala de vinho: explicavam as diferenças das origens, dos aromas, dos grãos, da torrefação. Convidado a degustar os diferentes tipos, o homem ficou encantado. Ele nunca havia imaginado que pudessem existir tantas variedades de café: "Foi como se eu tivesse descoberto um novo continente", confessou, tempos depois.

Howard vislumbrou ali uma oportunidade. Movido pela intuição de que poderia transformar o hábito americano de tomar café, ligou na mesma noite para a esposa dizendo que pediria demissão da Hammarplast e se juntaria à pequena rede chamada... Starbucks.[11]

Nem é preciso dizer que Howard Schultz, então com 29 anos, acertou na decisão. Aquela rede de cafeterias protagonizaria um dos mais espantosos casos de sucesso e crescimento empresarial americano. Atualmente, a marca opera mais de 30 mil lojas espalhadas por 80 países.

Todas as unidades Starbucks foram baseadas naquela primeira loja de Seattle. O pequeno estabelecimento fundado pelos amantes da bebida já continha o DNA da marca. Em sua autobiografia, Howard afirma que, quando os negócios estão ficando burocráticos demais, visita aquele primeiro estabelecimento:

Deslizo a mão sobre os antigos balcões de madeira. Encho a mão de grãos bem torrados e deixo-os escorregarem pelos meus dedos, formando uma fina camada de óleo de aroma agradável. Insisto em lembrar a mim mesmo e aos outros à minha volta que temos responsabilidade diante daqueles que vieram antes. Podemos inovar, podemos reinventar quase todos os aspectos do negócio, exceto um: a Starbucks sempre venderá os grãos de café torrados de maior qualidade. Esse é o nosso legado.[12]

Talvez esse gigantesco negócio não existisse se Howard não fosse capaz de identificar uma grande ideia debaixo de seu nariz, na forma de um delicioso aroma de café.

O mesmo mérito teve o piloto americano Warren. Diariamente ele circulava pelos corredores do aeroporto de Detroit. E testemunhava o enorme trabalho dos passageiros para alugar um carro. Até aquela época, os anos 1940, locadoras de veículos em aeroportos não eram comuns. Os interessados eram obrigados a pegar um táxi e se deslocar até o centro das cidades, onde ficavam as lojas. Todo mundo via isso, mas foi Warren quem tomou uma atitude.

Em 1946, o piloto implantou o primeiro balcão de locação de automóveis no aeroporto de Detroit. A sacada foi tão boa que Warren Avis logo transformou sua Avis Rent A Car System numa das principais locadoras dos Estados Unidos.[13] Em 2023, o Avis Budget Group teve receita global de 12 bilhões de dólares.

Pegando carona nesse caso, vou contar a história de uma importante locadora de veículos brasileira.

Com 17 anos, Salim Mattar trabalhava como office boy numa construtora de Belo Horizonte. Certa vez, ao entregar um documento numa locadora de veículos, o rapaz reparou na tabela de preços afixada na parede. Eram os anos 1960 e alugar um veículo não era algo muito comum no Brasil. Carro era um item caro, as estradas se mostravam péssimas e poucas empresas atuavam no setor. Por isso tudo, os valores eram altíssimos.

O rapaz fez uma conta rápida de cabeça e chegou a um número assombroso de faturamento mensal da empresa. Naquele momento, pôs na cabeça: "Um dia vou abrir um negócio desses para mim."

O tempo passou e a ideia permaneceu. Alguns anos depois, em 1973, Mattar criou coragem e conseguiu financiamento para comprar Fuscas usados. Com um sócio, montou sua tão sonhada locadora de veículos. Mas o momento não podia ser pior: em 1973 ocorreu a maior crise de petróleo da história. Os preços dos combustíveis dispararam. Para o novo negócio engatar, o rapaz foi obrigado a criar diferenciais realmente atrativos.

Enquanto a concorrência abria apenas de segunda a sexta, das 8 às 18 horas, a nova locadora atendia 24 horas por dia, a semana inteira. Os próprios sócios dormiam num sofá, revezando-se no plantão. Enquanto os concorrentes ofereciam o carro com o tanque vazio, eles o entregavam já abastecido. Outra novidade foi o aluguel por hora, algo que ninguém fazia no país.

À medida que o dinheiro foi entrando, os amigos incrementaram a frota com outros veículos, além dos tradicionais Fuscas e Galaxies. O resultado foi que em cinco anos a frota pulou de 6 para 500 carros. Esse é o relato do surgimento da Localiza, a maior locadora de veículos da América do Sul.[14]

AO SEU REDOR NOS MOMENTOS DE LAZER

Todo fim de semana Adriano Sabino velejava pelo lago de Brasília. Nessas ocasiões, podia presenciar a preocupação dos pais com os filhos que entravam na água: "Não vá para o fundo", "Fique pertinho da mamãe" e outros alertas.

Sabino imaginou que, se criasse algo para proteger as crianças, os pais iriam se interessar. Foi então que ele se lembrou de uma interessante espuma utilizada na flutuação de veleiros, que mesmo furada ou partida não afundava de jeito algum. Ao pesquisar a composição do material, descobriu se tratar de um polietileno, não tóxico e à prova de bactérias. Ou seja: perfeito para um produto infantil. Com a ajuda da esposa, Sabino produziu uma espécie de boia em formato fino e comprido: estava criado o espaguete, ou macarrão, de piscina. Com certeza você já viu um desses por aí.

As coloridas espumas invadiram piscinas, clubes, hotéis e academias de todo o país. A Toy Power, empresa que Adriano e sua esposa criaram para representar o produto, chegou a exportar para países da América do Norte, do Mercosul e da Comunidade Europeia.[15]

✦ ✦ ✦

Você já foi passear no campo e voltou com uma porção de carrapichos grudados na roupa? Normalmente, as pessoas se irritam com isso. Mas o suíço George de Mestral reagiu de modo diferente. Na volta de uma caminhada pelas montanhas da Suíça com seu cão, ele percebeu que o animal estava cheio de carrapichos. Ao retirar as pequeninas plantas uma por uma, George se perguntou o que as fazia se fixarem na pele e em tecidos. Analisando pelo microscópio, ele descobriu que centenas de ganchinhos se prendiam aos fios das superfícies. Utilizando o mesmo princípio, o suíço desenvolveu o velcro.[16] Pode-se dizer que sua invenção foi algo que pegou.

Para um sujeito observador e criativo, grandes ideias podem aparecer durante uma partida de tênis ou uma peça de teatro.

Você sabia que, até 1926, os tenistas disputavam as partidas usando calça comprida de linho e camisa social com colarinho? E que isso só mudou naquele ano porque um talentoso jogador francês chamado Jean René protestou publicamente? Durante um jogo importante, ele declarou: "Essas roupas nos sufocam, tiram nossa liberdade, atrapalham o desempenho."

Disposto a acabar com o absurdo, no jogo seguinte Jean entrou em campo vestindo uma camiseta de mangas curtas e um calção mais confortável. O traje causou escândalo entre espectadores, juízes e imprensa. O público se dividiu entre vaias e aplausos. Na plateia, o presidente de uma importante confecção francesa intuiu que a novidade tinha grandes chances de emplacar, por dois motivos: primeiro porque o tenista desfrutava de grande prestígio e muitos fãs certamente o seguiriam; segundo porque o fato teria forte divulgação na imprensa, o que significaria publicidade gratuita.

Depois da partida, o executivo procurou Jean e propôs a ele abrirem juntos uma confecção. O tenista se chamava Jean René Lacoste e sua marca, que leva seu sobrenome, revolucionou o mercado de moda esportiva.[17]

A título de curiosidade: o pequeno jacaré, símbolo da marca, foi escolhido porque o jogador era chamado pela imprensa de Le Crocodile, pela forma como atacava os adversários nas quadras.

✦ ✦ ✦

Se você acha desagradável ir ao dentista hoje em dia, imagine quando ainda não existia anestesia. Até o século 19, os pacientes se embriagavam para evitar a dor. E os dentistas se esforçavam para encurtar o sofrimento extraindo os dentes o mais rápido possível. A história só mudou quando o americano Horace Wells foi assistir a uma peça de teatro na cidade de Hartford, Connecticut. No espetáculo, 12 pessoas inalavam um misterioso gás e, a partir daí, agiam feito doidas: corriam, gritavam e gargalhavam. Um dos artistas bateu violentamente a perna numa cadeira, mas não gritou nem esboçou qualquer sinal de dor. Pelo contrário, continuou pulando e sorrindo como se nada tivesse acontecido.

Horace ficou impressionado: "Como pode alguém não sentir dor?" Ao fim do espetáculo, o cirurgião procurou os atores e descobriu que a substância era o óxido nitroso, ou gás hilariante. Já na semana seguinte ele experimentou a novidade num paciente com siso dolorido. Deu certo: a extração foi indolor. Estava criada a melhor amiga dos pacientes, a anestesia.[18] Horace se deu tão bem que foi para uma cidade maior, Boston, onde montou uma clínica enorme e de grande prestígio.

* * *

Tirar um tempinho para visitar um amigo é uma atividade bastante prazerosa. Mas não é porque você está relaxado que vai deixar de olhar ao redor.

No inverno de 1928, uma fortíssima epidemia de gripe castigava os Estados Unidos. Os médicos e laboratórios estavam empenhados em descobrir uma forma de combater o vírus, que já tinha infectado quase metade da população do país.

Hub Beardsley, presidente de um desses laboratórios, resolveu esquecer tudo aquilo e visitar um colega na redação de um jornal. Nas duas horas em que esteve ali, porém, algo chamou sua atenção: não viu uma única pessoa espirrando. Seu amigo Tom Keene, editor do jornal, explicou que o pessoal estava tomando uma combinação caseira inventada por um deles, uma mistura de aspirina com bicarbonato de sódio.

Beardsley ficou assombrado: o remédio era tudo que a comunidade médica procurava incansavelmente. De volta ao laboratório, ele pediu aos químicos que estudassem a fórmula. Três anos depois (o que, para a indústria farmacêutica, é pouquíssimo tempo) foi lançado o comprimido efervescente

Alka-Seltzer.[19] Além das propriedades analgésicas, o medicamento se mostrou muito eficaz contra problemas estomacais – e ressacas, o que o tornou popular nos Estados Unidos e, mais tarde, em vários outros países.

AO SEU REDOR NAS VIAGENS

Em 1943, o físico americano Edwin Land viajava com a esposa e as crianças pela região do Novo México, nos Estados Unidos. Em determinado momento, quando ele tirava fotos da filha de 3 anos, a menina perguntou: "Por que a gente não vê a foto agora?"

Edwin explicou pacientemente que aquilo ainda não era possível, mas a garota nem quis saber: "Papai, eu quero ver as fotos. E quero agora!" A mãe achou graça, mas o pai ficou pensativo: será que a filha não estava manifestando o desejo de muita gente? Edwin trabalhava com papel polarizado. E passou os meses seguintes tentando desenvolver uma máquina que pudesse revelar as fotos instantaneamente. Assim, graças a uma criança mimada e a um pai esforçado, em 1947 surgiu a Polaroid.[20]

Numa manhã fria de 1913, um casal de namorados passeava pela praia da cidade francesa de Deauville. Para proteger a garota do vento gelado que vinha do mar, o rapaz ofereceu seu suéter. Supervaidosa, a jovem recusou dizendo que a peça poderia "desmanchar o penteado".

Mas pediu permissão ao namorado para cortar a malha pela frente, para ser vestida como uma camisa. Apaixonado, o rapaz consentiu. Ao provar a nova roupa, uma surpresa agradável: como o namorado era bem mais alto que ela, a malha caiu como um vestido. Seu toque final foi costurar dois enormes bolsos, "na altura exata em que as mãos gostam de descansar", como ela justificou.

Ao circular pelas ruas de Deauville com a inovadora peça, a jovem chamou atenção: as mulheres a paravam para saber onde ela havia comprado aquilo. A garota era Gabrielle Coco Chanel, e a peça criada por ela, o cardigã. Se o primeiro modelo de Coco fez sucesso? Com a palavra, a própria estilista: "Minha fortuna foi construída em cima daquela malha velha que eu vesti porque fazia frio em Deauville", contou ela pouco antes de morrer.[21]

• • •

Uma das coisas mais difíceis na vida de um empresário é relaxar nas férias. Ao contrário do restante da equipe, o dono do negócio nunca está tranquilo. A empresa é como um filho: a gente sabe que deve andar sozinho, mas tem medo que se machuque.

No entanto, não desligar durante uma viagem pode até ser bom. Quem sabe você volta com uma grande inspiração na bagagem? Foi o que aconteceu com o proprietário de uma fábrica de embalagens plásticas de Farroupilha, Rio Grande do Sul. No final dos anos 1970, o gaúcho Pedro passava as férias com a família na Riviera Francesa. Mas não conseguia relaxar: sua empresa enfrentava queda na venda de embalagens para garrafões de vinho e os estoques de plástico lotavam os galpões. A única saída que ele via era fabricar outro produto usando o plástico. Mas o quê?

Pedro matutava sobre o assunto quando cruzou à sua frente uma elegante francesa. Ao olhá-la da cabeça aos pés, o gaúcho percebeu que ela calçava a mesma sandália usada pelos pescadores. Como era possível um mesmo produto atender a públicos tão diferentes? Ao comprar um par do calçado, ele descobriu o porquê. Além de resistente e barato, o modelo de plástico era bastante prático para andar na areia. Pedro ficou encantado: "Praia é o que não falta no Brasil. Então por que não produzir a sandália por lá?" Foi assim que Pedro Grendene, com o irmão Alexandre, criou a sandália Melissa, em 1980.[22] O produto chegou a vender 25 milhões de pares num único ano. Não é história de pescador – realmente, a famosa sandália foi inspirada nos pescadores da Riviera Francesa.

Convém destacar que, naquela época, lançar um calçado plástico no Brasil era uma atitude de grande ousadia. Ou o produto virava febre, ou mico. Por isso, a empresa fez outra aposta inovadora para apresentar a novidade: foi a primeira marca a fazer merchandising na televisão brasileira, durante a novela *Dancin' Days*.

Quantas pessoas fizeram fortuna apenas adaptando para seu país hábitos de outras regiões? Pense nisto: em viagens por locais distantes, mantenha os olhos bem abertos.

Foi o que fizeram os americanos Arthur Melin e Richard Knerr, nos anos 1950. Eles passeavam pelo interior da Austrália quando tiveram contato com uma diversão local: os jovens colocavam aros de bambu ao redor da cintura e os faziam girar. Ora, é o bambolê, dirá você. Mas o produto só fez sucesso por aqui porque os dois americanos o trouxeram na bagagem para lançá-lo, em 1958, nos Estados Unidos.[23] Se ganharam dinheiro? Basta dizer que em apenas quatro meses foram vendidos 25 milhões de bambolês na América.[24]

. . .

Viagens a trabalho podem ser muito enriquecedoras. Em ambos os sentidos. No final do século 19, o fotógrafo americano Thomas Adams explorava o interior do México quando reparou num estranho hábito local. Os indígenas extraíam uma espécie de látex das árvores e o colocavam na boca para mastigar. "Qual a razão disso?", perguntou. Os nativos disseram se tratar de um costume milenar: os maias já usavam a goma para manter a boca úmida durante viagens longas por regiões secas.

Thomas experimentou a substância e viu que o sabor não era ruim. Voltou para os Estados Unidos levando uma amostra na mala. E conseguiu industrializar o produto, criando a primeira goma de mascar industrial[25] – um produto que, literalmente, caiu na boca do povo.

Outro americano, o agente do governo Clarence Birdseye, em 1915 trabalhava na gélida região de Labrador, norte do Canadá, onde a temperatura pode chegar a 50 graus negativos.

É um frio tão intenso que congela um peixe assim que retirado da água. Mas o que mais impressionou o americano foi que, mesmo descongelados meses depois, os peixes mantinham o sabor e a textura de quando frescos.

Imaginando o potencial comercial daquilo, Clarence retornou aos Estados Unidos e passou alguns anos buscando uma forma artificial de congelar alimentos. Em 1930, lançou a primeira empresa de alimentos congelados do país. Apenas três anos depois, já havia 516 produtos diferentes à venda.[26]

Mesmo a lembrança de uma viagem remota pode render uma solução original. No século 18, a varíola assolava a Inglaterra, sendo responsável por 10% das mortes de adultos e 30% das de crianças. Tudo indicava que a varíola humana era uma evolução da varíola bovina, que havia tempos atacava os rebanhos.

Durante as pesquisas, o médico inglês Edward Jenner se recordou de uma experiência que vivera quando jovem, no interior da Inglaterra. Ele tinha ouvido uma mulher que ordenhava vacas desdenhar da varíola humana porque "já havia contraído a bovina".

Edward foi investigar e descobriu que, de fato, não havia nos hospitais nenhum registro de qualquer ordenhadora que tivesse contraído a doença. O médico partiu então para uma experiência ousada: inoculou a varíola animal num paciente e depois o colocou em contato com a varíola mais letal, a humana. Deu certo: estava descoberta a cura de um mal que havia vitimado milhões de pessoas.[27]

NAS TRANSFORMAÇÕES AO REDOR

Até o século 19, fazer turismo pela Europa era um transtorno. O único meio de transporte terrestre disponível, a carruagem, obrigava os passageiros a sacolejar por dias, semanas e até meses para chegar ao destino. Mas tudo mudou radicalmente com a chegada do trem e do barco a vapor. De uma hora para outra, viajar se transformou num programa agradável e disputado pela elite europeia.

Mas havia um problema: os baús utilizados na época eram grandes e pesadões, perfeitos para as carruagens, que transportavam pouca gente. Mas trens e navios levam centenas de pessoas ao mesmo tempo, e as bagagens estavam ocupando espaço demais. Além disso, o fato de serem todas iguais causava enormes confusões e trocas no momento do desembarque.

Um jovem artesão suíço foi um dos primeiros a perceber que as bagagens deveriam se adaptar. Ele já trabalhava com baús em Paris e tratou de criar um modelo mais adequado aos novos tempos. Inicialmente, eliminou as tampas curvas dos baús para facilitar o empilhamento. Depois, para otimizar o espaço, desenhou compartimentos específicos para cada tipo de objeto, como vestidos, luvas, joias, espelhos e esculturas. A terceira novidade foi substituir o couro utilizado no revestimento por uma lona mais leve e que podia ser tingida de cores diferentes.

Logo toda a elite de Paris utilizava as modernas e luxuosas malas do artesão... Louis Vuitton. Entre as clientes estava a imperatriz Eugénie, esposa de Napoleão III, fato que contribuiu para transformar a marca numa grife.[28]

Observe que a transformação ocorreu aos olhos de todos os artesãos da Europa. Mas apenas Vuitton teve a sensibilidade de identificar naquilo um filão para o seu negócio. Além de construir um império, Louis Vuitton é considerado o criador da bagagem moderna.

Para acompanhar as mudanças ao redor, nada melhor do que ler com atenção as notícias que saem na imprensa. Um pequeno artigo pode conter uma grande oportunidade.

A notinha no jornal dizia: "Exército suíço importa mais um lote de canivetes da Alemanha." E completava: "Não existe um único fabricante do produto na Suíça." O suíço Karl Elsener achou aquilo ótimo. Ele, que procurava um nicho para abrir seu próprio negócio, optou pelos canivetes.

Karl comprou diversos instrumentos alemães e os desmontou para desvendar seu funcionamento. Depois, fez uma pequena fábrica para produzir algo semelhante. Ele sabia que o grande diferencial de seus canivetes era a origem suíça. Por isso, escolheu como marca o próprio brasão do país.

No nome da empresa, homenageou seus pais: Victor e Victoria. Essa é a origem dos canivetes Victorinox.[29] O acerto foi tão grande que Karl expandiu a linha lançando modelos com abridor de latas, chave de fenda, punção, saca-rolhas, serrote, alicate, abridor de garrafas, palito de dentes, pinça, gancho de pesca, lente de aumento, bússola e, mais recentemente, pen drive, luz LED e removedor de cartão SIM para smartphones. Existem atualmente mais de 400 modelos Victorinox disponíveis. A produção anual ultrapassa 20 milhões de unidades, distribuídas em cerca de 120 países.

Bill Gates, durante muito tempo o homem mais rico do mundo, começou sua fortuna de maneira semelhante: a partir de uma matéria de revista. Em janeiro de 1975, a publicação *Popular Electronics* trouxe na capa a seguinte manchete: "Chegou o primeiro computador pessoal da história: Altair 8800".

Lendo atentamente o artigo, Gates descobriu que o novo computador ainda não tinha um sistema operacional, isto é, o software que faz a máquina funcionar. Julgando-se capaz de criar o programa, Gates teve uma audácia fora do comum: preocupado que alguém chegasse à sua frente, ligou para o fabricante do Altair afirmando que já tinha o produto em mãos quando, na verdade, não tinha nada.

Lógico que a empresa ficou extremamente interessada em conhecer o programa, mas Gates inventou uma série de desculpas para adiar o encontro já que precisava antes *ter* o produto. Tudo bem que Gates, então com 20 e poucos anos e universitário de Harvard, de fato conhecia alguma coisa dos computadores de grande porte existentes na própria universidade, porém nada que o habilitasse a desenvolver o complexo software.

Com um amigo que trabalhava na fabricação de computadores, Paul Allen, ele trabalhou dia e noite, tentando desesperadamente adaptar a linguagem dos computadores de grande porte para as máquinas de uso pessoal. Finalmente, depois de oito semanas de trabalho, os amigos chegaram a uma solução que julgaram razoável.

E aí o milagre aconteceu: sem nunca terem visto um Altair na vida, os amigos colocaram o programa no computador e – pasme! – ele rodou perfeitamente.[30] Você pode dizer que foi sorte, mas eu sou mais a frase de Thomas Jefferson: "Eu acredito na sorte. E quanto mais eu trabalho, mais sorte eu tenho."

A empresa adquiriu o programa dos rapazes e, com o dinheiro, Gates e Allen puderam lançar, em 1976, a Micro-soft (inicialmente com hífen mesmo, para deixar clara a origem dos dois fundadores: um de hardware e outro de software).

• • •

Novidades tecnológicas, fatos curiosos, acontecimentos políticos: tudo pode esconder uma oportunidade disfarçada.

Quando se pensa em bicho de pelúcia, o primeiro que vem à mente é o ursinho. Você já se perguntou por quê? Tudo teve origem num fato noticiado pela imprensa e aproveitado por um empresário. Acompanhe a história.

Em 1902, o presidente americano Theodore Roosevelt participava de uma caçada na divisa dos estados da Louisiana com o Mississippi. Em determinado momento, o grupo encurralou um filhote de urso. Sendo a maior autoridade presente, o presidente recebeu o privilégio de abater o animal. Porém, para surpresa de todos, ele recusou, dizendo que era uma covardia atirar num pequeno e indefeso filhote.

O episódio foi amplamente divulgado pelos órgãos de imprensa do país. Uma pequena fábrica de brinquedos decidiu aproveitar a repercussão e rapidamente lançou um ursinho de pelúcia com o nome de Teddy, apelido do presidente.[31] A população se divertiu e aderiu à brincadeira, presenteando as crianças com o personagem. Teddy deu origem a todos os ursinhos de pelúcia que vieram depois.

❖ ❖ ❖

Você deve ter percebido que grande parte das histórias narradas neste livro se passa nos Estados Unidos. Não é coincidência: uma das razões que levaram o país a se estabelecer como maior potência mundial foi justamente o empreendedorismo de seu povo. Uma das explicações para isso é que os americanos sempre tiveram governantes que estimulam e valorizam um espírito inquieto, dinâmico, de grande ousadia e coragem.

O próprio presidente Roosevelt é um exemplo. Uma de suas frases mais famosas se aplica a qualquer pessoa que tenha uma grande ideia na cabeça mas esteja na dúvida se deve investir nela ou não: "É muito melhor arriscar coisas grandiosas, alcançar triunfos e glórias, mesmo se expondo à derrota, do que formar fila com os pobres de espírito que nem gozam muito nem sofrem muito porque vivem nessa penumbra cinzenta que não conhece vitória nem derrota."[32]

OPORTUNIDADES DISFARÇADAS
NAS FATALIDADES

Stephen Hawking é considerado o mais brilhante físico teórico desde Albert Einstein. Falecido em 2018, o britânico sofria de esclerose lateral amiotrófica, uma doença rara que paralisa os músculos.

Parece uma triste coincidência que um sujeito tão genial sofresse de um mal tão terrível, não é verdade? E se não for apenas casualidade? E se as duas coisas estiverem diretamente relacionadas? Com a palavra, a própria mãe do físico, Isobel Hawking, em documentário de 1991: "Ele mesmo diz que não teria chegado aonde chegou se não fosse pela doença. É bem possível, porque ele se concentra no assunto de uma maneira que, acho, não teria feito se pudesse sair por aí, como costumava fazer. Não posso dizer que alguém tenha sorte por ter uma doença como essa, mas é menos ruim para ele do que seria para algumas pessoas, pois Stephen pode viver muito bem dentro da própria cabeça."[1]

A MADOR AGUIAR É UM dos grandes mitos do mundo dos negócios. Partindo de uma origem humilde, ele construiu um dos maiores bancos privados brasileiros. O que o levou a ter tanto sucesso? Trabalho, disciplina, garra, genialidade? Segundo ele próprio, não foi nada disso. "Todo o meu sucesso eu atribuo à asma. Eu não dormia à noite e, por isso, lia tudo sobre entidades bancárias. Assim, superei muitos funcionários e concorrentes mais elevados do que eu", afirmou o fundador do Bradesco.[2]

Durante sua vida, Thomas Edison trabalhou absurdamente, produzindo cerca de 1.300 patentes. A razão da obsessão, segundo a *Enciclopédia Britânica*, era uma surdez parcial, que "influenciou fortemente sua conduta e carreira, criando motivação para muitas de suas invenções".[3]

São inúmeros os exemplos que mostram como limitações, doenças e acidentes, em vez de atrapalhar, podem até impulsionar a carreira de uma pessoa.

Foi o que aconteceu com o cientista Max Huber, em 1965. Ele trabalhava no setor de pesquisas da Nasa, no desenvolvimento de novos produtos. Porém, num fatídico dia, houve uma inesperada explosão que o atingiu gravemente. Queimaduras terríveis deixaram seu rosto desfigurado. Cirurgias reparadoras foram realizadas, assim como avançados tratamentos médicos e técnicas terapêuticas, mas, ao final do tratamento, cicatrizes profundas ainda marcavam a face de Huber.

Não havia mais o que fazer, afirmavam os especialistas. Mas Huber ficou tão determinado a recuperar sua pele que construiu um verdadeiro laboratório em casa. Utilizando seus conhecimentos sobre plantas, o cientista iniciou uma série de experiências com vegetais, minerais, algas e outros ingredientes marinhos.

"As invenções são o resultado de um trabalho teimoso", já dizia Santos Dumont. E assim, depois de 12 anos de testes e mais de 6 mil tentativas, finalmente Huber chegou a um creme rico em cálcio, vitaminas e sais minerais capaz de suavizar até as cicatrizes mais profundas.

Essa é a impressionante história dos produtos La Mer, uma das marcas de cosméticos mais conceituadas da Europa.[4] Disputados pela elite, os produtos têm quantidade limitada e preços altos: um pote de 57 gramas sai por 300 dólares. Tanto prestígio fez de Max Huber um homem bem-sucedido. E tudo começou com um grave acidente.

A banheira de hidromassagem também foi concebida para aliviar o sofrimento de uma pessoa, não com o objetivo de relaxar.

Era o ano de 1956, na Califórnia. O proprietário de uma fábrica de hélices para aviões e bombas de irrigação para plantações buscava um remédio para tratar a artrite que atacava seu filho pequeno. Com dores constantes nas pernas, o rapaz foi levado a vários médicos. O único tratamento que havia para isso na época era a hidroterapia, ou seja, banhos, duchas e aplicação de jatos d'água na região. O problema era que a clínica ficava distante do local onde a família morava – e as sessões eram caríssimas.

Pensando numa forma de realizar o tratamento em casa, alguém da família teve a ideia de adaptar uma bomba de irrigação numa banheira doméstica. Fixada do lado de fora, a pressão da bomba impulsionava jatos de água para o interior da banheira. Para satisfação do rapaz, o invento funcionou melhor do que o esperado: aplicados nas suas pernas, os jatos aliviavam a artrite; nas costas, relaxavam os músculos. Pode-se dizer que a família Jacuzzi teve muito sucesso com a invenção.[5]

Só quem já sofreu de forte alergia sabe o desconforto que isso causa. Os sintomas vão muito além de espirros, indisposição e congestão nasal. Em casos mais graves, provocam sérios problemas respiratórios. Era isso que vivia o carioca Alinthor Fiorenzano, no final dos anos 1970.

Físico por formação, Alinthor vivia num sítio no interior do Rio de Janeiro. Ele amava a vida no campo, o contato com a natureza, árvores, riachos e animais. Mas sofria com a poeira, o mofo, fungos em geral. Depois de percorrer diversos consultórios médicos em busca de tratamento, o máximo que ouviu foi: "É melhor o senhor evitar o campo."

Com seus conhecimentos teóricos, Alinthor decidiu desenvolver por conta própria uma solução. Utilizando um poderoso microscópio, ele descobriu a principal causa de suas alergias: os ácaros, organismos presentes em todo lugar – carpetes, tapetes, colchões, travesseiros, móveis, pisos das casas. Um único grama de pó pode conter 500 ácaros. Alinthor apurou também que o clima do Brasil, úmido e quente, oferece as condições ideais para a proliferação da espécie.

Depois de muitos estudos e testes, o físico chegou a um pequeno aparelho que, ligado na tomada, era capaz de reduzir as populações da espécie em seu sítio. Satisfeito com os resultados e respirando melhor, Alinthor teve a visão de comercializar seu produto. Assim, em 1983 surgiu o Sterilair.[6]

Inicialmente, o aparelho foi distribuído apenas para parentes e amigos. Mas logo foi lançado no Brasil e no exterior. Em 1989, a Yashica adquiriu a patente e iniciou a produção do equipamento, que se tornou sucesso de vendas. Segundo a empresa, mais de 2,5 milhões de aparelhos já foram vendidos apenas no mercado brasileiro.

Queimaduras, artrite, alergia. Para a imensa maioria das pessoas, problemas desse tipo só causam sofrimento e dor de cabeça. Mas alguns poucos conseguem ver oportunidades disfarçadas até mesmo em uma persistente dor de cabeça.

Parecia ironia do destino: o sujeito era dono de uma rede de farmácias e não achava nada que aliviasse seu mal. Mesmo tendo à mão todos os medicamentos disponíveis, não conseguia se livrar das terríveis dores de cabeça.

Foi quando alguém lhe disse que uma farmácia concorrente oferecia um elixir capaz de aliviar qualquer dor. O empresário foi até lá experimentar a novidade. Realmente, para sua surpresa, sentiu um alívio imediato. Ficou tão encantado que adquiriu até a fórmula do medicamento.

O homem era Asa Griggs Candler e o xarope, a Coca-Cola.[7] Segundo consta, ele pagou apenas 2,3 mil dólares pela fórmula do produto que se tornaria o mais vendido do mundo.

Candler é o gênio por trás da construção da Coca-Cola Company. Com ideias criativas e inovadoras, ele transformou o simples xarope num negócio bilionário. E seu império teve início graças a uma insuportável dor de cabeça.

⋯

Se prestarmos atenção, veremos que grandes conquistas, ideias, produtos e obras geralmente nascem da adversidade.

Como bem ilustra o caso envolvendo um importante escritor carioca. Aos 40 anos, recém-casado, descobriu que sofria de epilepsia. Ao mesmo tempo, passou a ter insônia, problemas de estômago e a perder peso continuamente. Como se tudo isso não bastasse, contraiu também uma grave inflamação nos olhos.

Os médicos fizeram todos os exames e não descobriram qualquer problema. Como tratamento, recomendaram apenas que ele se afastasse imediatamente do trabalho e fosse para uma clínica de repouso num lugar tranquilo. A esposa escolheu Nova Friburgo, na região serrana do Rio de Janeiro.

Inexplicavelmente, seu estado de saúde piorou. A inflamação nos olhos complicou-se, ameaçando deixá-lo cego para sempre. Para desespero da esposa, o escritor continuou a perder peso e ficou cadavérico, à beira da morte.

Foram meses de horror e pesadelos, com muitos delírios e alucinações. Naquele período, o escritor passou a refletir sobre o sentido da vida. Vivendo na escuridão, já que seus olhos estavam vendados pela doença misteriosa, foi tomado por pensamentos sombrios e desenvolveu uma visão crítica do mundo.

Nos momentos de sanidade e consciência, o homem imaginou registrar toda aquela experiência num livro e contar a angústia, o pessimismo, as sensações de estar próximo da morte.

E foi assim que surgiu uma das maiores obras da literatura brasileira e mundial: *Memórias póstumas de Brás Cubas*. Sim, essa é a história de Machado de Assis.[8]

Não por acaso, o livro é assinado por um escritor defunto. O primeiro capítulo se chama "O óbito do autor". Já no início encontramos o homem acamado, agonizando, à beira da morte, exatamente como Machado estava em Nova Friburgo. Um dos pontos altos do livro é justamente a descrição de um delírio.

Os primeiros capítulos do clássico foram redigidos pela esposa do escritor, porque ele não conseguia enxergar nada. O próprio Machado confirmou isso mais tarde: "Brás Cubas não foi escrito, foi ditado por mim. Foi ditado porque eu estava quase cego. Atacara-me uma moléstia dos olhos que só depois de muito tratamento se foi."

O romance foi publicado apenas dois anos após a grave crise de saúde do escritor. (Alguns biógrafos de Machado têm outras hipóteses e explicações para a virada que ele deu em sua carreira. Mas, para mim, parece óbvio que uma experiência traumática como essa seja mais do que suficiente para mudar nossa visão da vida e do mundo.)

Ninguém está livre das fatalidades. Elas fazem parte da vida e acontecem com todo mundo. A grande questão é como lidar com elas. Por exemplo: como reagir ao escutar de um médico o diagnóstico de que seu filho é portador da síndrome de Down?

O ano era 1948, e a dona de casa Jô Clemente não acreditou no que estava ouvindo. Para não restarem dúvidas, o doutor foi mais enfático: "Seu filho é retardado mental, entendeu? Não espere nada dele. Cuide dele como se cuida de uma planta: limpe, alimente, mas ele não vai passar dos 17 anos."[9] O homem foi tão impiedoso que a mulher achou que ele estivesse fora de si.

A mãe decidiu esquecer o episódio e continuar cuidando do menino Zequinha como se fosse um garoto sem a síndrome. O tempo passou e, na idade escolar, matriculou-o numa escola-parquinho do bairro. Mas Zequinha não conseguiu acompanhar os colegas e teve que deixar a turma. A mãe procurou outras instituições de ensino, mas nenhuma aceitou a criança por ela sofrer de "atraso mental".

Diante de tantas recusas, Jô foi obrigada a aceitar a real condição do filho. Mesmo assim, ficou inconformada: limitado ou não, o menino tinha o direito de aprender até onde sua capacidade permitisse. Além disso, não era justo privá-lo da convivência com professores, amiguinhos e aulas. Certamente, algumas das melhores lembranças da infância vêm do ambiente escolar.

Em sua peregrinação por escolas, ela e o marido conheceram outros três casais com filhos nas mesmas condições. Foi quando alguém no grupo teve a ideia: "Se não existe um centro para crianças especiais, por que nós não criamos um?"

Mas, para levar o projeto adiante, era preciso levantar recursos. Jô Clemente descobriu então seu lado empreendedor: organizou chás beneficentes, leilões e pré-estreias de filmes de cinema para a alta sociedade paulista. Aos poucos, o grupo conseguiu construir um pequeno centro para estudar, discutir e formar pessoas capazes de cuidar de crianças com deficiência mental.

A notícia da nova entidade se espalhou pela região, atraindo outras pessoas com deficiências. Para atender todo mundo, seria necessário um espaço muito maior. E dinheiro para bancar tudo isso?

Foi numa viagem ao Rio de Janeiro que Jô conheceu a Feira da Providência, um bem-sucedido evento promovido pelo bispo Dom Hélder Câmara destinado a obter verbas para projetos beneficentes do estado do Rio. Na mesma hora, a mulher pensou: por que não realizar o mesmo evento em São Paulo e utilizar o dinheiro levantado para a construção do novo centro? Procurado, Dom Hélder permitiu a utilização da ideia na capital paulista. Mas fez uma ressalva: para evitar confusão, o nome deveria ser outro. Assim, em 1966 foi realizada a primeira Feira da Bondade de São Paulo.

Em pouco tempo o evento cresceu e se incorporou ao calendário da cidade. Uma das edições, realizada no Anhembi, recebeu mais de 300 mil pessoas.

Com o valor arrecadado nas sucessivas feiras, foi possível construir a sede da entidade num terreno cedido pela prefeitura. Essa é a história do surgimento da unidade paulista da Associação de Pais e Amigos dos Excepcionais (Apae).[10]

Curiosidade: apesar de o médico ter dado apenas 17 anos de vida para Zequinha, o filho de Jô Clemente viveu até os 52, vindo a falecer somente em 2001.

Hoje, a Apae figura entre os maiores centros mundiais na realização do famoso teste do pezinho. A entidade já realizou o exame em mais de 17 milhões de crianças no Brasil. Para continuar crescendo e mantendo seus serviços, a Apae conta com o apoio de pessoas e de empresas que investem no terceiro setor.

Como as empresas devem selecionar seus projetos de responsabilidade social

Atualmente, a responsabilidade social corporativa transformou-se em algo obrigatório. Não se trata de moda, mas de conscientização. As empresas perceberam que contribuir para o desenvolvimento do país e apostar na sustentabilidade é fundamental para garantir a perenidade do negócio. É isso que clientes, colaboradores, sociedade e acionistas esperam delas. "Não se pode ter empresas bem-sucedidas em sociedades fracassadas", afirmou o magnata suíço Stephan Schmidheiny, fundador do Conselho Empresarial Mundial para o Desenvolvimento Sustentável.[11]

Mas isso não significa que os empresários devam sair por aí apoiando qualquer causa ou entidade. Pelo contrário, é preciso ter foco estratégico. O guru Michael Porter afirma que as organizações precisam buscar projetos sociais que tenham relação com seus negócios: "Um banco deve ajudar a população de baixa renda a poupar, a financiar moradia, porque é disso que ele entende. Apoiar uma companhia de dança é uma questão social genérica para uma empresa de energia, mas pode se tornar um diferencial competitivo para uma empresa de cartão de crédito, que lucra com o aumento dos gastos dos consumidores em entretenimento."[12]

Então uma empresa deve investir no social visando ao lucro? Pode soar condenável, mas não é. A parceria deve, de preferência, oferecer vantagens para ambos os lados. Somente assim correrá menos risco de ser interrompida de uma hora para outra.

Acompanhe o raciocínio. Imagine uma corporação que contribui para uma causa que não tem nada a ver com seu ramo de atuação. Internamente, o apoio é visto apenas como uma iniciativa isolada. Por não fazer parte da estratégia da empresa, é uma parceria frágil.

Ao menor sinal de crise, dificuldades financeiras ou troca de direção, a contribuição pode ser suspensa de uma hora para outra. Às vezes o motivo é mais insignificante ainda. Steven Dubner, cofundador da Associação Desportiva para Deficientes (ADD) – entidade que minha agência apoia através de estratégias de comunicação há mais de 25 anos –, me confidenciou certa vez que o presidente de uma importante companhia suspendera a colaboração simplesmente porque a esposa havia se engajado em outra instituição.

Agora imagine o impacto disso na entidade, que precisa honrar custos fixos, como aluguel, contas de água, luz, telefone, impostos variados, pagar colaboradores (já que nem todos são voluntários), etc.

Como qualquer negócio, as instituições beneficentes vão crescendo e contratando de acordo com a receita arrecadada. Um corte súbito no faturamento fatalmente resultará em redução da operação, demissões e dívidas. Ou seja, ao invés de contribuir, a empresa estará prejudicando a entidade.

A melhor forma de se engajar é de maneira sustentável. Exemplo: uma confecção pode investir no treinamento de costureiras de um bairro carente. Dessa forma, no futuro terá um serviço de qualidade com custos menores.

De olho no enorme mercado de pessoas com deficiências físicas, um fabricante de artigos esportivos pode adotar uma entidade como a ADD.

Um exemplo de projeto de responsabilidade social alinhado com o foco estratégico da empresa é a Starbucks. A rede de cafeterias se tornou a maior do mundo praticamente sem investir em propaganda. Como a empresa faz sua divulgação? Através de um bem amarrado pacote de ações com as comunidades. Sua estratégia prevê uma "preparação do terreno": antes de entrar num mercado, cria um clima de expectativa.

Inicialmente, a Starbucks contrata uma empresa de relações públicas local para pesquisar os interesses e a herança cultural da região. Baseada nisso, seleciona as instituições de caridade e ações voluntárias mais representativas. Depois, reúne imprensa, representantes, comerciantes e parceiros e assume um compromisso social com vizinhos e fornecedores. Anuncia também que destinará parte dos lucros para os órgãos escolhidos. Nos Estados Unidos, a empresa participa ativamente de atividades como limpeza da vizinhança, luta contra a Aids, combate ao analfabetismo e assim por diante.

Depois disso tudo, é fácil entender por que as comunidades recebem com simpatia uma nova unidade Starbucks. Observe que as ações sociais da rede estão diretamente relacionadas com a sua expansão.[13]

• • •

Perder um parente de forma violenta é uma grande fatalidade. Foi o que viveu o universitário Antônio. Aos 19 anos, ele cursava Medicina na Santa Casa de Misericórdia, em São Paulo. Sua família, portuguesa, tirava seu sustento de uma padaria.

Certo dia, porém, houve uma tentativa de assalto no estabelecimento e o pai do rapaz foi morto pelos bandidos. Antônio foi obrigado a interromper os estudos e assumir o negócio da família. A solução era provisória: todos sabiam que o sonho dele era clinicar. O plano era manter o estabelecimento funcionando até conseguirem vendê-lo, o que ocorreu alguns meses depois.

Mas, ao retomar a faculdade, Antônio percebeu que algo havia mudado nele: tinha tomado gosto pelo comércio. Talvez tivesse herdado a vocação do pai, mas o fato é que agora só conseguia pensar em bisnagas, sonhos e pãezinhos franceses.

Pela segunda vez, ele abandonou a faculdade. Só que, agora, por vontade própria. Com o dinheiro da família, comprou uma lanchonete. Tempos depois, trocou o negócio por uma pastelaria e, finalmente, por uma pizzaria. Mas continuava insatisfeito. Não bastava ser dono de um restaurante. Ele queria mais: sonhava ter uma rede. Para isso, necessitava descobrir um nicho, um diferencial qualquer, algo que o destacasse da concorrência.

Num dos estabelecimentos que assumiu, Antônio conheceu um cozinheiro árabe. Na época, final dos anos 1980, não havia um número tão expressivo de restaurantes especializados nessa cozinha no país. Isso chamou a atenção do rapaz. Ele imaginou que esfihas, quibes e charutinhos podiam ocupar um espaço maior no gosto dos brasileiros.

Assim, em 1988, em parceria com o tal cozinheiro, Antônio inaugurou uma lanchonete fast-food árabe em São Paulo. Atraídos pelo preço baixo (três esfihas custavam o mesmo que um cafezinho), os consumidores lotaram o pequeno estabelecimento, que, inicialmente, contava com apenas 10 mesas. O sucesso foi tão grande que o comerciante foi inaugurando filiais.

Essa é a história do Habib's,[14] atualmente a terceira maior rede de fast-food do Brasil, atrás apenas de McDonald's e Burger King. Com 620 lanchonetes, o faturamento anual do Grupo Habib's é de 2,7 bilhões de reais.

Até hoje, um dos segredos da rede é a política de preços baixos. Como a empresa consegue isso? Simples: os principais itens são produzidos pelo próprio grupo – o queijo, os discos de pizza, os pães, os sorvetes, etc. Com esse formato, o Habib's fica livre da pressão de fornecedores e tem controle sobre o preço final de seus produtos. Não é curioso que a maior rede árabe do país tenha sido criada por um português? Aliás, a palavra "habib" significa querido, em árabe.

Imagino que de vez em quando Antônio lamente o fato de seu pai não estar vivo para vê-lo no comando de um negócio tão bem-sucedido. Mas a pergunta que fica é: se a tragédia não tivesse acontecido, Antônio teria descoberto sua verdadeira vocação e aberto o Habib's ou seria apenas mais um médico?

Isso é mera especulação, claro.

O fato é que perder um dos pais é sem dúvida uma experiência traumática. Mas é especialmente difícil quando acontece ainda na infância. Porém, de acordo com a escritora e pesquisadora americana Jill Brooke, mesmo esse tipo de tragédia pode ter um lado positivo: "Crianças órfãs são forçadas a ser muito mais introspectivas e a examinar os mistérios da vida trazidos pela morte, num período da vida em que seus colegas lidam apenas com as tensões mais brandas, típicas da idade."[15]

Para Brooke, foi principalmente a perda de um ente querido que impulsionou personalidades como o magnata Rupert Murdoch, o escultor e pintor Michelangelo e os políticos Abraham Lincoln, Napoleão Bonaparte, Eva Perón, Simon Bolívar e Bill Clinton para o sucesso e as grandes realizações.

É claro que ninguém quer passar por dores ou tristezas profundas. Mas, infelizmente, isso faz parte da vida. Se soubermos aceitar e reagir, poderemos tirar proveito das adversidades.

Vários produtos de sucesso surgiram graças a dificuldades, infortúnios, catástrofes ou grandes ameaças, como exemplifica o caso a seguir.

O forte calor do sul dos Estados Unidos tornava a vida difícil para atletas e profissionais do esporte. Vítimas de desidratação, durante a temporada de jogos sofriam tonturas, cãibras, cefaleias – alguns chegavam a perder mais de oito quilos numa única partida. Durante os primeiros cinco anos da década de 1960, pelo menos 20 atletas morreram de problemas relacionados ao calor.

Na Flórida, em apenas um fim de semana 25 jogadores deram entrada no hospital com desidratação. Tomar muita água – a solução óbvia – não era a saída: quem bebe líquido em excesso pode ter distensão abdominal e fortes cólicas estomacais.

Na Universidade da Flórida, uma equipe de pesquisadores liderada pelo Dr. Robert Cade tentava desenvolver uma bebida capaz de repor o líquido perdido na prática esportiva. O estudo, que começou a pedido do técnico do time de futebol americano da própria universidade, o Florida Gators, contava com a colaboração dos jogadores.

No final dos treinos, os atletas torciam as roupas usadas num recipiente, e desse modo os pesquisadores puderam analisar a composição exata do suor: água, sódio, potássio, magnésio e diversos sais. Com base nos dados, a equipe do Dr. Cade criou uma bebida enriquecida com esses elementos que não causava distensão abdominal. O problema era que, apesar de repor a água e os sais, o composto tinha um gosto horrível. Um dos jogadores chegou a afirmar: "As primeiras amostras eram tão ruins que poderiam fazer até uma larva engasgar." Mas a esposa do líder da equipe resolveu a questão: ela sugeriu acrescentar açúcar e limões à mistura.

O impacto do produto no desempenho dos jogadores naquele ano foi surpreendente. Em 1966, a equipe teve a melhor temporada de seus 61 anos de história. Seria apenas uma coincidência, já que a equipe contava com grandes craques?

Alguns indicadores sugeriam que não. Primeiro, o time melhorou sua performance principalmente no segundo tempo. À medida que o jogo prosseguia, o Florida Gators parecia ter energia extra e não sentir o calor como os adversários. Segundo, no único jogo do ano em que ficou sem a bebida, a equipe perdeu. Por fim, outro time da universidade, de basquete, abastecido com a mesma bebida, também obteve o melhor desempenho de sua história no período 1966-1967.

Por tudo isso, a fama de que havia uma "poção mágica" turbinando os Gators se espalhou. O jornal *Miami Herald* publicou uma matéria dizendo que "uma solução miraculosa com sabor de limão poderia ser um dos segredos do sucesso do time da Flórida".

Todos perguntavam que produto fabuloso era aquele. Mas ninguém podia dizer ao certo, já que nem nome a bebida tinha ainda. Para batizá-la, o Dr. Cade reuniu os pesquisadores – os "pais" da invenção – e um dos participantes sugeriu combinarem o nome da equipe que servira de cobaia (Gators) com o sabor da bebida (*lemonade*). O resultado foi… Gatorade.[16] Atualmente, a marca é a preferida dos esportistas e líder mundial no segmento de bebidas isotônicas.

Nenhuma empresa está livre de fatalidades, e um dos segmentos nos quais essa máxima é mais visível é o da aviação. Quando acontece um acidente aéreo, o que pode fazer grande diferença é a maneira de lidar com o fato.

Em 31 de outubro de 1996, ocorria em São Paulo um dos piores desastres aéreos do país. Um Focker 100 da TAM caiu numa área residencial próxima ao Aeroporto de Congonhas, matando 99 pessoas. Na ocasião, o presidente da companhia, o comandante Rolim, se encontrava no exterior e a empresa estava nas mãos do diretor Luiz Eduardo Falco. O que ele fez é considerado até hoje uma das melhores maneiras de administrar uma crise de que se tem notícia.

Falco agiu rápido. Ainda no carro em direção ao local dos destroços, ele ligou para o chefe dos pilotos e determinou que todos os voos continuassem saindo no horário. A empresa não pararia, reforçando a ideia de que o acidente era um fato isolado. Sua segunda ligação foi para a chefe das comissárias, dizendo que os profissionais sem condições emocionais de voar deveriam ser mandados para casa. Afinal, uma pessoa com uniforme da TAM chorando transmitiria desolação e insegurança ao público.

A terceira ligação foi para o Serviço de Atendimento ao Consumidor (SAC). Falco determinou que todas as linhas fossem usadas basicamente para fornecer informações para as famílias dos envolvidos no desastre.

Sua quarta decisão foi alugar o hotel inteiro localizado em frente ao aeroporto para acomodar os parentes das vítimas, que certamente viriam acompanhar o resgate. A quinta medida foi deslocar uma equipe completa para ouvir e confortar os familiares no hotel, composta por dezenas de profissionais, entre psicólogos, padres, pastores e rabinos. Detalhe: todas essas providências Falco tomou ainda na primeira hora após a tragédia.

Outro cuidado foi preparar entrevistas coletivas o mais rápido possível para evitar especulações da imprensa. Segundo Falco, "a melhor maneira de cortar os boatos pela raiz é dar periodicamente a versão oficial".[17]

Passados os primeiros dias, quando o que estava em discussão eram os seguros de vida, a TAM foi extremamente generosa: ofereceu 10 vezes mais do que o exigido pela legislação brasileira. Em vez de 15 mil dólares, garantiu 150 mil para cada família.

Como é comum nesses casos, a ocupação nas aeronaves da empresa caiu 70%, mas poucos voos foram cancelados. Alguns chegaram a decolar sem passageiros. Claro que isso acarretava prejuízos financeiros, mas era importante mostrar ao público que o acidente não tinha abalado a companhia.

O resultado não tardou a aparecer. Três meses após a tragédia, o índice de ocupação dos assentos voltou ao normal. Seis meses depois, as ações da empresa valiam 12% mais do que no dia do acidente.[18]

E o mais surpreendente: apenas oito meses após a tragédia, a TAM foi eleita a Empresa do Ano pelo ranking Melhores e Maiores da revista *Exame*.[19]

Considero esse caso admirável. Um fato trágico, que tinha tudo para abalar a imagem e prejudicar o negócio da companhia, serviu para fortalecê-la. Se foi possível a reviravolta num acidente gravíssimo como esse, imagine num incidente mais leve que sua empresa pode sofrer.

Lamentavelmente, nem a própria TAM parece ter aprendido com a experiência. Em 17 de julho de 2007, quando a empresa era dirigida por outros profissionais, houve a explosão de um Airbus no mesmo Aeroporto de Congonhas, vitimando 199 pessoas. Dessa vez, porém, a companhia cometeu uma série de equívocos amadores que comprometeram muito a imagem da marca naquele ano.

• • •

Em qualquer situação desagradável que você imagine pode existir uma oportunidade disfarçada. E não há experiência mais traumática do que ser um prisioneiro de guerra.

O alemão Joseph vivia tranquilamente na Inglaterra, em 1912, trabalhando como boxeador e técnico de lutas. Porém, quando eclodiu a Primeira Guerra, exatamente por ser alemão, o rapaz foi detido e enviado para os campos de Lancashire e da ilha de Man.

Trancafiado em tempo integral, Joseph pôde testemunhar o sofrimento dos feridos nas batalhas, gente com enfermidades graves, cortes profundos, membros amputados, em péssimas condições de higiene e sem assistência médica. Para ele, o que prejudicava a recuperação dos enfermos era o fato de ficarem deitados o tempo todo, imobilizados, sem qualquer atividade física.

Utilizando o pouco conhecimento de medicina e fisiologia que possuía, o alemão improvisou alguns exercícios físicos que respeitavam as limitações de cada ferido. Por exemplo: se o sujeito não podia mexer as pernas, fazia apenas exercícios para os braços. Pegando materiais disponíveis no próprio campo de prisioneiros, Joseph desenvolveu equipamentos que permitiam treinar os músculos no espaço limitado de uma maca.

O resultado foi animador. Apesar dos ferimentos e da falta de assistência, os prisioneiros tiveram boa recuperação. Com os músculos fortalecidos e a saúde estável, os homens ficaram mais resistentes. (Mesmo sem ter relação com os exercícios, surpreendentemente, nenhum dos internos contraiu a influenza na epidemia que devastou a Europa no período.)

Com o término da guerra, Joseph retornou à Alemanha. Foi condecorado pelo Exército por serviços prestados no campo de prisioneiros. Em seguida, a polícia alemã o contratou para treinar seus homens.

Alguns anos depois, em 1926, Joseph imigrou para os Estados Unidos, onde abriu um centro de treinamento que levou seu sobrenome: Studio Pilates.[20] Inicialmente, o Método Pilates de Condicionamento Físico atraiu bailarinos, atletas, atores, atrizes e socialites. Nas décadas seguintes, a técnica que promete dar mais flexibilidade, força, resistência e alongamento se espalhou pelo mundo.

Recentemente, o pilates obteve o reconhecimento da classe médica, que prescreve a prática para o tratamento de um grande número de patologias físicas.

Anos atrás, eu mesmo fiz algumas sessões. E pude observar como os aparelhos e equipamentos continuam parecidos com aqueles mesmos criados por Joseph há quase um século. São macas duras, molas e argolas de ferro, o que comprova a precisão e atemporalidade do método desenvolvido pelo alemão.

Joseph Pilates viveu até os 87 anos, esbanjando ótima forma e vigor físico. Aliás, ele não morreu de problemas de saúde: foi vítima de um incêndio que destruiu seu estúdio, em 1967.

A maior de todas as fatalidades

Guerras são momentos trágicos da história. Causam destruição, morte, miséria e muito sofrimento. Paradoxalmente, também são épocas de grande avanço do conhecimento humano em diversas áreas. É fácil entender por quê.

Numa guerra, o que está em jogo são interesses gigantescos, como riquezas naturais, domínio de regiões, soberania de países e a liberdade de povos. Por tudo isso, os países envolvidos não poupam esforços para aprimorar suas armas e superar os inimigos. Isso significa investimentos maciços em pesquisas, novas tecnologias e desenvolvimento de técnicas médicas.

Se é verdade que a necessidade é a mãe da invenção, não existe necessidade maior do que vencer uma guerra. Por isso, líderes astutos e empresas atentas podem identificar grandes oportunidades disfarçadas nos conflitos.

Em 1941, em plena Segunda Guerra Mundial, a Coca-Cola americana fez uma importante descoberta: o comandante das Forças Aliadas na Europa, o general Eisenhower, era viciado no refrigerante.

Com base nisso, o então presidente da The Coca-Cola Company, Robert Woodruff, elaborou uma complexa estratégia para beneficiar a empresa. Ele reuniu a imprensa e fez uma declaração bombástica: "Nós, da Coca-Cola, providenciaremos para que cada homem nas Forças Armadas consiga uma garrafa de Coca-Cola por 5 centavos, onde quer que esteja e qualquer que seja o custo para a companhia."

A promessa era ousadíssima: o preço era *exatamente* o mesmo cobrado nos Estados Unidos. Como a Coca-Cola conseguiria bancar aquilo? Como poderia disponibilizar o produto no deserto do Saara ou nas selvas da Nova Guiné, por exemplo, sem cobrar nada a mais por isso?

O plano de Woodruff era incrivelmente ambicioso. Ele queria sensibilizar a sociedade americana, as tropas e, principalmente, o general Eisenhower para que pressionassem o governo a auxiliar a empresa na empreitada. Ao mesmo tempo, a Coca-Cola enviou os melhores lobistas para atuar em Washington junto ao Congresso e às autoridades militares.

E não é que deu certo? Ao todo, foram instaladas 64 engarrafadoras móveis nos mais distantes fronts de batalha. Detalhe: a maior parte das despesas foi custeada pelo governo.

Na prática, a operação representou a maior campanha de divulgação e degustação de um produto em toda a história. Com o golpe de mestre, a Coca-Cola se consolidou definitivamente como um dos maiores ícones americanos.[21]

Em época de guerra, é comum o governo convocar fábricas para produzir armamentos. Geralmente, toda a estrutura da produção é alterada. O problema é quando o combate termina: muitas vezes as empresas não resistem e fecham as portas. Mas, em alguns casos, usam a criatividade para dar a volta por cima. Veja estes exemplos que colhi de diferentes países.

Itália: Com o término da Segunda Guerra Mundial, a fábrica de aviões militares Piaggio deixou de receber encomendas da Aeronáutica. O proprietário, Enrico Piaggio, convocou os engenheiros da companhia para pensar numa saída. Uma das grandes derrotadas no conflito, a Itália vivia uma situação precária, com crise de abastecimento e falta de dinheiro. Para ter mercado, qualquer veículo, no ar ou em terra, deveria ser barato, econômico e fácil de conduzir por qualquer pessoa. Afinal, não era momento de escolher ou limitar os usuários.

O engenheiro aeronáutico Corradino D'Ascanio e o projetista Mario D'Este desenvolveram um veículo terrestre de duas rodas. Na época, as motocicletas eram pesadas, difíceis de manobrar e de trocar os pneus e a corrente vivia escapando. Para evitar todos esses problemas, a dupla criou uma scooter absolutamente original e de aparência bizarra: um corpo avantajado com cintura fina. "Parece uma vespa", comentou um animado Piaggio ao ver o projeto.[22]

Graças à sua concepção revolucionária e ao seu design único, a Vespa rapidamente fez sucesso não apenas na Itália, mas em todo o mundo. A revista *Time* festejou a chegada do veículo definindo-o como "um produto inteiramente italiano como não se via desde a biga romana".[23]

Estados Unidos: Em 1945, com o final do conflito, a montadora Willys-Overland não sabia o que fazer com um produto que havia desenvolvido para o Exército americano. Um carro forte, resistente e econômico, que foi tão bem-sucedido nos campos de batalha que o general George Marshall o chamou de "a maior contribuição da América à guerra moderna".

Aproveitando a fama e a performance alcançadas na guerra, a montadora resolveu adaptar o produto e oferecer para os moradores das cidades. Dirigido aos homens com espírito aventureiro, ainda no mesmo ano foi lançado no mercado americano o Jeep.[24] Seu apelo de ex-combatente de guerra o transformou num grande sucesso mundial de vendas.

Rússia: Com a perestroika, em 1988, uma grande fábrica de bombas e armamentos paralisou suas operações. O comandante da indústria, o russo Vladimir Gnezdilov, se empenhou em descobrir um produto que pudesse ser fabricado utilizando as mesmas instalações e matérias-primas.

O que poderia ser produzido com enormes chapas de ferro, parafusos gigantes e pesadas barras de aço? Nem adianta chutar: você não vai acertar. Vladimir passou a produzir equipamentos para parques de diversões. Isso mesmo: carrosséis, rodas-gigantes e montanhas-russas. Incrível: materiais até então utilizados para causar destruição e morte agora geravam alegria.[25]

A Pax, nome da fábrica de Vladimir, já forneceu mais de 540 atrações para espaços turísticos em países da Europa, Ásia e nos Estados Unidos.

• • •

Países prejudicados por guerras também podem oferecer chances de negócios para quem vem de fora. O caso a seguir é polêmico. Decida você mesmo se é uma oportunidade disfarçada ou um *oportunismo explícito*.

Em 1945, o jornalista paraibano Francisco estava de passagem pela Europa e ficou impressionado com o estrago causado pela Grande Guerra. Ao descer do trem em Paris, não conseguiu táxi. Ouviu de um policial a seguinte explicação: "Falta gasolina em toda a Europa, senhor."

Para chegar ao elegante hotel Plaza Athénée, onde se hospedaria, ele precisou chacoalhar por horas dentro de uma carroça puxada por um cavalo magro.

Dias depois, em Londres, ao pedir ovos com bacon num refinado restaurante, ouviu a seguinte resposta: "Nós temos ovos, mas bacon está em falta. Só vamos receber depois do Plano Marshall." Referia-se ao plano dos Estados Unidos para financiar a recuperação da Europa. Ao todo, foram investidos 13 bilhões de dólares em ajuda econômica aos países ocidentais arrasados pela guerra.

Francisco enxergou naquela miséria toda uma grande oportunidade para o Brasil. O jornalista, que sempre teve a ambição de fazer algo pela cultura do país, teve a ideia de comprar de nobres famílias da Europa em dificuldades financeiras quadros valiosos a preço de banana.

Foi assim que Francisco de Assis Chateaubriand, o Chatô, montou o mais importante museu da América Latina: Museu de Arte de São Paulo (Masp).[26] Aproveitando-se da influência de seu poderoso grupo jornalístico, os Diários Associados, Chatô "convenceu" a alta sociedade paulistana, enriquecida pelo café, a fazer grandes doações para a causa. Com o montante arrecadado, o empresário viajou para a Europa com o italiano Pietro Maria Bardi e arrematou quadros de grandes nomes, como Renoir, Toulouse-Lautrec, Rembrandt, Rodin, Goya, Botticelli, Modigliani, Cézanne, Velásquez, entre outros, a preços inimagináveis.

Obras-primas de Picasso foram adquiridas por 14 mil dólares; de Matisse, por 13 mil dólares; um lote de 50 bailarinas de Degas saiu por, acredite se quiser, 45 mil dólares. Era uma barganha mesmo na época.

Mas Chatô também pagou um preço por isso. Muita gente o acusou de oportunismo. A revista *Time* o apelidou de "Pirata da Paraíba: o homem que rouba Cézannes dos ricos para dar aos pobres". De qualquer forma, é graças à ousadia de Assis Chateaubriand que o Brasil possui hoje o mais importante museu de arte da América Latina.

Em geral, indivíduos expostos a fatalidades ou tragédias reagem de duas maneiras distintas. Há aqueles que não suportam a experiência negativa, se deprimem e se tornam pessoas amargas e pessimistas. E há aqueles que sabem que tanto os fatos positivos como os negativos fazem parte da vida e que eles se alternam indefinidamente. Portanto, se no momento de dificuldades o sujeito tiver serenidade, poderá usar o período de sofrimento como base para um possível triunfo no futuro.

Por exemplo: como você reagiria à experiência de ficar perdido no meio de um deserto – passar dias isolado de tudo, num calor escaldante, sem água ou comida, somente na companhia de sol e areia? Talvez você ficasse traumatizado, deprimido e nunca mais aceitasse subir num avião. Ou talvez usasse essa experiência como inspiração para escrever uma obra-prima.

Foi o que aconteceu com o piloto francês Antoine no final dos anos 1930. Durante um voo pela África, seu avião teve problemas mecânicos e ele precisou fazer um pouso forçado no meio do Deserto do Saara.

A aeronave passou dias encalhada numa região seca, de areia grossa, à espera de um improvável socorro. Obrigado a ficar na mais completa solidão, Antoine se entregou a seus pensamentos e à imaginação. O piloto descreveu assim o quadro: "Não havia vozes nem imagens, apenas a sensação de uma presença, de uma amizade muito próxima e já meio adivinhada, e eu me entregava aos encantos da memória."

Quando estava perto de definhar pela sede, com os lábios agonizantes cobertos de uma gosma esbranquiçada e os olhos vermelhos pela falta d'água, Antoine foi resgatado.

Alguns anos depois, em 1943, o francês publicou um livro que se tornaria um clássico instantâneo: *O pequeno príncipe*. A obra começa assim:

Cerca de seis anos atrás, tive uma pane no deserto do Saara. Alguma coisa se quebrara no motor. (...) Na primeira noite, adormeci sobre a areia, a milhas e milhas de qualquer terra habitada. Estava mais isolado que o náufrago numa tábua, perdido no meio do mar. Imaginem então a minha surpresa quando, ao despertar do dia, uma vozinha estranha me acordou. Dizia: "Por favor, desenha-me um carneiro!"

Era o protagonista da emocionante história que conquistou leitores dos mais diferentes países. Desde então, a obra foi adaptada várias vezes para cinema, televisão e teatro.

Com seu tom poético, profundo e filosófico, *O pequeno príncipe* continua encantando gerações e auxiliando pessoas a vencer momentos difíceis na vida pessoal ou profissional. É uma parábola sobre a esperança, que traz mensagens positivas como: "A beleza do deserto é que ele esconde um poço em algum lugar."

OPORTUNIDADES DISFARÇADAS
NOS RESSENTIMENTOS

O papa Júlio II convidou Michelangelo para construir seu mausoléu. Porém alguns conselheiros alertaram Sua Santidade de que o escultor tinha algumas ideias contrárias à Igreja. O papa resolveu então voltar atrás e retirar o convite.

Michelangelo ficou indignado: já havia iniciado o serviço e temia um desgaste público de sua imagem. Por isso, exigiu uma compensação.

Novamente Júlio recorreu a seus conselheiros, que propuseram uma solução maquiavélica: oferecer ao artista um trabalho que certamente ele não aceitaria. Todos sabiam que Michelangelo amava escultura e não se interessava por pintura. Mais de uma vez declarara "odiar os pincéis". Apesar disso, o papa o chamou para pintar os afrescos de uma pequena igreja.

O artista ficou dividido: se recusasse, ofenderia a Igreja. Se aceitasse, poderia fazer um trabalho apenas mediano e manchar sua reputação. Michelangelo aceitou.

Canalizando sua revolta para o trabalho, o escultor fez uma profunda imersão na pintura. Leu tudo que havia disponível e consultou mestres no assunto. Estudou obsessivamente. Por fim, trancou-se na igrejinha por quatro anos e só saiu com o trabalho finalizado.

Essa é a história da Capela Sistina, obra-prima que nasceu de uma desavença. "Se as pessoas soubessem quanto sofri e trabalhei para pintar isso, não achariam tão maravilhoso", desabafou, mais tarde, um cansado Michelangelo.[1]

NÃO HÁ COMO NEGAR: sentimentos negativos, como ódio, raiva, rancor e ressentimento, podem impulsionar um profissional a se destacar no mercado. Claro que cobram um preço alto. Geram inimizades, causam problemas de saúde, provocam muito sofrimento. Sobre esse assunto, costumo dizer:

O ódio é como o urânio: destrói onde é armazenado.

Apesar de seu potencial destrutivo, o urânio é responsável pela energia mais poderosa que existe: a atômica.

Por isso, se em algum momento você se vir tomado por algum desses sentimentos pouco nobres, tire vantagem da situação: canalize-os para se superar.

Foi o que fez o cartunista Walter, em Los Angeles. Aos 26 anos, ele tocava um pequeno estúdio de animação na garagem da casa de um tio. O rapaz havia firmado um contrato com uma importante distribuidora de Nova York para quem criara um coelho chamado Oswald. Com o sucesso alcançado pelo personagem, Walter agora trabalhava no primeiro longa-metragem de Oswald.

Corria o ano de 1928 quando Walter viajou a Nova York a fim de renovar seu contrato com a empresa. Foi quando o cartunista recebeu a maior puxada de tapete da sua vida: a distribuidora não apenas o afastou do filme como convocou um dos principais animadores de Walter para tocar o projeto.

Bem que o desenhista tentou reagir, argumentando que era ele o pai do personagem, mas não adiantou. Ingenuamente, Walter havia assinado um contrato cedendo todos os direitos sobre suas criações para a empresa.

Sentindo-se traído, o rapaz teve que retornar para a região dos pais, na Califórnia. Na longa viagem de volta, a bordo de um trem, Walter alimentava a mágoa de sua ex-parceria. Revoltado, prometeu para si mesmo que criaria um personagem de maior sucesso do que o anterior.

Mas que animal seria? Um gato, um cachorro, outro coelho? "Não, muito comum", pensou ele. Como esses, havia vários no mundo da animação.

Enquanto fazia seus rabiscos, Walter lembrou-se do antigo estúdio que ocupara durante 10 anos em Kansas City, no Missouri. Era um quarto pequeno, simples e infestado de ratos. Como passava horas sozinho sem ter com quem conversar, o rapaz se divertia com os pequenos animais. Com pedaços de queijo, atraía-os para dentro de sua cesta de papéis. Depois de capturá-los, dava nomes a eles e os mantinha presos em pequenas gaiolas sobre sua mesa. Desenvolveu afeição por eles. Durante um bom período os ratos foram seus únicos companheiros de trabalho.

Recordando isso, ele pensou: por que não criar um rato como personagem? Era uma ideia ousada, já que a maioria das pessoas acha o bicho repugnante e temível, capaz de transmitir diversas doenças. Apesar disso, ele imaginou que, se trabalhasse bastante no desenho, poderia criar um ratinho simpático, confiável e querido.

Foi assim que Walter Elias Disney criou o personagem que se tornaria a base de seu império: o Mickey Mouse.[2] Não por acaso, o ratinho sempre foi um sujeito íntegro, divertido, companheiro e politicamente correto, justamente para combater a imagem de perigoso e ameaçador (o que de fato é).

Agora a pergunta: se não houvesse tido sua carreira interrompida subitamente em Nova York, se não estivesse movido pelo desejo de vingança e a necessidade de dar a volta por cima, Walt Disney teria criado o Mickey? Possivelmente, não.

Você se sente prejudicado pelo seu patrão? Considera-se vítima de uma injustiça profissional? Utilize as mágoas como motivação para a superação. Como mostra o exemplo a seguir, ocorrido no Brasil.

Em 1993, o executivo Isael Pinto ocupava o cargo de diretor nacional de vendas da Q-Refresko. Maior fabricante de refrescos em pó do país, a companhia era dona da marca Tang, líder absoluta no segmento, com impressionantes 85% do mercado.

Porém, naquele mesmo ano, os funcionários foram surpreendidos pela venda da empresa para a americana Philip Morris. Em pouco tempo diversos executivos estrangeiros vieram assumir a operação.

Como é comum em casos como esse, a multinacional cometeu uma série de equívocos ao desembarcar por aqui. Primeiro, impôs sua política de vendas sem ao menos fazer uma análise detalhada do novo mercado. Optou pela temerária venda casada entre alimento e cigarro, este o principal produto da Philip Morris, maior fabricante mundial no ramo. No início de 1995, dispensaram os vendedores antigos, entre eles Isael, e os substituíram por jovens fluentes em inglês.

Com 24 anos dedicados à Q-Refresko, Isael havia construído um sólido relacionamento com alguns dos principais distribuidores. De personalidade expansiva e cativante, dono de uma memória prodigiosa, Isael conhecia de cor nomes de filhos, datas de aniversários e gostos pessoais de clientes de todo o Brasil.

Em qualquer negócio, o segredo está nas pessoas que tocam o dia a dia e se tornam próximas dos compradores. Mas os gringos pensavam diferente: acreditavam que o sucesso de uma operação vinha de regras, tabelas, relatórios e memorandos.

O desligamento não foi amistoso. Isael criticou duramente as novas decisões, porque sabia que seriam desastrosas. A Philip Morris, por sua vez, foi dura na dispensa do profissional, chegando a colocar seguranças para acompanhá-lo na saída da empresa.

Quando souberam da forma rude como a multinacional o tratou, os clientes da Q-Refresko se posicionaram do lado de Isael. E foram eles que lhe sugeriram partir para o negócio próprio.

As demonstrações de apoio convenceram o executivo a levar a ideia adiante. Em parceria com um sócio, também vindo da Philip Morris, montou uma pequena fábrica no bairro de Santo Amaro, São Paulo. A antiga clientela recebeu a novidade com animação: "Olha lá, hein? O primeiro pedido é meu", "Eu faço questão: o primeiro pedido é meu", "Então tá combinado: o primeiro pedido é meu", "Não se esqueça: o primeiro pedido é meu".

Isso deixou o novo empresário numa saia justa: a quem atenderia? Todos se julgavam seu melhor amigo e faziam questão de assinar o pedido número 1. Obviamente, apenas um poderia fazê-lo. Como justificar a escolha para os outros?

Foi então que uma ideia travessa passou pela cabeça de Isael: por que não fazer um talão inteiro somente com pedidos número 1? Além de atender a todos os amigos, ainda garantiria um enorme volume inicial de vendas.

E assim foi feito. O montante arrecadado foi o impulso necessário para que a companhia Camp Alimentos saísse do papel.[3]

Quando souberam do golpe de mestre, os amigos não ficaram chateados. Pelo contrário: admiraram a esperteza de Isael. Afinal, era uma forma inteligente e divertida de dizer: "Todos vocês são meus amigos número 1."

Involuntariamente, a Philip Morris deu o empurrão que fez a empresa concorrente deslanchar. O principal produto da Camp Alimentos, o refresco em pó Camp, chegou a ser líder de vendas em São Paulo, superando a marca Tang, da mesma Philip Morris.

Muita dor de cabeça poderia ser evitada se as empresas fossem mais cuidadosas no momento de dispensar colaboradores – sobretudo quando se trata de alguém que conhece intimamente a cultura, os métodos, os segredos e até os principais clientes. No caso de um contra-ataque, sua empresa pode ser atingida num ponto fraco. Lembre-se do que ensina o estrategista militar chinês Sun Tzu no livro *A arte da guerra*: "Se você conhece o inimigo e conhece a si mesmo, não precisa temer o resultado de 100 batalhas."

Outra história que ilustra essa ideia se passou no final dos anos 1980, quando o Japão se firmava como nova potência mundial. No auge de seu crescimento econômico, o país atraía a atenção de todo o mercado financeiro. Na redação da revista americana *Harvard Business Review*, o jovem editor Alan Webber tentava entender a razão do excepcional desempenho dos nipônicos. Alan participava de tudo que dizia respeito ao tema, até se matriculou num curso para aprender japonês. Tamanho interesse chamou a atenção da Japan Society of New York, organização não governamental e sem fins lucrativos cujo objetivo é aproximar americanos de japoneses através de atividades culturais e artísticas. Em 1989, a entidade presenteou o editor com uma bolsa de estudos de três meses no Japão.

Alan ficou exultante. Obteve licença do trabalho para embarcar na experiência que mudaria sua vida. Foi uma viagem ao futuro: ele conheceu um mundo totalmente novo, tecnológico, que exibia modernidade, velocidade e dinamismo nunca antes vistos.

O rapaz voltou para os Estados Unidos transtornado. Estava convencido de que as tradicionais revistas americanas de negócios não estavam preparadas para os novos tempos. Para ele, publicações como *Fortune*, *Businessweek*, *Forbes* e a própria *Harvard Business Review* estavam paradas no tempo. A menos que se adaptassem depressa, estariam condenadas.

Como um religioso que jura ter visto a luz, Alan foi compartilhar suas conclusões com seus superiores na *Harvard Business Review*. Como era de esperar, não foi bem recebido pelos diretores da tradicional publicação. Todos caçoaram daquele assustado rapaz que anunciava: "O fim está próximo." O jovem editor ficou isolado. Somente um colega, o também editor Bill Taylor, o apoiou.

Revoltado com o tratamento que recebeu, Alan resolveu se demitir, no que foi acompanhado pelo amigo. Juntos, os dois anunciaram ao mercado o lançamento de uma nova publicação concorrente. Imediatamente ganharam a inimizade dos ex-patrões.

O plano era criar uma revista moderna e ágil, com atuação tão dinâmica e inovadora quanto Alan havia presenciado no Japão. A linha editorial deveria ser opinativa e firme, tão corajosa quanto os maiores líderes empresariais. O ousado projeto atraiu a adesão de importantes investidores dos Estados Unidos, Canadá e do próprio Japão, que garantiram o financiamento necessário para a ideia sair do papel.

Assim, em novembro de 1995 foi lançado no mercado americano o primeiro número da revista *Fast Company*.[4] Com o slogan "As novas regras para os negócios", a revista inovou ao apresentar um estilo simples, claro, veloz e articulado. Os jornalistas, criativos e provocativos, iam além de apenas noticiar o que estava acontecendo. Tentavam prever o futuro, publicando ideias promissoras antes de se provarem aplicáveis e entrevistando gente desconhecida mas com grande potencial. Foi também a primeira revista a abraçar fortemente a internet, criando um relacionamento virtual com os leitores e fornecendo informações em tempo recorde pela rede.

O objetivo da *Fast Company* não era apenas garantir seu espaço, mas também envelhecer a rival *Harvard Business Review*.

Veja as pérolas que Alan Webber soltou durante as entrevistas para promover a nova revista:

"A *Harvard Business Review* é como um bolinho de fibras: saudável, mas nem um pouco atraente."

"Qual a diferença entre a *Harvard Business Review* e a *Fast Company*? Tudo."

"A *Fast Company* não é uma revista sobre os negócios do seu pai."

"A *Fast Company* é a mistura da *Harvard Business* com a *Rolling Stone*."

Com tanta energia e agressividade, a publicação inaugurou um novo jornalismo no mundo dos negócios. Em pouco tempo tornou-se a bíblia da nova economia, leitura obrigatória para a geração de empresários que surgia naquele final de milênio.

Essas são algumas histórias que mostram como ex-funcionários ressentidos podem incomodar uma empresa.

• • •

Um cliente revoltado também pode se tornar um concorrente inesperado.

No início dos anos 1960, a Ferrari já desfrutava grande prestígio. A cultuada marca de carros esportivos mantinha um escritório na região de Modena, na Itália, onde morava o fundador da empresa, Enzo Ferrari.

Certo dia, um fazendeiro apareceu no local querendo falar com o Sr. Ferrari. Para a secretária, o homem se apresentou como um grande admirador de veículos velozes e proprietário de uma Ferrari. Afirmou também ter detectado problemas na embreagem do carro e disse que gostaria de relatá-los pessoalmente ao dono. Depois de esperar horas sem ser atendido, o fazendeiro se revoltou. Mas, antes de ir embora, advertiu à secretária: "Vocês não quiseram me ouvir. Vão se arrepender. Vou fazer um carro do jeito que imagino. E garanto que vai ficar muito melhor."

Informado do episódio, Ferrari deu de ombros. Porém, um ano depois, em 1964, o fazendeiro e fabricante de tratores Ferruccio Lamborghini apresentou ao mundo um carro esporte realmente capaz de competir com a Ferrari: o 350GT.[5]

O carro fez muito sucesso e foi produzido até 1968. Em seguida, vieram mais campeões de venda, como Miura, Diablo e Urus Super, entre outros. E Ferruccio não parou por aí: recrutou ainda alguns dos melhores engenheiros e técnicos da rival italiana.

Se tivesse recebido o empresário naquele fatídico dia, será que Enzo Ferrari impediria o nascimento da concorrente Lamborghini? Quem pode dizer? Talvez não fizesse a menor diferença. Mesmo porque às vezes é muito difícil, para não dizer impossível, satisfazer um consumidor.

Se é verdade que o cliente tem sempre razão, também é verdade que suas exigências podem tirar os comerciantes do sério...

Na cidade de Reno, Nevada, o alfaiate Jacob Davis ficava inconformado com as queixas de sua clientela: garimpeiros, lenhadores e caçadores viviam reclamando que as calças e os macacões de Jacob não eram resistentes. O alfaiate, obviamente, discordava: "Vocês usam as roupas de sol a sol, levam pedras e ferramentas nos bolsos, nunca as tiram para lavar, bebem que nem gambás e depois caem por aí. Agora me digam: que tecido vai resistir a isso tudo?"

A gota d'água foi o dia em que uma mulher encomendou um macacão mas fez uma ressalva que perturbou o alfaiate: "Os bolsos da última roupa que o senhor fez se soltaram na segunda semana. Dá para ser um pouquinho resistente desta vez?" O sangue de Jacob ferveu. Sentindo-se ofendido e provocado, tomou a decisão de dar uma lição à cliente. Ele faria um bolso que não soltasse jamais, nem que isso comprometesse o conforto e o caimento da peça.

Passando os olhos em seu ateliê, sua atenção fixou-se numa sela de cavalo. Não havia nada mais resistente do que aquilo. Uma sela resiste ao peso de homens enormes em viagens longas e cansativas. Uma das razões para tanta durabilidade são os rebites que fixam as diferentes peças de couro. Imediatamente Jacob pensou em usar o rebite para prender os bolsos: "Por mais brutos que esses homens sejam, nunca se comportarão de um jeito mais animal do que um cavalo."

E assim ele fez. No dia marcado, com um sorriso irônico, Jacob entregou a peça para a mulher. Contrariando sua expectativa, ela ficou feliz com o resultado. Para sua surpresa ainda maior, nos dias seguintes diversas pessoas foram encomendar a "incrível calça que não solta os bolsos".

O sucesso foi tão grande que Jacob patenteou o invento. Para expandir a ideia, buscou o apoio financeiro de um bem-sucedido empresário de São Francisco chamado Levi Strauss, o lendário criador do jeans.[6] Essa história aconteceu em 1873 e ainda hoje, 151 anos depois, as calças jeans levam rebites nos bolsos.

Aqui vai outro exemplo na mesma linha. Quem resiste às batatas chips? É de supor que essa delícia crocante tenha sido criada pela indústria para satisfazer a gula do consumidor e faturar mais, certo? Não, pelo contrário: foi criada por um cozinheiro que queria *desagradar* seu cliente. Acompanhe a história.

O chef George Crum não acreditou quando o homem devolveu pela terceira vez o prato à cozinha. O motivo: as batatas fritas não estavam crocantes. "Era um absurdo", pensou George. Havia anos seu restaurante em Nova York servia o prato e nunca tivera qualquer problema. O cozinheiro pensou em tirar satisfação com o sujeito, mas mudou de ideia quando soube se tratar de Cornelius Vanderbilt, influente magnata do ramo ferroviário.

Não restava alternativa a não ser preparar as batatinhas de novo. Mas dessa vez, propositadamente, George extrapolou: "Se é crocante que o homem quer, é crocante que ele vai ter." Em seguida, cortou as batatas em fatias bem finas, passou em água fria para endurecê-las, secou-as em folhas de papel e fritou-as até ficarem quebradiças, salgando-as depois. "Será como comer folhas secas", divertiu-se o chef.

Olhando pela janelinha da cozinha, George viu Cornelius provar a novidade e abrir um enorme sorriso. Em seguida, o cliente pediu ao garçom uma nova porção daquelas "fritas inigualáveis". Desnecessário dizer que o prato entrou para o cardápio do restaurante e se espalhou pelos estabelecimentos de Nova York.[7]

O comandante Rolim também se sentia revoltado com o comportamento de alguns clientes. Desde o início da TAM ele tinha o hábito de receber pessoalmente os passageiros no embarque das aeronaves, para ouvir impressões e comentários. Como a empresa inicialmente atuava no interior de São Paulo, era comum as pessoas se apresentarem nos aviões com os pés sujos de barro. Além de emporcalhar tudo, ainda estavam destruindo os carpetes. O que fazer?

Rolim teve a ideia de colocar tapetes vermelhos na porta dos aviões da TAM. Além de permitir que as pessoas limpassem os pés, a ação se revelou uma poderosa arma de marketing e fidelização. Em entrevistas, o comandante espertamente afirmava ser o tapete vermelho apenas uma forma de "tratar os passageiros como celebridades".[8]

Antecessor do iPod, o walkman foi uma invenção revolucionária. Modificou hábitos, transformou-se em símbolo de diversão e mobilidade e levou a Sony ao posto de primeira empresa japonesa a conquistar o Ocidente. O que pouca gente sabe é que por trás do projeto inovador existe uma história de enfrentamento, briga de poder e uma aposta que poderia ter custado o cargo do presidente da companhia.

No final dos anos 1970, qualquer pesquisa com os consumidores apontaria a mesma coisa: a sensação do momento eram os radiogravadores. Pela primeira vez na história as pessoas podiam fazer sua própria seleção musical e ouvi-la quando bem entendessem. Era uma autonomia e tanto.

Toda a indústria de eletrônicos estava empenhada numa corrida para lançar modelos mais modernos, potentes e menores, já que os existentes eram grandes e pesadões. Ninguém em sã consciência pensaria em gastar um tostão para desenvolver um toca-fitas que não gravasse. Por isso, causou surpresa quando o então presidente da Sony, Akio Morita, entrou no escritório e disse para a equipe: "Os jovens gostam tanto de música que querem ouvi-la em todos os lugares. Já vi gente carregando aparelhos enormes pelas ruas. Pensei em fazer um toca-fitas portátil, que não necessariamente grave, e que tenha fones de ouvido. O que vocês acham?"

Morita teve a ideia ao ouvir seu sócio e cofundador, Masaru Ibuka, fazer um pedido pessoal. Ibuka queria um radiogravador com fones de ouvido para poder ouvir música sem importunar a família e as pessoas ao redor.

Morita enxergou o potencial daquela ideia, mas a equipe foi totalmente contra, argumentando que ninguém se interessaria por um rádio que não gravasse. As pesquisas afirmavam isso. A melhor estratégia era concentrar as energias em criar gravadores melhores. A resistência foi tão grande que desconcertou Morita. "Tive problemas com todos os engenheiros, porque eles não gostaram da ideia (...). Fiquei constrangido ao ver que ninguém partilhava do meu entusiasmo pelo produto", revelou Morita em suas memórias, *Made in Japan*.

Sentindo seu poder desafiado, o presidente anunciou: "Acredito tanto no sucesso que assumo a responsabilidade pessoal pelo projeto." A equipe acatou a decisão, ainda que visivelmente contrariada. Mas o clima ficou pesado nos corredores da companhia. Pelos cantos, as pessoas murmuravam que o chefe havia perdido o juízo, estava desprezando o bom senso, ignorando os sinais do mercado e que tudo não passava de ego inflado.

"Ninguém riu na minha cara, mas eu me sentia incapaz de convencer o meu próprio pessoal técnico", contou o líder da Sony.

Morita percebeu que aquele ressentimento crescente poderia comprometer o futuro do projeto. Para mudar a situação e conseguir a adesão de todos, o presidente assumiu um corajoso compromisso: "Se não vendermos toda a produção de 30 mil unidades no primeiro ano, eu renunciarei à presidência da Sony." Ao perceber que ele falava sério, os funcionários ficaram sensibilizados. Imediatamente se convenceram de que não se tratava apenas de um capricho pessoal. Pelo contrário, era uma sacada de um líder visionário que já havia acertado outras vezes.

Nem é preciso dizer que Akio Morita ganhou a aposta.[9] As 30 mil unidades foram vendidas em apenas dois meses. Até a chegada do iPod, em 2001, mais de 300 milhões de walkmans haviam sido comercializados em todo o mundo – um dos produtos de maior sucesso de todos os tempos.

Posteriormente, quando ficou comprovado que tinha razão, Morita passou o seguinte sermão no seu pessoal: "Se vocês andarem pela vida convencidos de que o seu caminho sempre é o melhor, todas as novas ideias do mundo atravessarão o seu caminho."

Pesquisas: os cuidados ao contratá-las e ao ler seus resultados

Pesquisas são um poderoso instrumento para auxiliar as empresas a monitorar as variações de hábitos, preferências e expectativas dos consumidores.

São úteis também para testar novos conceitos, produtos e ideias, além de fornecer dados para uma melhor compreensão dos fatos.

Porém, para extrair o melhor das pesquisas e não cair em ciladas, é preciso conduzi-las com muito cuidado. Ao longo de minha carreira, acompanhei inúmeras pesquisas e identifiquei três erros principais que empresas e agências podem cometer:

1. *Usar a pesquisa apenas como endosso*
O cliente tem uma opinião e quer usar a pesquisa apenas para confirmar o que já pensa. Com essa intenção, acaba prejudicando o trabalho dos institutos. Ao "forçar a mão", o sujeito pode influenciar o trabalho do pesquisador. Quem perde com isso? A empresa que contratou o serviço.

Você sabia que o maior erro da história da Coca-Cola foi baseado em pesquisas? No início da década de 1980, a companhia resolveu alterar a fórmula do clássico refrigerante. Para apoiar a decisão, realizou cerca de 200 mil testes cegos. Acontece que os executivos *queriam* a mudança, então orientaram o instituto de pesquisa a indagar apenas se o público aprovava o novo sabor.

Como o resultado foi muito positivo, em 1985 a Coca-Cola tradicional foi substituída no mercado americano pela New Coke. O lançamento contou com o apoio de uma intensa campanha publicitária com o slogan: "A melhor ficou ainda melhor." E o resultado foi... um desastre completo.

As pessoas rejeitaram totalmente a mudança. Uma avalanche de telefonemas e cartas com críticas furiosas atingiu a matriz. Houve correria aos supermercados para garantir um estoque do refrigerante original. A recepção foi tão negativa que, menos de três meses depois, a gigante foi obrigada a voltar atrás.[10]

O que deu errado? As pesquisas não aprovavam a alteração? Não: as sondagens revelaram que o novo sabor era bom. Mas em nenhum momento se perguntou às pessoas: "O que você acha de trocarem o sabor da sua Coca-Cola?" Se isso fosse feito, com certeza os consumidores diriam: "Estão loucos? Não façam isso."

Seja sincero consigo mesmo: você está realmente disposto a ouvir o que o consumidor tem a dizer? Se é apenas para apoiar o que já decidiu, não faça pesquisa alguma. Evite trabalho inútil e faça economia (no caso da Coca-Cola, foram investidos 4 milhões de dólares nos testes cegos).

2. *Fazer leituras superficiais*
Dois fabricantes de sapatos enviaram representantes para um vilarejo distante. O primeiro voltou com a seguinte recomendação: "Não há mercado para nosso produto. Infelizmente, lá ninguém usa sapatos." O segundo teve uma leitura oposta: "Temos uma grande oportunidade. Lá ninguém usa sapatos ainda."

Ao fazer uma pesquisa, os resultados não devem ser lidos ao pé da letra. É preciso ter perspicácia e sensibilidade para entender os dados. Uma mente criativa e arejada (que pode ser da sua agência de comunicação) ajudará a apontar oportunidades escondidas nos números frios.

E tenha calma: leituras apressadas e superficiais costumam resultar em conclusões equivocadas.

3. *Utilizar a pesquisa como muleta para qualquer decisão*
Existem profissionais que apelam para a pesquisa o tempo todo. Principalmente em multinacionais, é comum encontrar gente que recorre aos institutos antes de dar qualquer passo. Além de tirar a agilidade do processo, agir assim gasta mais dinheiro do que o necessário e, pior, o executivo acaba impotente e inseguro. Afinal, quem dá a palavra final é o instituto, e não ele.

Já vi pedirem aos entrevistados que definissem a estratégia da empresa. Ora, consumidor entende de consumir, e só. Quem deve traçar os planos do negócio é a própria empresa. Claro: baseada no que os levantamentos apontarem.

Devido ao aumento da demanda, houve nos últimos tempos uma enorme proliferação de institutos de pesquisa no Brasil, tanto comandados por gente séria como também por aventureiros dispostos a faturar em cima da febre. Certifique-se de que sua organização está trabalhando com um dos bons.

É importante dizer que pesquisas não são instrumentos de precisão absoluta. O risco vai existir sempre. É preciso aprender a conviver com as incertezas e fazer apostas de vez em quando.

Akio Morita lançou o walkman sem fazer pesquisa alguma porque tinha certeza de que o novo produto seria reprovado nas respostas: "Penso que nenhuma pesquisa de mercado poderia nos revelar que o produto teria sucesso. O público, ao contrário de nós, não sabe o que é possível."[11]

E garantiu: "Você pode ser totalmente racional em relação a uma máquina. Mas, se está lidando com pessoas, às vezes a lógica tem de ir para o banco de trás, a fim de se chegar ao entendimento."

• • •

Você está cansado de saber que Lee Iacocca é o lendário executivo que salvou a Chrysler da falência nos anos 1980. Mas talvez você desconheça que ele fez isso movido, em parte, por uma tentativa de expurgar e esquecer uma experiência traumática vivida em seu emprego anterior. Acompanhe esta inacreditável história.

No início dos anos 1970, não havia exemplo melhor de profissional bem-sucedido nos Estados Unidos do que Lee Iacocca. Ele entrou na Ford com apenas 21 anos, como um simples estagiário de engenharia. Com muito esforço e dedicação, chegou a executivo e se envolveu ou liderou projetos vencedores, como o do Mustang, do Fiesta e do Mark III. Foi galgando posições até que, aos 46 anos, assumiu o cargo mais alto da companhia: a presidência. Pela sua trajetória, Iacocca era admirado e respeitado por todos.

Quer dizer, quase todos. O presidente do conselho da Ford e neto do fundador, Henry Ford II, via nele uma grande ameaça. Seu temor era o de que a família perdesse o controle histórico sobre a companhia.

Quando, em 1975, um modelo de Iacocca, o Fiesta, triunfou na Europa, a questão se tornou mais evidente. "Naquele momento, Henry Ford iniciou um plano premeditado para me destruir", relata Iacocca em sua autobiografia.

A primeira puxada de tapete ocorreu ainda em 1975, quando o executivo estava no Oriente Médio discutindo a crise do petróleo. O patrão aproveitou a ausência de Iacocca para anunciar um corte de 2 bilhões de dólares no lançamento de novos produtos, o que significou o arquivamento do projeto Fiesta (essa decisão fez com que a Ford americana entrasse tardiamente no segmento de carros menores e econômicos, que virariam febre no final da década).

Ao retornar, Iacocca ficou surpreso. Mas era só o começo de seu calvário. Logo sua secretária veio lhe informar que sua sala e seus papéis tinham sido remexidos e que seu cartão de crédito e suas ligações particulares estavam sendo espionados.

Iacocca não deu bola para isso, porque julgou se tratar de mais uma excentricidade de Henry – reconhecidamente, um sujeito polêmico e autoritário que era temido por todos e mantinha o escritório num constante clima de insegurança e intimidação.

Mas os ataques continuaram. Sob o disfarce de uma auditoria sobre gastos de viagem e despesas de altos executivos, Henry Ford II comandou uma profunda investigação sobre a vida pessoal e profissional de Iacocca. Em determinado momento, houve insinuações de que o executivo, descendente de italianos e com bom relacionamento com os revendedores do país, teria ligações com a máfia. No final, nada foi descoberto. Iacocca se revoltou: "Qualquer pessoa normal pediria desculpas. Mas Henry simplesmente se calou."

Você deve estar se perguntando: "Por que ele não pediu as contas?" De fato, o próprio executivo reconhece que aquele seria o momento apropriado para cair fora. Porém, na esperança de que a situação melhorasse, resolveu ficar um pouco mais. Até receber o golpe final.

Em 1978, Iacocca foi informado pela imprensa de seu afastamento da presidência da Ford. Isso mesmo: a revista especializada *Automotive News* trouxe a notícia como furo de reportagem. Isso magoou profundamente o executivo: "Odeio Henry pelo que ele fez. Mas o odeio mais ainda pelo modo como o fez. Não deu tempo nem para contar às minhas filhas antes que o mundo inteiro soubesse. Nunca o perdoarei por isso."[12]

O momento da demissão não poderia ser mais inadequado: a companhia havia registrado os dois melhores anos de vendas de sua história. Abatido, Iacocca teve um rápido encontro com o chefe, que confirmou seu desligamento.

O executivo ainda teve que passar pelo constrangimento de buscar suas coisas num armazém distante e decadente. Na saída, cercado por jornalistas, ouviu a seguinte pergunta: "Como se sente saindo da presidência e vindo parar neste armazém?" Iacocca não respondeu, mas pensou: "Me sinto um merda."

As palavras não são minhas. Retirei todas essas declarações do livro *Iacocca: Uma autobiografia*, publicado em 1985 no Brasil pela Editora Cultura.

Para Iacocca, a humilhação final foi muito pior do que ser demitido. "Foi o suficiente para eu ter vontade de matar, não sei bem a quem, se a Henry Ford ou a mim mesmo."

De uma hora para outra, sua vida desmoronou. Os companheiros de trabalho se afastaram. Fornecedores e imprensa deixaram de bajulá-lo. Sua esposa, Mary, ficou tão abalada que teve um ataque cardíaco apenas algumas semanas depois.

"Fiquei com tanta raiva do que aconteceu que foi bom ter arrumado um emprego logo. Se não fosse por isso, eu teria me deixado consumir pelo rancor", disse Iacocca. "Eu estava furioso e tinha uma opção bastante simples: poderia voltar aquela fúria contra mim, com resultados desastrosos, ou poderia pegar um pouco daquela energia e tentar fazer algo produtivo."

Foi com esse sentimento que Iacocca assumiu a Chrysler, em 1979 – num momento em que buscava desesperadamente provar seu valor para si mesmo, para as outras pessoas e, por que não dizer, para incomodar o ex-patrão. "Quero me vingar de Henry Ford à velha moda americana: lutando contra ele no mercado."

Movido por esse combustível extra, Lee Iacocca realizou um dos mais notáveis *cases* empresariais da história americana. Acompanhe passo a passo.

Quando assumiu a Chrysler, o executivo encontrou uma montadora à beira da falência. Mal administrada e com prejuízos crescentes, a companhia tinha uma estrutura desorganizada e inchada. Havia, por exemplo, nada menos que 35 vice-presidentes. Para piorar, toda a indústria automobilística americana sentia o avanço das marcas japonesas. Honda e Toyota, por exemplo, ofereciam veículos de qualidade a preços incomparavelmente baixos. Ao contrário dos Estados Unidos, no Japão a produção já era automatizada. Enquanto os operários americanos recebiam salários altos e benefícios extras, a mão de obra japonesa tinha custo reduzido. Se nos Estados Unidos os sindicatos eram fortes e aguerridos, no Japão praticamente inexistiam. Enfim, a luta parecia totalmente desigual. Mas Iacocca tinha um compromisso muito forte consigo mesmo: dar o troco a Henry Ford. E, para isso, precisava impulsionar a Chrysler. Sua primeira grande decisão foi copiar os japoneses e automatizar a produção em uma das fábricas. O passo seguinte foi enxugar radicalmente o quadro de funcionários: para que você tenha ideia da profundidade do corte, dos 35 vice-presidentes restaram apenas dois.

A missão seguinte – árdua – foi negociar com trabalhadores e sindicatos a redução de benefícios e salários. Para obter o apoio da equipe, Iacocca deu o exemplo: reduziu seu próprio salário para 1 dólar ao ano. Impressionados com o gesto, os funcionários entenderam que todos deveriam se sacrificar e aceitaram colaborar. A compreensão deles amansou os sindicatos.

Mas o pior estava por vir. Em 1979, estourou outra grave crise do petróleo no Oriente Médio, que elevou o preço do combustível e gerou ameaça de racionamento. De repente, os grandes e dispendiosos automóveis americanos foram ultrapassados pelos pequenos e econômicos veículos japoneses. Foi um duro golpe na problemática Chrysler.

Para salvar a empresa da falência, Iacocca decidiu apelar para o governo. E comprou uma briga gigantesca. O poder público contribuir com uma empresa privada em dificuldades nunca é visto com bons olhos. Parte da imprensa se posicionou contrária à operação de salvamento. A discussão tomou a opinião pública. Com receio de que a companhia quebrasse, os consumidores desapareceram e as vendas caíram ainda mais.

Mas Iacocca não desistiu. Num discurso no Congresso, ele apelou para um argumento forte e impactante: "O fechamento da Chrysler vai custar ao país, somente em demissões, seguro-desemprego e previdência, 2,7 bilhões de dólares. Com metade disso vocês salvam a empresa e ainda têm grandes chances de receber a quantia de volta. Vocês escolhem."[13]

Finalmente, após longo debate e cansativa negociação, o Congresso americano aprovou um empréstimo de 2 bilhões de dólares à companhia.

Em tempo: certamente, foi essa experiência que encorajou as montadoras GM, Ford e a própria Chrysler a recorrer novamente ao governo americano no colapso financeiro de 2008. Com o mesmo discurso de escapar da falência e evitar demissões, obtiveram dessa vez um empréstimo inicial de 17 bilhões de dólares.

De volta à história de Iacocca, sua ação seguinte também foi de alto impacto: para combater o avanço japonês e melhorar a imagem dos veículos americanos, o executivo estrelou, ele próprio, uma campanha publicitária na TV, dizendo: "Houve uma época em que *made in America* significava alguma coisa. Significava que fazíamos melhor. Infelizmente, muitos americanos já não acreditam nisso. E talvez com razão."

A seguir, ele afirmava que as montadoras do país, entre elas a Chrysler, haviam reagido e dispunham novamente de excelentes veículos. E convidava os americanos a dar uma chance à indústria nacional: "Não estou pedindo que comprem um carro nosso na confiança. Estou pedindo apenas que comparem. E, se você encontrar um carro melhor, compre-o."

Essa última frase ficou famosa. O povo americano, altamente patriota, aceitou a proposta. E as vendas reagiram.

Mas o golpe de mestre veio a seguir. Como estava dificílimo competir com os japoneses nos automóveis menores, Iacocca foi em busca de outra saída. Ele teve a ideia de oferecer às famílias americanas veículos que até então eram usados apenas para fins comerciais: minivans, furgões e limusines. Foi um acerto triplo. Primeiro, porque os americanos sempre adoraram carros grandes. Segundo, porque não havia grande concorrência no segmento, já que as marcas japonesas fabricavam basicamente automóveis pequenos. Terceiro, porque o pior da crise do petróleo já havia passado. Os carrões Chrysler venderam como nunca.

A virada foi rápida e vigorosa. Já em 1983 a companhia quitou a dívida com o governo. Como o próprio Iacocca declarou na época, "na Chrysler, fazemos empréstimos da maneira antiga: pagando de volta". Em 1984, o lucro da companhia chegou a 2,4 bilhões de dólares. Em 1987, a Chrysler adquiriu a Jeep.

Foi esse impressionante *case* que transformou Iacocca numa lenda do mundo dos negócios. E, como você acompanhou, o grande motor inicial dessa empreitada foi justamente o ressentimento com o ex-patrão. E funcionou? Quer dizer, será que tanto esforço e dedicação serviram para aliviar um pouco o sofrimento do executivo? Bom, de acordo com o depoimento que Iacocca deu depois disso tudo, sim: "As marcas deixadas por Henry Ford, principalmente na minha família, serão duradouras, pois as feridas foram profundas. Mas os acontecimentos dos últimos anos tiveram um efeito curativo."

Outra lenda do mundo dos negócios que parece ter usado a revolta e a indignação como motivações para dar resposta a um concorrente foi Steve Jobs.

Em 1996, quando a Apple enfrentava enormes dificuldades financeiras, um jornalista perguntou ao concorrente Michael Dell o que ele faria se fosse CEO da empresa. Impiedoso, Michael respondeu: "Eu a fecharia e devolveria o dinheiro para os acionistas."

A declaração foi amplamente divulgada pela mídia. Steve Jobs, que em segredo negociava seu retorno à Apple, deve ter tomado a frase como uma provocação.

Prova disso é que, 10 anos depois, quando a empresa já estava no azul, impulsionada por produtos de enorme sucesso como iPod e iTunes, Jobs enviou o seguinte comunicado interno aos seus funcionários: "Pessoal, parece que o Michael Dell não é bom em prever o futuro. Nossa empresa hoje vale mais do que a dele."[14]

Pelo texto, fica claro que Jobs nunca esqueceu a declaração do concorrente. Até que ponto esse ressentimento influiu na volta por cima que ele impôs à Apple é difícil mensurar, mas é evidente que a vontade de dar o troco potencializou o motor interno do executivo.

CANALIZANDO SENTIMENTOS NEGATIVOS

Se um dia você não conseguir dominar as emoções e for invadido por sentimentos como raiva, inveja, ciúme, revolta ou ódio, não guarde tudo isso dentro de si: canalize-os para o trabalho. Se dá certo? Com muita gente deu.

A que você atribui o sucesso de Coco Chanel, a revolucionária estilista que construiu um enorme império da moda? Às suas criações inovadoras? Ao seu inegável talento? À sua disposição para o trabalho? Na opinião da própria Coco, não foi nada disso. Tudo teria sido fruto de uma enorme revolta contra as tias que a criaram na infância, sofrimento que ela conseguiu transformar em poderosa energia para se alavancar profissionalmente, como comprova o assustador depoimento a seguir:

"Devo tudo que tenho às minhas detestáveis tias. Uma criança revoltada acaba se tornando uma pessoa com couraça e força. Os beijos, os carinhos, as professoras e as vitaminas transformam as crianças em adultos infelizes e doentios. As tias malvadas criam vencedores, incutindo-lhes complexo de inferioridade, embora, no meu caso, o resultado tenha sido um complexo de superioridade."[15]

OPORTUNIDADES DISFARÇADAS NAS DIFICULDADES DE MERCADO EM GERAL

A pequena seguradora não sabia mais o que fazer para estimular seus corretores. O pessoal andava desmotivado, desatento e até mesmo displicente com os clientes.

Tentando reverter a situação, os diretores tiveram a ideia de elaborar um selo, uma peça que lembrasse a todos a importância do bom atendimento. O material seria afixado nas paredes, no quadro de avisos, nas mesas, impresso sob a forma de button – estaria em todo lugar.

Para elaborar o símbolo, foi contratado o artista plástico Harvey Ball. Na própria reunião de briefing, o rapaz pegou um papel e rabiscou uma carinha redonda com um grande sorriso. Pelo trabalho, cobrou apenas 45 dólares.[1]

Se tivesse noção do sucesso estrondoso que sua criação alcançaria, com certeza Harvey teria cobrado milhares de vezes mais: o Smiley se tornou uma das marcas registradas mais conhecidas do mundo. Atualmente, estampa centenas de produtos em mais de 100 países, rendendo uma fortuna em royalties todos os anos.

O EXECUTIVO ENTRA NA SALA do diretor e diz:
– Chefe, temos um problema.
– Que bom. Sente aqui e me conte tudo.

Parece exagero, mas é assim que pensa o pessoal da Toyota. A companhia japonesa tem uma maneira única de encarar os problemas: para eles, é uma oportunidade de melhorar o processo.

Explicando melhor: o processo de fabricação de um veículo tem início no projeto e só termina quando o automóvel é entregue ao cliente. A Toyota tem obsessão por melhorar cada etapa. Como? Incorporando qualquer ideia que gere mais economia, agilidade e produtividade ou evite o desperdício. É o chamado Sistema da Melhoria Contínua.

A empresa acredita que um processo nunca está redondo. Sempre é possível ser melhorado, simplificado, aperfeiçoado. E uma das formas de fazer isso é justamente através da identificação de problemas. Quando eles aparecem, é sintoma de que algo não vai bem. Ao investigar suas causas e buscar eliminá-las, naturalmente o problema não vai se repetir no futuro e o processo ficará mais robusto.

Isso é o total oposto do pensamento tradicional. Principalmente no Ocidente, as empresas veem problemas como algo necessariamente ruim, negativo. Por isso, devem ser evitados, acobertados, escondidos. Os funcionários evitam levar um problema para os chefes porque têm receio de serem apontados como os culpados. Os superiores, por sua vez, não querem saber de problemas porque fatalmente terão que resolvê-los: "Mas que chateação! Quem trouxe essa história?"

Convenhamos: não é uma atitude muito inteligente. Afinal, desprezar um problema não significa que ele vá deixar de existir. Pelo contrário, vai persistir, pode crescer e causar danos ainda maiores no futuro.

Não é que a Toyota *goste* de problemas. A companhia simplesmente entende que essas situações trazem aprendizados. Se existe um erro, ele está no processo, e não nas pessoas. Seus profissionais são avaliados pelo que contribuem com sugestões, ideias e... problemas. Interessante, não é mesmo?

É por ter essa filosofia única que a montadora japonesa se tornou uma das empresas mais respeitadas e lucrativas do mundo. A marca terminou o ano de 2022 como a maior fabricante de automóveis do planeta, liderança que também deteve nos anos anteriores.

Por sua eficiência, o Sistema Toyota de Produção é estudado nos quatro cantos do mundo. Apesar de aparentemente simples, não é nada fácil entendê-lo e implantá-lo. A própria Toyota levou décadas para desenvolver o modelo, que surgiu da mais profunda necessidade.

Ano de 1946. Japão devastado pela Segunda Guerra. Inúmeras fábricas destruídas pelos ataques aéreos. Economia do país estagnada. Escassez de praticamente tudo, de alimentos a roupas. Predomínio do mercado clandestino.

Uma fábrica japonesa, a Toyota Motor, corria o risco de fechar as portas. Fundada por Kiichiro Toyoda no final da década de 1930, a empresa agora não tinha demanda no mercado interno, nem condições de competir no externo. Por isso, sua única alternativa foi olhar para dentro e rever sua forma de trabalhar.

A esperança era atuar no mercado internacional, mas como disputar com sólidas montadoras como General Motors, Chrysler e Ford? A saída foi tentar realizar mais com menos. Como? Potencializando o que tinha em mãos. Aproveitar melhor a matéria-prima, diminuir resíduos e sobras; ter soluções inovadoras, utilizar toda a criatividade dos funcionários; reduzir custos, combater obsessivamente o desperdício; ser mais competitiva, ter foco no produto final e no consumidor.[2]

A companhia iniciou então o desenvolvimento de um sistema diferente, com conceitos inovadores de gestão, que a manteve em atividade e aos poucos lhe permitiu conquistar mercados internacionais. E esse sistema continua em desenvolvimento desde então. Já são décadas de experimentações e testes, em que diversos modelos foram tentados, modificados, substituídos e combinados, até chegar à fórmula atual, que também não é definitiva (lembre-se de que é um sistema de melhoria contínua). No final deste capítulo, você verá como funciona esse modelo na prática.

A história mostra que foram as limitações que fizeram a Toyota encontrar seu caminho para a diferenciação e o sucesso. Inúmeros casos narrados neste livro ilustram a importância dos obstáculos para levar empresas à glória.

As dificuldades de mercado também podem impulsionar o seu negócio – depende de sua atitude perante um problema, de como sua empresa vai lidar com a situação.

Não se trata de otimismo, mas de compreensão da realidade e mudança de rota. "O pessimista se queixa do vento. O otimista espera que ele mude. O realista ajusta as velas", disse o escritor americano William Arthur Ward.

Um exemplo de empresa que ajustou as velas no momento certo foi a Sadia.

No final dos anos 1940, a empresa era um pequeno frigorífico na cidade de Concórdia, interior de Santa Catarina. O comércio de carne da região, porém, sofria uma intensa concorrência e o mercado estava saturado. Ou seja, para crescer, o frigorífico necessariamente precisaria expandir suas fronteiras.

Entre os grandes centros urbanos, o que mais se destacava já era São Paulo. Principal polo industrial e comercial da América do Sul, a metrópole não parava de crescer e atrair migrantes. Os frigoríficos paulistas bem que tentavam, mas não conseguiam atender a uma demanda tão grande.

Sem dúvida, era o mercado perfeito para a pequena Sadia atuar. Porém, para desespero dos Fontana, família que fundou o negócio, São Paulo fica a cerca de 700 quilômetros da fábrica. Hoje, isso não seria problema. Mas naquela época as estradas eram péssimas e não havia ainda caminhões frigoríficos.

O que fazer? Foi naquele momento que o presidente da empresa, Omar Fontana, elaborou uma solução criativa e ousada: se pelo chão não dava, por que não ir pelo ar?

Para surpresa dos concorrentes, em 1952 o frigorífico dos Fontana alugou um DC-3 da Panair. No início, o avião fazia de duas a três viagens por dia, num percurso que durava pouco mais de duas horas e meia. Deu certo: já em 1954, duas novas aeronaves foram arrendadas.

O negócio ia tão bem que uma empresa foi criada para cuidar da operação, a Sadia Transportes Aéreos. Com o slogan "Pelo ar, para o seu lar", a companhia transformou a Sadia na primeira marca de carnes do Sul a abastecer regiões do Sudeste, estratégia que permitiu seu crescimento.

Mas o tempo foi passando e a situação no Brasil, melhorando. Nos anos 1950, o governo Juscelino Kubitschek investiu pesadamente em infraestrutura e as rodovias melhoraram muito. Montadoras lançaram também os primeiros caminhões frigoríficos. Quando não compensava mais financeiramente levar os produtos pelo ar, a Sadia redirecionou a companhia aérea para transportar passageiros. Assim, em 1972 surgiu a Transbrasil S.A.[3] Atuando de forma independente da Sadia, a nova empresa decolou. Em pouco tempo a Transbrasil voava para diversas regiões do Brasil e do mundo, como Miami, Nova York, Washington, Viena, Buenos Aires, Amsterdã e Londres. Já no final da década, era a terceira maior companhia de aviação do país.[4] Nada mau para uma empresa aérea que surgiu para transportar carne, linguiça e toucinho.

Observe como houve, por parte da Sadia, uma aceitação da realidade: a única forma de atender os clientes paulistas e entregar a carne sem estragá-la era de avião. E foi assim que os Fontana fizeram. De quebra, além de resolverem o problema, ainda descobriram um novo segmento para atuar.

Veja mais um exemplo de adaptação aos fatos. É sabido que o Japão possui um dos mais baixos índices de natalidade do mundo. Cada vez mais casais nipônicos optam por ter apenas um filho. Nem preciso dizer que essa redução contínua do mercado atinge em cheio os fabricantes de produtos infantis.

Em contrapartida, o número de cidadãos de terceira idade não para de aumentar. A taxa de idosos em relação à população no país já é a maior do mundo.

Foi observando essa evolução demográfica que, nos anos 1990, um funcionário de uma marca de papinha para bebês teve a seguinte ideia: "Será que não dá para adaptar o produto para os mais velhos?"

Parecia brincadeira, mas se pudesse realmente existir outro público capaz de se interessar por alimentos macios e sem sal, em pequenos pedaços ou amassados, seria justamente aquele formado por pessoas debilitadas pela idade. Parte dos idosos não possui alguns dentes e mesmo aqueles que têm próteses enfrentam dificuldades na mastigação. Além disso, gente com limitação dos movimentos das mãos necessita de alimentos práticos e fáceis de preparar.

Baseada nesse raciocínio, a empresa alterou as embalagens e redirecionou o marketing para o público da terceira idade.[5] Foi uma estratégia acertada, no curto e no longo prazo. Entre 2015 e 2019, o mercado de alimentos processados direcionados para idosos no Japão saltou 20%.[6]

A maior oportunidade do mundo

Sem dúvida alguma, a maior oportunidade de negócios do futuro é o mercado da terceira idade. Nenhum outro segmento da população cresce tão rápido quanto o dos idosos.

Prevê-se que, em 2030, uma em cada seis pessoas no mundo terá 60 anos ou mais.[7] No Brasil, o número de cidadãos pertencentes a essa faixa etária saltou 40% em apenas uma década.[8]

Como lucrar com essa tendência irreversível? Ou, pelo menos, como manter participação de mercado com o aumento dos velhos e a diminuição dos jovens?

A primeira coisa é compreender que se trata de um público completamente diferente da imagem que tínhamos até pouco tempo atrás. Pelo contrário, os idosos de hoje são muito mais saudáveis, ativos, participativos, bem-informados e ligados em tecnologia. Talvez a tarefa mais difícil seja falar com eles. Afinal, se você fizer uma comunicação direcionada ao idoso, provavelmente ele não comprará. Sabe por quê? Ninguém se considera idoso. Pergunte a um senhor de 80 anos se ele se julga velho e aposto que você receberá uma resposta negativa. Como escreveu Mario Quintana:

Por acaso, surpreendo-me no espelho:
Quem é esse que me olha
E é tão mais velho do que eu?

De maneira geral, consideramos velhas as pessoas que têm 20 anos a mais do que nós. Por exemplo: para um garoto de 15 anos, um homem de 35 já é um "tiozinho". Para um homem de 40, velho é quem tem 60.

Como fazer, então, para atingir esse público com mentalidades, comportamentos e necessidades tão peculiares? Eis algumas dicas:

Embalagens com letras grandes e manuais simplificados
Se o seu produto tem potencial para ser consumido por pessoas da terceira idade, bastam algumas alterações. Na embalagem, utilize letras grandes. A razão é óbvia: pessoas de idade avançada não têm a mesma visão de antes. Nos manuais do produto, tente reduzir informações ao mínimo necessário e simplificar a mensagem. Apesar de ter mais tempo livre, um idoso tem menos paciência e disposição para decifrar páginas de informações complicadas.

Comunique claramente o benefício do seu produto
Idosos são pessoas objetivas, que não compram produtos, mas soluções. Se a comunicação transmitir claramente os benefícios que eles procuram, naturalmente vão se interessar.

Dê um toque ligeiramente feminino à comunicação
Pesquisas mostram que, num casal de idosos heterossexuais, são as mulheres que decidem praticamente tudo. Nos Estados Unidos, elas são responsáveis por 90% das decisões sobre saúde e cuidados médicos. E a predominância se repete em artigos de vestuário, decoração, alimentação, etc.

Para ter a preferência amanhã, comece a falar com eles hoje
Comprovadamente, pessoas da terceira idade mostram-se menos abertas a novidades, são mais fiéis às marcas e não costumam mudar de ideia no ponto de venda. Logo, tendem a continuar com os produtos que conhecem e em que confiam. Assim, a melhor estratégia para conquistar os consumidores de 60 anos é começar a falar com eles aos... 40. Por que 40? É nessa faixa etária que, biologicamente, se inicia o processo de envelhecimento.

Aposte em produtos que auxiliam nas tarefas diárias
Pesquisas apontam que 90% das pessoas desejam envelhecer na própria casa. Logo, precisarão adaptá-la com produtos que facilitem sua vida e as auxiliem a superar eventuais limitações físicas. Por exemplo: vaso sanitário que mede peso, índice de gordura corporal e pressão sanguínea

do usuário; eletrodomésticos inteligentes que informam valor calórico dos alimentos; carros que medem a pulsação do motorista enquanto dirige; cartões de supermercado que alertam para o consumo de produtos prejudiciais à saúde; sapatos que rastreiam quem pode se perder; e assim por diante.

O segredo está no relacionamento
Relacionamento é o segredo para fidelizar todo tipo de público, mas é especialmente importante para os idosos, que buscam acima de tudo facilidades, soluções e cuidados. Levarão vantagem as empresas que oferecerem orientação sobre nutrição e informarem a utilização correta de equipamentos e medicamentos. As marcas preferidas serão aquelas que os ajudarem a ter autonomia, permitindo que cuidem de si mesmos.

• • •

Não aceitar a realidade foi o que impediu as gravadoras de lidar com o avanço da internet no início dos anos 2000. Na época, a indústria da música estava alarmada com o crescimento das cópias não autorizadas de CDs. Graças à atividade ilegal, a margem de lucro havia caído de 20% para assustadores 5%.[9]

Os executivos estavam desnorteados, sem saber o que fazer para conter a pirataria. A primeira ação das empresas fonográficas foi utilizar o lobby da categoria para criar uma legislação específica de punição da prática dos downloads irregulares. Diversos usuários foram processados, alguns até presos. Uma grande vitória foi o fechamento do Napster, então o maior site de downloads grátis.

Mesmo assim, o movimento só crescia. Em 2002, finalmente o setor se convenceu de que era impossível ganhar essa briga. Algumas empresas anunciaram serviços de venda de músicas pela internet.

Porém, rixas históricas, intrigas e brigas de egos impediram que as principais gravadoras se unissem. Pior: as empresas passaram a brigar entre si pelo controle das bibliotecas musicais. O resultado foi que os catálogos digitais ficaram fragmentados e incompletos, dificultando a tarefa do usuário de encontrar a canção desejada.

Além disso, os preços variavam de música para música, com critérios pouco claros e discutíveis, como a fama do artista e o sucesso da composição. Tudo isso acabou afastando o consumidor. Assim, os serviços iniciais de música on-line não pegaram. E o setor continuou mergulhado no caos, sem rumo.

Por fim, a solução não veio das gravadoras. Quem resolveu a questão foi uma empresa que não tinha qualquer histórico com músicas: uma fabricante de computadores.

Steve Jobs, o visionário fundador da Apple, enxergou naquela situação conturbada uma imensa oportunidade disfarçada para sua empresa. Ele intuiu que, se havia alguém capaz de resolver o negócio de músicas digitais, era justamente alguém que não atuava na indústria fonográfica. Somente alguém de fora estaria livre de modelos, práticas e políticas viciadas. Somente alguém de outro setor poderia negociar entre gravadoras rivais e obter a adesão delas.

O problema era que música nunca fez parte do DNA da Apple, que desde sua fundação só fabricava computadores. Para ingressar naquele mercado, a primeira coisa que se deveria ter era um software capaz de arquivar músicas digitais. Para não ter que desenvolver o produto do zero e perder um tempo precioso, Jobs decidiu adquirir uma pequena empresa que havia desenvolvido o programa. O segundo passo foi estabelecer o modelo do negócio. Como definir o preço de uma música? O senso comum diria que os preços deveriam ser diferentes, porque provavelmente o cliente estaria disposto a pagar mais por um grande sucesso. Mas isso levou a outro questionamento: como definir se uma composição era sucesso ou não? Como justificar que uma custasse mais do que outras?

Seguindo o lema da Apple – "Pense grande, mas simplifique" –, Jobs tomou uma decisão radical: toda e qualquer música custaria a mesma coisa, 99 centavos.

O passo seguinte foi conversar com as gravadoras. O projeto apresentado parecia irresistível: lançar uma loja de músicas simples, transparente, prática e completa, que oferecesse qualquer canção que o cliente procurasse. O preço seria tão acessível que poderia realmente convencer o consumidor a abandonar a pirataria. Se fosse sucesso, o negócio por si só poderia resolver definitivamente a vida financeira das gravadoras.

Com argumentos tão convincentes, Jobs conseguiu a adesão das principais empresas do setor. Porém, no fundo, ele tinha sérias dúvidas se as pessoas realmente estariam dispostas a pagar por algo que tinham de graça on-line. Por isso, ele estabeleceu uma meta que julgou ousada: vender 1 milhão de músicas no primeiro ano.

Assim, em abril de 2003 a Apple lançou o serviço iTunes Music Store. Para surpresa de todos, o iTunes vendeu um milhão de músicas... na primeira semana.[10] Em 2022, somente a divisão de música da Apple faturou mais de 8 bilhões de dólares.[11]

Enfim, se algum dia você vislumbrar a solução para um problema vivido em outro segmento, não se intimide: permita-se desenvolver a ideia. Lembre-se do que disse o sociólogo e pensador Marshall McLuhan: "Se alguém um dia descobriu a água, esse alguém não foi um peixe."

O blefe de 100 bilhões de dólares de Bill Gates

No capítulo "Oportunidades disfarçadas ao seu redor", relatei como Bill Gates ligou para o fabricante do Altair afirmando que tinha o programa operacional para o computador mesmo sem ter nada na mão. Se você ficou impressionado com a ousadia de Gates nesse episódio, saiba que, alguns anos depois, ele protagonizou um blefe bilhões de vezes mais genial.

Em 1980, o empresário soube de fontes seguras que a IBM, preocupada com o avanço da jovem e promissora Apple, planejava lançar rapidamente seu próprio computador pessoal. Sem pensar duas vezes, Gates ligou para os chefões da então maior companhia do mundo e pediu uma reunião urgente. Chegando lá, afirmou o seguinte:

– Sabemos que vocês estão fazendo um computador pessoal. Nós temos o sistema operacional de que vocês precisam.

Os executivos da IBM se entreolharam e um deles respondeu:

– Ok, queremos ver esse programa.

Bill Gates continuou:

– Tudo bem. Mas nós não queremos vender os direitos para vocês. Queremos apenas licenciar o programa.

Os homens não acreditaram:

– Como assim? Vocês querem reter a propriedade?

– Exatamente. Para poder vender a outros fabricantes.

Era uma audácia e tanto. No início dos anos 1980, a IBM era a companhia mais poderosa do planeta, e a Microsoft, uma empresa praticamente desconhecida. De repente, aquele jovem franzino impunha condições para os executivos da gigantesca corporação. Mas, surpreendentemente, a equipe da IBM concordou:

– Como os nossos lucros estão na venda dos computadores e não nesse negócio de software, tudo bem.

Esse é considerado um dos maiores erros estratégicos do mundo corporativo. Em pouco tempo os programas se tornaram mais valorizados do que as máquinas. Nos anos que se seguiram, enquanto o mercado de fabricantes de computadores se pulverizou entre vários concorrentes, o de softwares passou a ter um único dono: a Microsoft.

Mas o mais inacreditável é que, ao oferecer a solução para a IBM, Gates novamente não tinha nada na mão. Teve que sair desesperado em busca de algum programador que tivesse desenvolvido o programa por hobby. E encontrou: por apenas 50 mil dólares, adquiriu os direitos do software, rebatizou-o de MS-DOS e o resto é história.[12] Ou seja, o programa mais importante da Microsoft não foi criado por ela.

Com uma fortuna avaliada em mais de 100 bilhões de dólares, Gates é criticado por muitos por não ter inventado um produto. Ou por não ser tão criativo quanto um Steve Jobs, por exemplo. É verdade que a Microsoft nunca desfrutou da mesma magia da Apple, mas Gates tem seu mérito, sim: foi visionário ao enxergar que os programas, assim como as máquinas, eram um produto. Ele inventou o negócio do software e, graças a isso, se tornou uma lenda.

• • •

Pode existir oportunidade disfarçada até em salários atrasados.

No início dos anos 1970, o médico Edson Bueno trabalhava na maternidade Casa de Saúde São José, cidade de Duque de Caxias, no Rio de Janeiro. A instituição enfrentava dificuldades financeiras e atrasou por diversos meses os pagamentos da equipe, porém, em vez de se recusar a trabalhar, pedir as contas ou entrar na Justiça por seus direitos trabalhistas, como fizeram os demais profissionais, Bueno pensou diferente: ele avaliou que o negócio ia mal pela falta de criatividade do proprietário.

Por isso, propôs ao patrão uma participação na sociedade em troca do saldo devedor.

Como sócio da clínica, o rapaz pôde implantar uma série de ideias simples e práticas. Primeiro, criou cursos gratuitos para gestantes, imaginando que o relacionamento faria com que as mulheres optassem pela clínica na hora do parto. Para que as grávidas não faltassem às aulas, passou a oferecer sanduíches e sortear pacotes de fraldas. Para aquelas que não se inscreviam no curso por falta de transporte, o médico providenciou também condução gratuita. Em pouco tempo, a clínica passou de 60 para mais de 600 partos por mês.

O negócio ia tão bem que Edson partiu para abrir filiais. Quando já tinha três hospitais, o médico decidiu largar a atuação clínica para se dedicar aos negócios e ao crescimento da rede. Foi assim que surgiu uma das maiores empresas de planos de saúde do país: Amil.[13] Em 2012, Edson Bueno liderou a venda da Amil para a gigante norte-americana UnitedHealth, por bilhões de reais.

Com criatividade e ousadia é possível driblar qualquer tipo de dificuldade de mercado. Veja este impressionante caso envolvendo a marca de cigarros Lucky Strike nos Estados Unidos.

No início dos anos 1930, as mulheres americanas deram um importante passo na conquista da liberdade feminina: começaram a fumar. Isso representou uma enorme oportunidade de vendas para os fabricantes de cigarros. De uma hora para outra, o potencial do mercado dobrou.

As principais marcas foram beneficiadas, menos a líder Lucky Strike. Por alguma razão, as mulheres se recusavam a consumir o produto. Para desvendar o mistério, a fabricante British American Tobacco conduziu uma pesquisa, e o resultado foi revelador: o motivo da rejeição era a cor da embalagem, o verde, que desagradava por não estar na moda.

Uma questão de difícil solução: além de ser o cigarro mais consumido do país, a marca Lucky Strike era um verdadeiro ícone para os consumidores. Ou seja, alterar sua cor estava fora de cogitação.

Para resolver o impasse, o então presidente da companhia, George Hill, convocou o estrategista Edward Bernays. Depois de relatar a situação, George deixou claro: "Você pode fazer o que quiser para resolver o problema, desde que não mude a cor da embalagem."

Complicado, não é mesmo? Como dispunha de um orçamento generoso para a campanha, Edward teve um raciocínio insólito: "Se eu não posso alterar a cor da embalagem, a saída é colocar a cor na moda." Para isso, traçou um corajoso plano para promover e difundir o verde.

Primeiro organizou uma badalada festa com importantes personalidades dos Estados Unidos e da Europa. Os convites, impressos em verde, pediam que todos os convidados fossem vestidos com aquela cor.

Para os editores de moda, promoveu um simpósio sobre o significado das cores, com palestras de psicólogos, sociólogos e fabricantes de tecidos. Obviamente, Edward deu uma "forçadinha de mão" nas qualidades do verde.

Para o público em geral, promoveu exposições em galerias e museus com obras que exploravam os tons de verde. Com lojas de departamentos e de decoração, negociou *corners* com mercadorias dessa cor.

Finalmente, como resultado de tanto esforço, em 1934 o verde foi a cor da moda. E as mulheres passaram a fumar Lucky Strike.[14]

Mas é importante dizer que a British American Tobacco não poupou esforços e investimentos para atingir seus objetivos. Nesse caso, falta de dinheiro não foi problema. Como também no caso a seguir, que não por acaso deixei para o final.

Considero esta história emblemática: mostra que não existe batalha perdida ou meta inatingível, por mais grandiosa que seja. No início dos anos 1980, apesar de ter vendas crescentes nos Estados Unidos, a montadora japonesa Toyota não estava satisfeita. Isso porque a marca ainda era associada a veículos baratos, compactos e econômicos – o que não teria nada de errado se a empresa não tivesse a ambição de atender também o segmento de alta renda.

Para reverter o quadro, a direção da companhia traçou um ambicioso plano para desenvolver o melhor automóvel de luxo dos Estados Unidos. Isso significava ser melhor do que BMW, Mercedes-Benz, Jaguar e Cadillac em performance, dirigibilidade, conforto, peso e economia. E no mercado consumidor mais competitivo do mundo. Para muitos, era uma causa perdida. Para a Toyota, uma meta possível, desde que muitíssimo bem planejada e executada.

A companhia montou um time de trabalho com os melhores profissionais. Em seguida, traçou um plano com os seguintes passos:

1. *Estudar a concorrência*
A equipe adquiriu veículos das marcas BMW, Mercedes, Cadillac, Jaguar, Audi e Volvo e rodou centenas de quilômetros com eles. Depois da avaliação, foram eleitos os alvos a serem superados: Mercedes S Class e BMW 7Series eram, na opinião dos japoneses, os melhores carros de luxo disponíveis nos Estados Unidos. Os dois foram então desmontados e estudados peça a peça, detalhadamente.

2. *Conhecer o consumidor*
Havia um obstáculo enorme em se tratando de uma empresa oriental num país ocidental: a cultura. Para estudar o público e entender seus hábitos, preferências, filosofias e valores, os japoneses concluíram que era preciso passar um tempo no país e viver como os americanos.

A Toyota alugou então uma bonita casa em Laguna Beach, região badalada e ponto de encontro dos endinheirados no sul da Califórnia. Dali, a equipe partiu para visitas a shoppings caríssimos, restaurantes requintados, hotéis de luxo, butiques, clubes de golfe, joalherias, leilões, enfim, todo tipo de estabelecimento ou evento sofisticado. Além disso, foram conduzidas entrevistas com motoristas, mordomos, chefes de cozinha, carregadores de tacos de golfe, etc.

Ao mergulhar naquele mundo tão peculiar, os japoneses se surpreenderam com o desejo de status, o culto ao luxo, a necessidade de ostentação do povo americano. E mais: descobriram que imagem era mais importante do que a performance do veículo, o que não fazia o menor sentido para a racional cultura japonesa. Claro que os americanos também prezam qualidade, segurança, assistência e valor de revenda, mas a imagem da marca parecia ter um peso determinante na escolha do produto.

3. *Partir para o desenvolvimento do projeto*
A conclusão do longo e dispendioso estudo foi que a montadora japonesa deveria começar o projeto do zero. Simplesmente não poderia ter nada de japonês no novo carro. Para produzir o carro dos sonhos da América era preciso atender aos anseios dos americanos em cada detalhe.

Tendo como referência o Mercedes S Class e o BMW 7Series, os técnicos e engenheiros japoneses buscaram aprimorar cada peça. Todo componente do novo veículo deveria apresentar um adicional de qualidade, de eficiência, de sofisticação, uma vantagem qualquer, nem que fosse imperceptível. Entrava em cena o famoso Sistema de Melhoria Contínua da Toyota, baseado na filosofia de que qualquer ganho, por mínimo que seja, pode representar grande diferença no resultado final.

Para resumir a história, depois de seis anos de desenvolvimento, inúmeros protótipos, centenas de tentativas, acertos e fracassos, finalmente o projeto foi concluído.

4. Resolver o problema da imagem
Mesmo tendo um veículo luxuoso, restava a barreira da imagem. Os americanos desejavam um carro para ostentar. E a marca Toyota não dispunha de prestígio perante o público de alta renda. Pelo contrário, sofria rejeição por ser associada a automóveis pequenos e econômicos.

A saída encontrada foi criar uma nova marca: Lexus, com o impactante slogan "A inabalável busca da perfeição".

Assim, em 1989 foi lançado no mercado americano o Lexus LS400. Por incrível que pareça, o lançamento realmente estabeleceu um novo padrão de luxo no segmento automotivo do país. De acordo com a respeitada revista *Car and Driver*, em todas as categorias avaliadas – performance, economia, peso, silêncio e preço –, o Lexus LS400 superou os concorrentes BMW 735i e Mercedes 420SEL (modelos equivalentes aos veículos definidos anteriormente como alvos: BMW 7Series e Mercedes S Class).[15]

O QUE É IMPOSSÍVEL PARA VOCÊ?

A fronteira do que é possível ou impossível é ditada pela nossa cabeça. "Cada homem interpreta os limites do seu campo de visão como sendo os limites do mundo", definiu muito bem o filósofo Arthur Schopenhauer.

Nesse sentido, acredito na filosofia da marca Adidas. A marca alemã possui uma espécie de mantra que orienta todas as ações e pensamentos da empresa. Com o bem escolhido título "Impossible is Nothing" (Nada é impossível), o texto é uma boa forma de explicar por que a marca é a maior fabricante de artigos esportivos da Europa e a segunda maior do mundo:

> Impossível é apenas uma grande palavra
> Usada por gente fraca que prefere viver no mundo como está
> Em vez de usar o poder que tem para mudá-lo
> Impossível não é um fato
> É uma opinião
> Impossível não é uma declaração
> É um desafio
> Impossível é hipotético
> Impossível é temporário
> *Impossible is nothing*
> Adidas

10 MANEIRAS DE IDENTIFICAR UMA OPORTUNIDADE DISFARÇADA

O lendário investidor Warren Buffett construiu uma fortuna avaliada em 130 bilhões de dólares sempre remando contra a maré. Ele aproveita momentos de baixa para comprar ações, que revende quando as cotações sobem.

Warren repete a mesma fórmula há 50 anos e se diverte com o "efeito manada", quando todo mundo compra ao mesmo tempo para, mais tarde, revender ao mesmo tempo:

"O que aprendemos com a história é que as pessoas não aprendem com a história."[1]

NÃO FOI ALGO PLANEJADO: enquanto separava e pesquisava material para este livro, naturalmente as semelhanças entre os mais diferentes casos e seus protagonistas foram saltando à minha frente.

Só tive o trabalho de ir anotando tudo e organizando o pensamento em tópicos para este capítulo final.

Ao todo, cheguei a 10 maneiras de pensar e agir que comprovadamente favorecem a identificação de uma oportunidade disfarçada. São atitudes, posturas e formas de encarar os problemas que, historicamente, separam os vencedores dos que ficaram no meio do caminho. Vamos a elas.

1. Levante casos semelhantes ao que você está vivendo

Não importa qual o problema que sua empresa esteja enfrentando: é quase certo que alguém, em algum lugar do planeta, já tenha passado por uma situação parecida. E essa pessoa chegou a alguma solução. Boa ou ruim, a experiência dos outros pode auxiliar você a tomar uma decisão agora.

É possível, por exemplo, seguir uma estratégia que já se provou bem-sucedida antes. Ou evitar um caminho equivocado. Ou, ainda, combinar ideias diferentes e encontrar uma saída totalmente original.

Um *case* de sucesso ou fracasso traz informações valiosas sobre os mercados, as economias e o comportamento humano. Conhecê-lo, além de abrir a cabeça, permite enxergar alternativas às quais talvez você e sua equipe não chegassem sozinhos.

Ao pesquisar os casos deste livro, cheguei à conclusão de que nenhum problema é realmente novo. Pode parecer uma afirmação exagerada, mas basta uma análise minuciosa das histórias para comprovar que as dificuldades se repetem, em tempos e cenários diferentes – mas, em essência, continuam as mesmas.

Tome como exemplo a crise de 2008, gerada pela bolha imobiliária americana, e a de 2020-2023, resultado do choque da pandemia de covid-19. Elas têm causas diferentes, mas crise é crise: causa retração nas vendas, demissão em massa e recessão econômica. Nas consequências, a crise mais recente se parece com as outras enfrentadas pela humanidade. Por sua extensão e gravidade, pode ser comparada com o colapso de 1929.

Mas nós, brasileiros, estamos muito familiarizados com crises econômicas. Somente nos últimos 40 anos enfrentamos pelo menos oito delas. Isso nos dá um material riquíssimo para ser estudado.

Mesmo em outras questões, como a revolução tecnológica, a ameaça da China, o alerta ambiental, a crise do petróleo, etc., podemos aprender bastante com experiências passadas. Por exemplo: a internet reproduz no mundo virtual praticamente tudo que já havia no mundo real. A economia global enfrentou pelo menos duas graves crises do petróleo antes. Em relação aos temas ambientais, há décadas empresas visionárias vêm realizando movimentos nessa área, como mostra o *case* The Body Shop, nos anos 1970. A China é uma grande ameaça hoje, como já foram, em décadas passadas, o Japão e os Tigres Asiáticos.

Num mundo em que todos têm acesso às mesmas informações (pesquisas de mercado, dados do consumidor, modelos de gestão, assistentes virtuais, etc.), dispor de dados extras pode representar uma enorme vantagem competitiva, principalmente em ambientes turbulentos e incertos, nos quais os executivos são obrigados, muitas vezes, a tomar decisões num piscar de olhos, com base apenas na intuição e no discernimento pessoal.

Infelizmente, o ser humano tem o péssimo hábito de esquecer o passado. E quem não aprende com a história está condenado a repeti-la.

2. Não siga cegamente os teóricos e suas regras

Como surge uma teoria? Como nascem as regras? Geralmente, do sucesso e da repetição. Basta um fato ocorrer mais de uma vez para dar origem a uma regra. Basta uma estratégia ser bem-sucedida para virar teoria. Este é o padrão: aconteceu uma vez, significa que vai se repetir sempre.

Mas isso não é necessariamente verdade. Sobretudo nos tempos atuais, em que tudo se transforma e evolui rapidamente, é cada vez mais difícil garantir que uma estratégia de sucesso adotada tempos atrás leve ao mesmo resultado hoje.

Este é o único risco de se conhecerem experiências bem-sucedidas ou fracassadas do passado: aplicar passivamente os aprendizados, sem levar em conta a situação atual, ou seja, deixando de lado especificidades da sua região, do seu negócio, de seu segmento, de seu consumidor, de seu produto e de seus concorrentes. Cabe a você e sua equipe avaliar se os ensinamentos ainda se aplicam ao novo cenário.

O fato é que o ser humano tem deixado clara sua especial predileção por seguir fórmulas, receitas prontas e passos preestabelecidos. Em geral, as pessoas não lidam bem com a dúvida e a angústia de não saber. Por isso, preferem seguir um padrão a pensar com a própria cabeça.

Isso explica a intensa proliferação de consultores, analistas, gurus econômicos, acadêmicos, economistas, sábios, profetas, oráculos, especialistas, magos e futurólogos de plantão dizendo o que fazer, o que não fazer e prometendo revelar o caminho das pedras. Ouvir essa gente toda pode até ajudar, mas lembre-se: cada vez é mais indispensável ser inovador e pensar diferente. "Andar por caminhos conhecidos só leva aonde os outros já foram", disse Graham Bell.

A melhor forma de lidar com um problema ainda é estudá-lo a fundo, utilizando todo o conhecimento e a teoria disponíveis, mas tendo consciência de que seu caso tem particularidades. Consultores e teóricos podem auxiliá-lo em determinado momento, mas ninguém melhor do que você, que está vivendo a situação, para definir a estratégia mais adequada. Infelizmente, não há como se eximir dessa responsabilidade. Até porque, no fim das contas, quem vai responder pelo resultado positivo ou negativo da operação será você, o gestor do negócio.

3. Seja inovador sem inventar nada
Muita gente confunde inovação com invenção. São coisas bem diferentes. Invenção tem mais a ver com engenhocas mirabolantes, produtos

imaginativos mas que não obrigatoriamente solucionam um problema. Já inovar significa fazer algo melhor do que foi feito antes, com o objetivo claro de atender a determinada necessidade.

Invenções são para sujeitos como o Professor Pardal. Inovações são para pessoas práticas, como eu e você: gestores e profissionais que buscam uma forma mais eficiente de fazer as coisas. É possível ser inovador nas tarefas menores e corriqueiras, em cada etapa de um processo. Qualquer ganho, por mínimo que seja, é uma forma de inovação.

Inventar requer originalidade; inovar, nem sempre – algumas das ideias mais revolucionárias são, na verdade, velhas fórmulas resgatadas e combinadas. Por exemplo: a linha de montagem de Henry Ford, segundo o próprio, é apenas um punhado de descobertas de outros homens reunidas no mesmo local. O eBay nada mais é do que o antigo mercado de pulgas adaptado para o ambiente da internet. O WhatsApp é essencialmente a evolução das mensagens de texto, tipo SMS.

Praticamente todos os produtos lançados por Bill Gates na Microsoft foram adquiridos, copiados ou projetados sobre algo já existente.

O mouse e os ícones que fizeram o sucesso da Apple nos anos 1980 foram criados originalmente pela Xerox. O que Steve Jobs fez foi viabilizá-los em suas máquinas.

Isso tira o mérito dessas pessoas? De jeito algum. É quase impossível fazer uma grande inovação que não se baseie em algo já realizado por outros.

Por isso, ao buscar a solução para um problema, não pressione sua equipe para reinventar a roda: permita-se pensar pequeno, resgatar ideias conhecidas e utilizar soluções caseiras. Improvisar, mesmo. Inventar exige talento. Inovar exige apenas disciplina: basta incorporar esse espírito no seu dia a dia. Como disse certa vez Aristóteles: "Somos o que fazemos repetidamente. A excelência, portanto, não é um feito, é um hábito."

4. Seja capaz de mudar de opinião e de direção

Todo empresário tem hoje em dia o discurso da flexibilidade na ponta da língua. Mas, por trás dessa máscara de modernidade, escondem-se muitas vezes pessoas rígidas e egocêntricas que não toleram ser contrariadas. Quando pedem a opinião dos funcionários, secretamente buscam cumplicidade. Quando encomendam uma pesquisa de mercado, querem apenas confirmar algo que já decidiram.

São pessoas presas a um conceito ultrapassado de líder: o chefe que deve ter todas as respostas de bate-pronto e permanecer firme nas suas opiniões até o fim, como se flexibilidade fosse sinal de insegurança. Na verdade, é justamente o contrário: somente profissionais realmente seguros aceitam mudar de ideia perante bons argumentos. Esse tipo de comportamento rígido já custou caro a muitas empresas. Durante boa parte do século 20 a Olivetti liderou mundialmente o segmento de equipamentos para escritório. Suas máquinas de escrever tinham presença obrigatória em organizações de todos os tamanhos. Nos anos 1970, porém, a empresa ignorou o surgimento dos computadores. Para piorar, continuou investindo em máquinas de escrever cada vez mais avançadas: eletrônicas, automáticas, com memória, corretivo e outras inovações. Quando a Olivetti percebeu que deveria mudar, era tarde demais: foi atropelada pelos fabricantes de PCs. Para sobreviver, a empresa se viu obrigada a mudar de segmento. E, atualmente, máquina de escrever é peça de museu.

"Não é o que você não sabe que lhe traz problemas. É o que você sabe com certeza mas está errado", resumiu o escritor americano Mark Twain.[2] Somente quem for maleável, adaptável e estiver realmente disposto a ajustar as velas garantirá seu espaço num mundo que muda de direção o tempo todo.

O que teria acontecido com a Intel se não tivesse abandonado o ultracompetitivo mercado de chips e apostado no novo negócio de semicondutores?

A Apple certamente continuaria um fabricante de computadores de nicho se não tivesse se aventurado na febre da música digital e lançado o iPod e o iTunes.

Essa flexibilidade vale tanto para as corporações como para as carreiras profissionais. É comum um executivo descobrir tardiamente que seu verdadeiro talento está em outra área, porém ter receio de mudar, desperdiçar a experiência acumulada e começar do zero.

Ledo engano. Na verdade, nenhum conhecimento se perde, tudo se soma. O que pode fazer a diferença na nova função é justamente sua experiência anterior.

A italiana Miuccia Prada só conseguiu reinventar o negócio da família porque havia cursado política e teatro, habilidades que ela usou e abusou para convencer os parentes das mudanças que pretendia fazer na empresa.

O que permitiu ao alemão Joseph Pilates criar, em pleno campo de prisioneiros, um revolucionário método de condicionamento físico, foram suas noções de medicina e fisiologia.

O fazendeiro brasileiro Alinthor só conseguiu desenvolver o Sterilair, o primeiro aparelho que elimina ácaros do ar, graças à sua formação em física.

Na época em que o ex-ator Ronald Reagan se candidatou à Presidência dos Estados Unidos, muitos duvidaram da sua capacidade política. Mas Reagan chegou ao final de seu mandato como um dos mais queridos e respeitados presidentes americanos. Sua trajetória nas telas ajudou tanto que ele declarou, ao deixar a Casa Branca: "Não consigo imaginar como alguém pode ser presidente dos Estados Unidos sem ser um ator, sem ser um artista."[3]

Você sabia que Steve Jobs, quando era apenas um estudante e não fazia a menor ideia de que carreira seguir, cursou aulas de caligrafia? Aprofundou-se nos diversos tipos de letra sem a menor esperança de aplicação prática daquilo no futuro. E foi justamente isso que lhe permitiu projetar o Macintosh.

O próprio Jobs declarou isso em seu lendário discurso em Stanford em 2005: "Se eu não tivesse frequentado aquele curso na faculdade, o Mac nunca teria tantos tipos e fontes proporcionalmente espaçadas. E, como o Windows apenas o copiou, é provável que nenhum computador pessoal os tivesse hoje."[4]

5. Esteja realmente presente em cada lugar

Observe as pessoas nas ruas e veja como praticamente ninguém está prestando atenção no que acontece ao redor. Todos estão ocupados demais com seus afazeres, preocupados com o futuro ou remoendo o passado.

Com tanta coisa na cabeça, fica muito difícil perceber mudanças sutis que ocorrem à nossa volta e que podem indicar novas oportunidades.

Algumas das maiores ideias comerciais surgiram da identificação da necessidade de um indivíduo que, depois, se revelou aplicável a um público bem mais abrangente. As histórias da minissaia e do bambolê são apenas alguns exemplos.

Uma grande barreira para que a pessoa fique ligada no que acontece à sua volta são os celulares e tablets. Nas reuniões de negócios, é cada vez mais difícil obter a atenção total dos participantes. Alguns checam redes sociais a cada minuto, outros respondem mensagens, colaborando para a distração geral. Resultado: as reuniões perderam objetividade, produtividade e, por que não dizer, criatividade. Somente com atenção plena você conseguirá enxergar um detalhe revelador.

Obviamente, ninguém é maluco de contestar a utilidade das novidades tecnológicas. Mas é preciso ter bom senso para não prejudicar o desempenho dos executivos. O consultor americano Mike Song, coautor do livro *The Hamster Revolution: How to Manage Your Email Before It Manages You* [A revolução do hamster: Como gerenciar seus e-mails antes que eles gerenciem você], alerta: "Se você checa seus e-mails a cada cinco minutos, quando terá tempo para elaborar aquela estratégia genial que realmente fará diferença no futuro da sua empresa? Provavelmente, nunca."

Lembre-se que ficar sempre conectado também pode ter um lado negativo: significa estar desligado do que acontece ao redor. E as oportunidades estão aqui, no mundo real.

6. Na dúvida, pergunte ao consumidor

"Você não anda confuso? Então você realmente não sabe o que está acontecendo." A frase é de Jack Welch, ex-CEO da General Electric, e reflete perfeitamente o mundo em que vivemos. A velocidade das mudanças é tão grande que é quase impossível acompanhar o ritmo.

De vez em quando surge aquela desagradável sensação de não saber o que fazer nem para onde ir. Nesses momentos, a quem recorrer? Na dúvida, ouça os clientes. Sua empresa só existe por causa deles. E só permanecerá no mercado se continuar atendendo às suas necessidades e expectativas crescentes.

Nunca na história da humanidade os consumidores tiveram tanto poder nas mãos. Até recentemente, as empresas ditavam as regras do consumo. Hoje, com o avanço da tecnologia, quem decide como, onde e quando comprar é o cliente.

As empresas só vão sobreviver se acompanharem os anseios desse público cada vez mais exigente e com maior poder de escolha.

A única forma de fazer isso é ouvindo o consumidor. Felizmente, existem diversas maneiras de falar com ele. A primeira é através de serviços de atendimento como o SAC (ainda muito mal utilizados), redes sociais e outros canais de relacionamento, para receber sugestões e críticas. A segunda é buscar contato pessoal, indo ao encontro dos clientes. Já vimos esses exemplos: o comandante Rolim recepcionava os passageiros na porta do avião e a Procter & Gamble visitava os clientes em suas próprias casas.

Contratar pesquisas de opinião pública e estimular a interação e a manifestação dos clientes através de blogs, avaliações on-line e análise de dados são outras formas de detectar mudanças de comportamento e preferências.

Estar em contato permanente com o consumidor é a melhor forma de identificar uma nova necessidade assim que ela surgir. E, se sua empresa for ágil, poderá ser a primeira a explorar o filão e lucrar com a tendência.

7. **Não desista: toda empresa passa por dificuldades**
Em momentos difíceis, nada abala mais um empresário do que ver concorrentes bem-sucedidos. Você pode imaginar a cena: o sujeito aflito com vendas baixas, dívidas no banco e, de repente, vê no noticiário o competidor sorridente comemorando conquistas.

Convenhamos: é difícil manter o equilíbrio sem se abater numa situação dessas. Não raro o indivíduo se convence de que não há saída e perde as esperanças. Mas, antes de desistir de lutar, talvez ajude saber que toda empresa enfrenta dificuldades. A constatação não é minha, mas de Jim Collins, especialista em gestão e liderança considerado por muitos o sucessor de Peter Drucker: "Depois de duas décadas de pesquisas, não posso mencionar um único caso de empresa que tenha desfrutado uma tranquilidade sem alterações ou contado sempre com a sorte."[5]

A indústria inteira vive o pesadelo do aumento da concorrência, de consumidores mais exigentes, de crises frequentes, da diminuição de lucros, de mudanças abruptas de tecnologia, variações monetárias, etc.

Mesmo marcas que prosperaram durante anos sem apresentar problemas acabam sendo vítimas do próprio sucesso. A Ford tem enfrentado desafios em competir com montadoras mais ágeis e inovadoras como a Tesla. A própria Tesla tem lutado para cumprir suas metas de produção e superar frequentes recalls de veículos. A Coca-Cola e o McDonald's têm enfrentado declínio nas vendas devido a mudanças nos hábitos de consumo da população e aumento da concorrência de alternativas mais saudáveis.

Até as festejadas marcas Apple, Google, Meta e Amazon vêm sofrendo com o acirramento da competição em diversas áreas de seus negócios, além de ameaça de regulamentação governamental em diversos países e questões sobre privacidade de dados, impostos e práticas comerciais questionáveis.

E olhe que estamos falando das empresas de maior sucesso e mais admiradas do mundo. Então: você acredita realmente que seus concorrentes locais enfrentam sempre mar calmo e céu de brigadeiro? Tenha certeza de que não.

8. Não se acomode nos momentos de prosperidade

Este livro mostra claramente que são a crise, a dificuldade e o sofrimento que nos impulsionam. Em contrapartida, sabemos que, em momentos de bonança e lucros crescentes, é comum os profissionais se acomodarem.

Como fazer para continuar avançando quando tudo vai bem? É possível tirar a equipe da zona de conforto em épocas de fartura? A Toyota encontrou uma forma: recriando artificialmente as ameaças, restrições e temores que estimulam a criatividade. É o chamado Obituário Corporativo.[6]

Funciona assim: uma equipe é formada para identificar uma ameaça que realmente pode vitimar a empresa no futuro (por exemplo: a escassez do petróleo). Em seguida, os participantes elaboram um texto em forma de artigo de imprensa noticiando como o desastre atingiu a montadora (do tipo "Preço da gasolina derruba as vendas da Toyota em 70%").

Diante do cenário assustador, a equipe é obrigada a pensar em formas de evitar que a tragédia realmente se configure. Dessa forma, a empresa se antecipa às dificuldades e encontra alternativas antes dos concorrentes.

Se funciona? Ora, foi assim que a Toyota lançou o Prius, o primeiro veículo híbrido a ser produzido em larga escala no mundo. Ele se tornou campeão de vendas quando a ameaça de falta do combustível realmente chegou ao mercado. Foi assim também que a empresa desenvolveu o Mirai, inovador modelo movido a hidrogênio que emite, no lugar de gás tóxico, água potável (sim, você pode até beber!).[7]

9. Ame o que faz

Anita Roddick, fundadora da The Body Shop, teria dito certa vez que o empreendedor é movido pela mesma paixão de um artista ou de um escritor.

Ray Kroc, responsável pela expansão mundial do McDonald's, se declara apaixonado pelo pão de hambúrguer. E provoca: "É mais estranho achar graça na textura e silhueta suavemente curva de um pãozinho ou refletir sobre detalhes de uma isca de pesca artificial preferida?"[8]

O comandante Rolim amava tudo que dizia respeito a aviões. Chegou a declarar que considerava o cheiro da gasolina mais agradável que o de um Chanel nº 5.[9]

Walt Disney, a lenda por trás do maior império de diversão e entretenimento do planeta, não escondia a predileção por seus personagens: "Amo o Mickey Mouse mais do que qualquer mulher que conheci."[10]

Não por acaso, a autobiografia de Howard Schultz tem o título *Pour Your Heart into it: How Starbucks Built a Company One Cup a Time* [Dedique-se de coração: Como a Starbucks se tornou uma grande empresa de xícara em xícara].

Exatamente por trabalhar no que gostam de fazer, esses empreendedores se destacaram em seus segmentos e conheceram o sucesso. Quem ama se dedica mais, trabalha com mais afinco, fica ligado o tempo todo. Assim é mais fácil identificar oportunidades disfarçadas.

Nestes tempos ultracompetitivos em que vivemos, somente o empreendedor apaixonado poderá encontrar aquele benefício extra de que o produto ou serviço tanto precisa.

As maiores realizações no mundo são resultado de uma relação de amor. Empresas, marcas, ideias. Sem paixão, nem este livro existiria.

10. **Acredite que é capaz**
Admito que frases como "Ame o que faz" ou "Acredite que é capaz" são lugares-comuns. Peço desculpas, mas não consegui fugir delas. Quanto mais me aprofundava nos casos deste livro, mais me chamava atenção quanto esse espírito realmente faz toda a diferença.

Como disse Henry Ford: "Se você acredita que é capaz ou se acredita que não é, de qualquer forma você tem razão."[11] Não vou ficar me estendendo em razões pelas quais você deveria acreditar em si mesmo, no seu negócio e em seus planos. Só vou dizer que, em última análise, você é capaz de ter o que deseja pelo simples fato de estar aqui. Para não entrar num terreno piegas ou de autoajuda, vou recorrer à poesia.

Em 2005, eu e minha esposa, Fernanda, fomos assistir a uma peça de teatro com o saudoso ator Paulo Autran. Não me recordo do nome do espetáculo, mas jamais esquecerei o momento mágico em que Autran recitou um poema emocionante sobre a alma humana, nosso insaciável desejo de consumir e nosso ilimitado poder de realizar. Decidi que encerraria o livro com aquele texto. Com vocês, "Fala do Homem Nascido", da obra *Teatro do Mundo*, escrito pelo poeta português António Gedeão em 1958:

> *Venho da terra assombrada*
> *do ventre de minha mãe*
> *não pretendo roubar nada*
> *nem fazer mal a ninguém*
> *Só quero o que me é devido*
> *por me trazerem aqui*
> *que eu nem sequer fui ouvido*
> *no ato de que nasci*
> *Trago boca pra comer*
> *e olhos pra desejar*
> *tenho pressa de viver*
> *que a vida é água a correr*

*Venho do fundo do tempo
não tenho tempo a perder
minha barca aparelhada
solta rumo ao norte
meu desejo é passaporte
para a fronteira fechada
Não há ventos que não prestem
nem marés que não convenham
nem forças que me molestem
correntes que me detenham
Quero eu e a natureza
que a natureza sou eu
e as forças da natureza
nunca ninguém as venceu
Com licença com licença
que a barca se fez ao mar
não há poder que me vença
mesmo morto hei-de passar
com licença com licença
rumo à estrela polar.*

EXPLICAÇÃO DO PREFÁCIO PÓSTUMO

DURANTE MUITO TEMPO PENSEI em quem deveria convidar para fazer o prefácio deste livro. Inicialmente me ocorreram nomes de conhecidos empresários brasileiros. Depois cogitei importantes nomes internacionais.

Mas, de certa forma, nenhum deles me parecia suficiente. Não bastava alguém que obteve sucesso depois de enfrentar adversidades. Praticamente todos os empresários viveram isso. Este livro pedia mais: uma história emblemática. Alguém cuja vida tivesse sido fortemente marcada por decepções até a glória final. Alguém que tivesse a visão do todo, que pudesse dar o testemunho após percorrer o caminho por completo. Do começo ao fim.

Ora, o fim é a morte. Por isso me ocorreu "convidar" alguém já falecido. A questão então passou a ser: quem? Estudando diversas personalidades, cheguei ao nome de Abraham Lincoln. Talvez nenhuma outra figura histórica tenha colecionado tantas derrotas durante a vida e, no final, triunfado tão espetacularmente quanto ele.

Lincoln é considerado por muitos o maior presidente da história dos Estados Unidos. O homem que emancipou os escravos. O líder que impediu a nação de se dividir durante a terrível Guerra de Secessão. Se atualmente os Estados Unidos são um único e poderoso país, muito se deve à atuação de Abraham Lincoln, sem exagero.

Escolhido o nome, veio a fase de pesquisa. Foi aí que tive a felicidade de encontrar um livro raro, exemplar de colecionador: *Abraham Lincoln: His Speeches and Writings* [Abraham Lincoln: Discursos e escritos], organizado por Roy P. Basler.

Publicada pela World Publishing Company em 1946, a obra traz os antológicos discursos e principais textos do presidente americano. É um material riquíssimo, de onde extraí a sabedoria e o conteúdo do prefácio. Posso afirmar que todo o texto é formado por frases realmente ditas por Lincoln (com exceção do trecho em que enumera suas derrotas políticas e pessoais, embora se trate de fatos historicamente comprovados). Os acontecimentos e as datas respeitam a linha cronológica fornecida pelo Abraham Lincoln Historical Digitization Project.

Por fim, uma frase de sua autoria exposta na página 510 da referida publicação me deixou mais à vontade para utilizar seus manuscritos:

"Se alguém julgar necessário incorporar ideias dos meus textos, imagino que não haverá objeção. Mas deve deixar claro que o novo texto não foi escrito por mim."

Pois então: deixo claro aqui que o texto de abertura deste livro não foi escrito pessoalmente por Abraham Lincoln. É apenas uma seleção de suas frases e ideias que, apesar de terem mais de 150 anos, continuam atuais. É também uma forma de destacar uma vida que foi um exemplo de persistência e determinação, uma forma de homenagear um homem que enfrentou uma sucessão de tropeços até obter sua grande conquista: entrar para a história.

FONTES DE CONSULTA

OPORTUNIDADES DISFARÇADAS NAS CRISES

1. VOLLMER, Lisa. "Anne Mulcahy: The Keys to Turnaround at Xerox". Stanford Business Insights, 1 dez. 2004. Disponível em: www.gsb.stanford.edu/insights/anne-mulcahy-keys--turnaround-xerox. Acesso em 29 ago. 2023.
2. S&P Global. "'Monopoly' Game Debuts in Russian". *Journal of Commerce*, 18 out. 1988. Disponível em: www.joc.com/article/monopoly-game-debuts-russian_19881018.html. Acesso em 29 ago. 2023.
3. Ainda que tenha sido Charles quem recuperou e popularizou o *Monopoly*, sua criadora original, a designer americana Lizzie Magie, nunca recebeu crédito por sua criação nem royalties pelas vendas. PILON, Mary. "The secret history of Monopoly: the capitalist board game's leftwing origins". *The Guardian*, 11 abr. 2015. Disponível em: www.theguardian.com/lifeandstyle/2015/apr/11/secret-history-monopoly-capitalist-game-leftwing-origins. Acesso em 29 ago. 2023.
4. DUARTE, Marcelo. *O livro das invenções*. São Paulo: Companhia das Letras, 1997, pp. 304-5.
5. JOHNSON, Angela. "13 facts about Monopoly that will surprise you". Insider, 26 jun. 2018. Disponível em: www.insider.com/facts-about-monopoly-2018-6. Acesso em 29 ago. 2023.
6. ROWAN, David. "The dead list". *The Guardian*, 18 set. 2000. Disponível em: www.theguardian.com/technology/2000/sep/18/mondaymediasection.newmedia. Acesso em 25 mar. 2022.
7. SUROWIECKI, James. "Let the bad times roll". *New Yorker*, 26 ago. 2001. Disponível em: www.newyorker.com/magazine/2001/09/03/let-the-bad-times-roll. Acesso em 29 ago. 2023.
8. MUNDO DAS MARCAS. Gol Linhas Aéreas, 13 jun. 2006. Disponível em: mundodasmarcas.blogspot.com/2006/06/gol-linhas-areas-inteligentes.html. Acesso em 29 ago. 2023.
9. MADIA de Souza, Francisco Alberto. *O grande livro do marketing*. São Paulo: M. Books, 2007, pp. 230-1.
10. FORTUNE. Our history. Disponível em: fortune.com/about-us. Acesso em 31 ago. 2023.
11. MAY, Matthew E. *Toyota: A fórmula da inovação*. Rio de Janeiro: Elsevier, 2007, p. 128.
12. HOLYFIELD, Mabra. "African Americans Saved Cadillac". *Los Angeles Sentinel*, 11 jul. 2019. Disponível em: lasentinel.net/african-americans-saved-cadillac.html. Acesso em 3 jun. 2022.
13. NHK INTERNATIONAL. *Projeto X: Os Inovadores*, documentário, 2000. Ponto em que narra a entrada da Sony na Europa: 30 minutos. Disponível em: www.youtube.com/watch?-v=O3rirv2BJbY. Acesso em 31 ago. 2023.

14 AMENDOLA, Gilberto. *"A 'Star' do arquiteto Starck"*. Estadão.com, 24 dez. 2008. Disponível em: cultura.estadao.com.br/blogs/direto-da-fonte/a-star-do-arquiteto-starck. Acesso em 31 out. 2023.
15 DUARTE, *O livro das invenções*, 1997, p. 303.
16 GUARACY, Thales. *O sonho brasileiro: Como Rolim Amaro construiu a TAM e sua filosofia de negócios*. São Paulo: A Girafa, 2003, pp. 70-1.
17 STREITFELD, David. "Analysts, Vendors Increasingly Wary About Amazon". *Washington Post*, 21 fev. 2001. Disponível em: www.washingtonpost.com/archive/business/2001/02/21/analysts-vendors-increasingly-wary-about-amazon/82aee135-065e-4ce9-a293-edbb-c83a6552. Acesso em 1 set. 2023.

OPORTUNIDADES DISFARÇADAS NA CONCORRÊNCIA ACIRRADA

1 DUARTE, *O livro das invenções*, 1997, p. 298.
2 CRAINER, Stuart. *As 75 melhores decisões administrativas de todos os tempos... e 21 das piores*. Barueri: Manole, 2002, pp. 18-9.
3 GOULART, Mário. *O livro dos erros: Histórias equivocadas da vida real*. Rio de Janeiro: Record, 2001, p. 226.
4 SCHMETTERER, Bob. *Salto: Uma revolução em estratégia criativa nos negócios*. São Paulo: Pensamento-Cultrix, 2003, p. 152.
5 RATHGEN, J. Philip. "You Spin Me Round – How Swatch Saved the Swiss Watch Industry in the 80s". Classic Driver, 30 mar. 2013. Disponível em: www.classicdriver.com/en/article/uhren/you-spin-me-round---how-swatch-saved-swiss-watch-industry-80s. Acesso em 5 set. 2023.
6 SABANOGLU, Tugba. "Market share of the leading Swiss watch companies worldwide in 2020". Statista, 30 nov. 2021. Disponível em: www.statista.com/statistics/940596/market-share-of-swiss-watch-companies-worldwide/. Acesso em 5 set. 2023.
7 ROTHMAN, Howard. *50 empresas que mudaram o mundo*. Barueri: Manole, 2001, pp. 27-8.
8 GROVE, Andrew S. *Só os paranoicos sobrevivem: Como tirar melhor proveito das crises que desafiam empresas e carreiras*. São Paulo: Futura, 1997, pp. 85-6.
9 GROVE, Andy. "Mudando as regras". *Exame*, 15 jan. 2004, p. 68.
10 KING, Ian. "Intel Loses Ground to AMD as Demand for Chromebook Chips Wanes". Bloomberg, 4 nov. 2021. Disponível em: www.bloomberg.com/news/articles/2021-11-04/intel-loses-ground-to-amd-as-demand-for-chromebook-chips-wanes. Acesso em 5 set. 2023.
11 NOLEN, Jeannette L. *Miuccia Prada: Italian fashion designer*. Britannica. Disponível em: www.britannica.com/biography/Miuccia-Prada. Acesso em 5 set. 2023.
12 MAY, *Toyota*, 2007, prólogo.
13 MUNDO DAS MARCAS. Natura, 11 mai. 2006. Disponível em: mundodasmarcas.blogspot.com/2006/05/natura-natureza-viva.html. Acesso em 5 set. 2023.
14 CRAINER, *As 75 melhores decisões administrativas de todos os tempos...*, 2002, pp. 26-7.
15 DUARTE, Mário. *O Guia dos Curiosos*. São Paulo: Companhia das Letras, 1995, p. 218.
16 DUARTE, *O livro das invenções*, 1997, p. 391.
17 MATTOS, Amir. *Invenções: O inventor desconhecido que inventou o conhecido*. Belo Horizonte: Leitura, 2001, p. 9.
18 BOCCIA, Sandra. *Casinhas holandesas criadas pela KLM nos anos 50 tornaram-se itens de colecionador de um seleto grupo de viajantes*. Estampa, out. 2002, p. 51.
19 MADIA de Souza, *O grande livro do marketing*, 2007, p. 267.

20 SUPERINTERESSANTE. "A verdadeira origem do Dia dos Namorados", 12 jun. 2019. Disponível em: super.abril.com.br/videos/super-explica/a-verdadeira-origem-do-dia-dos-namorados. Acesso em 11 set. 2023.
21 GUIMARÃES, Ligia. "Empresa que popularizou Dia das Crianças recorre à China para viver". G1, 10 out. 2011. Disponível em: bitly.ws/UtI3. Acesso em 11 set. 2023.
22 EXAME.COM. "Como trazer valor para a sua marca? Isto é o que 94% dos brasileiros esperam das empresas", 26 out. 2023. Disponível em: exame.com/carreira/como-trazer-valor-para-a-sua-marca-isto-e-o-que-94-dos-brasileiros-esperam-das-empresas/. Acesso em 25 fev. 2024.
23 Sobre o verso "Cortar o tempo", há controvérsias se a autoria é de Drummond. Mas encontrei este link do MEC confirmando: catalogo.educacaonaculturadigital.mec.gov.br/hypermedia_files/live/gestao/pagina-2.html. Acesso em 11 set. 2023.
24 WALLS, Colin. "How to sell more toothpaste". Siemens, 18 jun. 2009. Disponível em: blogs.sw.siemens.com/embedded-software/2009/06/18/how-to-sell-more-toothpaste. Acesso em 12 set. 2023.
25 MAY, *Toyota*, 2007, pp. 24, 64, 66.
26 CRAINER, *As 75 melhores decisões administrativas de todos os tempos...*, 2002, p. 76.
27 DUARTE, *O livro das invenções*, 1997, p. 370.
28 SLYWOTZKY, Adrian J. *Do risco à oportunidade: As 7 estratégias para transformar ameaças em fatores de crescimento*. Rio de Janeiro: Elsevier, 2007, pp. 179-80.
29 FERREIRA, Carlos. "É Tri: Airbus supera Boeing como maior fabricante de aeronaves comerciais no mundo". Aeroin, 11 jan. 2022. Disponível em: aeroin.net/e-tri-airbus-supera-boeing-como-maior-fabricante-de-aeronaves-comerciais-do-mundo. Acesso em 13 set. 2023.
30 SLYWOTZKY, *Do risco à oportunidade*, 2007, p. 124.
31 SLYWOTZKY, *Do risco à oportunidade*, 2007, pp. 125-33.
32 ZETTLER, Bill. "Target Vs. Walmart Stock: Which Is The Better Buy?". Seeking Alpha, 31 mai. 2022. Disponível em: seekingalpha.com/article/4515045-target-vs-walmart-stock-better-buy. Acesso em 13 set. 2023.
33 SADIA. *Sadia 50 anos: Construindo uma história*. São Paulo: Prêmio, 1994, p. 29.

OPORTUNIDADES DISFARÇADAS NA INSATISFAÇÃO DE CLIENTES

1 GUARACY, *O sonho brasileiro*, 2003, pp. 366-7.
2 JONES, Meghan. "The 3 Words Disney Employees Aren't Allowed to Say". *Reader's Digest*, 27 set. 2021. Disponível em: www.rd.com/article/disney-employees-arent-allowed-say. Acesso em 15 set. 2023.
3 SEU SUCESSO. "Disney: Por que os clientes deixam de comprar um produto ou serviço", mai. 2004, p. 29.
4 Embora não haja uma fonte específica para essa história, casos semelhantes de "Clone Model" (padronização das boas práticas de um atendente para os outros membros da equipe) circulam no meio empresarial americano. FILWOOD, David. "Clone Top Performers To Boost Contact Center Performance". LinkedIn, 24 jan. 2024. Disponível em: shorturl.at/myGIK. Acesso em 26 fev. 2024.
5 VELLOSO, Priscila Arida. *Oh! Dúvida cruel: 222 perguntas que inquietam a humanidade*. Rio de Janeiro: Record, 2000, pp. 64-5.
6 SLYWOTZKY, *Do risco à oportunidade*, 2007, pp. 36-40.

7. MICKLE, Tripp. "Farewell to the iPod". *The New York Times*, 10 mai. 2022. Disponível em: www.nytimes.com/2022/05/10/technology/apple-ipod-phasing-out.html. Acesso em 15 set. 2023.
8. ROTHMAN, *50 empresas que mudaram o mundo*, 2001, p. 223.
9. LEME, Alvaro. "O show do bilhão". *Veja SP*, 29 dez. 2007, pp. 20-2.
10. MIATO, Bruna. "Via Varejo, Via, Grupo Casas Bahia: por que a empresa vai mudar de nome de novo?" G1.globo.com, 20 set. 2023. Disponível em: bit.ly/3UZrF7z. Acesso em 26 fev. 2024.
11. AWAD, Elias. *Samuel Klein e Casas Bahia: Uma trajetória de sucesso*. Osasco: Novo Século, 2005, p. 193.
12. PINTO, Lucinda. "Como o 'carnê das Casas Bahia' pode dar fôlego extra à companhia". InfoMoney.com, 28 fev. 2024. Disponível em: shorturl.at/cABD0. Acesso em 28 fev. 2024.
13. CRAINER, *As 75 melhores decisões administrativas de todos os tempos...*, 2002, pp. 91-2.
14. DUARTE, *O livro das invenções*, 1997, pp. 136-7.
15. VERÍSSIMO, Suzana. "Mundo de jeans". *Superinteressante*, fev. 1988, pp. 81-2.
16. THE ECONOMIST. "The Meaning of Blue Jeans", mar. 2016. Disponível em: www.economist.com/united-states/2016/03/26/the-meaning-of-blue-jeans. Acesso em 15 set. 2023.
17. MARTINO, Natália. "E Max Factor criou o rímel, a sombra, a base...". *Istoé*, 3 out. 2012, p. 69.
18. HORWELL, Veronica. "Dame Anita Roddick". *The Guardian*, 12 set. 2007. Disponível em: www.theguardian.com/news/2007/sep/12/guardianobituaries.business. Acesso em 15 set. 2023.
19. THEBODYSHOP.COM. Disponível em: shorturl.at/amBQ9. Acesso em 28 fev. 2024.
20. MADIA de Souza, *O grande livro do marketing*, 2007, p. 141.
21. SLYWOTZKY, *Do risco à oportunidade*, 2007, pp. 205-6.
22. GROSS, Daniel. *Forbes: As maiores histórias do mundo dos negócios*. São Paulo: Schwarcz, 1998, pp. 319-26.
23. MAY, *Toyota*, 2007, p. 134.
24. VON, Cristina. *A história do brinquedo: Para as crianças conhecerem e os adultos se lembrarem*. São Paulo: Alegro, 2001, p. 145.
25. DAILY MAIL. "Anything to declare? Virgin Atlantic salt and pepper pots phased out after decade of theft", 7 out. 2011. Disponível em: www.dailymail.co.uk/travel/article-2046368/Virgin-Atlantic-salt-pepper-shakers-phased-decade-theft.html. Acesso em 15 set. 2023.

OPORTUNIDADES DISFARÇADAS NA FALTA DE RECURSOS

1. GOULART, *O livro dos erros*, 2001, p. 119.
2. GROSS, *Forbes*, 1998, pp. 196-7.
3. EDWARD, José. "O poder das marcas é a chave do negócio". Acervo Digital ESPM, 26 nov. 2003. Disponível em: acervo-digital.espm.br/Artigos/ART/2014/100931.pdf. Acesso em 28 fev. 2024.
4. DUARTE, *O livro das invenções*, 1997, p. 294.
5. ISTOÉ DINHEIRO. "A alquimia de Krigsner", 17 set. 2003. Disponível em: www.istoedinheiro.com.br/a-alquimia-de-krigsner. Acesso em 20 set. 2023.
6. MUNDO DAS MARCAS. *Magazine Luiza*, 3 set. 2006. Disponível em: mundodasmarcas.blogspot.com/2006/09/magazine-luiza-vem-ser-feliz.html. Acesso em 20 set. 2023.
7. ISTOÉ DINHEIRO. "Todos estão de olho nele", 1 dez. 2016. Disponível em: www.istoedinheiro.com.br/todos-estao-de-olho-nele. Acesso em 20 set. 2023.
8. MADIA de Souza, *O grande livro do marketing*, 2007, p. 259.

9   GROSS, *Forbes*, 1998, p. 198.
10 MARKETING WEEK. "McDonald's 'bigger than Jesus Christ'", 21 jul. 1995. Disponível em: www.marketingweek.com/mcdonalds-bigger-than-jesus-christ. Acesso em 20 set. 2023.
11 DUARTE, *O livro das invenções*, 1997, pp. 229-30.
12 ISTOÉ DINHEIRO. "A indústria perde um líder", 6 abr. 2001. Disponível em: www.istoedinheiro.com.br/a-industria-perde-um-lider. Acesso em 20 set. 2023.
13 DUARTE, *O livro das invenções*, 1997, p. 333.
14 COCA-COLA COMPANY. "Why Fanta is shaking up soft drinks", 3 mai. 2017. Disponível em: www.coca-colacompany.com/au/news/why-fanta-is-shaking-up-soft-drinks. Acesso em 20 set. 2023.
15 MINTZBERG, Henry. "Não faça planos, trabalhe". *Exame*, 15 jan. 2004, p. 52.

OPORTUNIDADES DISFARÇADAS NOS PROBLEMAS COM A EQUIPE

1   GOULART, *O livro dos erros*, 2001, p. 112.
2   SOLBERG, Freja. "How Harry Selfridge Reformed Window Shopping". Medium, 15 nov. 2000. Disponível em: medium.com/culturistique/how-harry-selfridge-reformed-the-window-shopping-af982a32ebab. Acesso em 21 set. 2023.
3   PRIMEIRA LEITURA. "Invadindo a sala de Bill Gates". Set. 2003, p. 17.
4   VELLOSO, Priscila Arida. *Oh! Dúvida cruel 2*. Rio de Janeiro: Record, 2001, p. 152.
5   WELCH, Jack. Disponível em: jackwelchge.weebly.com/human-resource-management.html. Acesso em 21 set. 2023.
6   WARD, James. BBC. "The stories behind five stationery icons", 11 set. 2014. Disponível em: www.bbc.com/news/magazine-29139536. Acesso em 21 set. 2023.
7   THE NEW YORK TIMES. "Making a Feature of Selling Tires: its Value an Usefulness in Aiding other Business of a Department Store", 28 out. 1923, p. 13. Disponível em: www.nytimes.com/1923/10/28/archives/making-a-feature-of-selling-tires-its-value-and-usefulness-in.html. Acesso em 21 set. 2023.
8   MAY, *Toyota*, 2007, prólogo.
9   MAY, *Toyota*, 2007, p. 186.
10 MADIA de Souza, *O grande livro do marketing*, 2007, p. 317.
11 DUARTE, *O livro das invenções*, 1997, p. 396.
12 MINKOW, Barry. *Down, But Not Out: 10 Steps for Rebuilding Your Life, Your Career, & All That Other Suff*. Nashville: Thomas Nelson, 2006, p. 132.
13 CRAINER, *As 75 melhores decisões administrativas de todos os tempos...*, 2002, pp. 224-5.
14 DELTA: *America's most-awarded airline*. Disponível em: news.delta.com/delta-americas-most-awarded-airline. Acesso em 21 set. 2023.

OPORTUNIDADES DISFARÇADAS NOS ERROS

1   MARASCIULO, Marilia. "Alfred Nobel: Quem foi o inventor que dá nome à premiação de ciência". *Galileu*, out. 2018. Disponível em: https://revistagalileu.globo.com/Ciencia/noticia/2018/10/alfred-nobel-quem-foi-o-inventor-que-da-nome-premiacao-de-ciencia.html. Acesso em 15 jan. 2024.
2   ROBERT, Royston M. *Descobertas acidentais em ciências*. Campinas: Papirus, 1995, pp. 275-6.
3   DUARTE, *O livro das invenções*, 1997, p. 72.
4   MADIA de Souza, *O grande livro do marketing*, 2007, p. 182.

5   DESIDÉRIO, Mariana. "Fogo de Chão renova restaurantes e abre unidades de olho nos millenials". Exame.com, 20 abr. 2022. Disponível em: exame.com/negocios/fogo-de-chao-renova-restaurantes-e-abre-unidades-de-olho-nos-millenials. Acesso em 17 jan. 2024.
6   CRAINER, *As 75 melhores decisões administrativas de todos os tempos...*, 2002, p. 47.
7   MEDEIROS, Cristina de. "Coca-Cola é isso aí". *Superinteressante*, fev. 1991, p. 58.
8   DUARTE, *O livro das invenções*, 1997, p. 258.
9   YENNE, Bill. *100 invenções que mudaram a história do mundo*. Rio de Janeiro: Ediouro, 2003, p. 164.
10 PRONIN, Tatiana. "Bendita toxina". *Estampa*, fev. 2003, pp. 41-2.
11 GRECO, Alessandro. "14 descobertas que mudaram os últimos 14 anos". *Superinteressante*, 31 ago. 1991. Disponível em: super.abril.com.br/ciencia/14-descobertas-que-mudaram-os-ultimos-14-anos. Acesso em 21 set. 2023.
12 GUARACY, *O sonho brasileiro*, 2003, p. 87.
13 SLYWOTZKY, *Do risco à oportunidade*, 2007, p. 155.
14 VEJA. Entrevista com Douglas Ivester. Páginas Amarelas, out. 1999, pp. 11-5.
15 GOULART, *O livro dos erros*, 2001, pp. 115-6.

OPORTUNIDADES DISFARÇADAS NOS PROBLEMAS PESSOAIS

1   BOYD, T. A. *Professional Amateur: The Biography of Charles Franklin Kettering*. Nova York: E. P. Dutton & Co, 1 jan. 1957, pp. 112-3.
2   GOULART, *O livro dos erros*, 2001, p. 212.
3   DUARTE, *O livro das invenções*, 1997, p. 294.
4   CRAINER, *As 75 melhores decisões administrativas de todos os tempos...*, 2002, pp. 218-9.
5   DUARTE, *O livro das invenções*, 1997, pp. 340-1.
6   GROSS, *Forbes*, 1998, p. 193.
7   GROSS, *Forbes*, 1998, p. 232.
8   MADIA de Souza, *O grande livro do marketing*, 2007, p. 325.
9   MAY, *Toyota*, 2007, p. 168.
10 CRAINER, *As 75 melhores decisões administrativas de todos os tempos...*, 2002, pp. 136-7.
11 DUARTE, *O livro das invenções*, 1997, pp. 342-3.
12 PILASTRO, Eleonora. *Why was the Guinness World Records book first published?*. Guinness World Records, 16 set. 2022. Disponível em: https://www.guinnessworldrecords.com/news/2022/9/why-was-the-guinness-world-records-book-first-published-714607. Acesso em 13 out. 2022.
13 MATTOS, Amir. *Invenções: O inventor desconhecido que inventou o conhecido*. Belo Horizonte: Leitura, 2001, p. 22
14 DUARTE, *O livro das invenções*, 1997, p. 305. GOODRICH, Joanna. "This Socialite Hated Washing Dishes So Much That She Invented the Automatic Dishwasher". *IEEE Spectrum*, 6 out. 2020. Disponível em: spectrum.ieee.org/this-socialite-hated-washing-dishes-so-much-that-she-invented-the-automated-dishwasher. Acesso em 21 set. 2023.
15 SILVA, Antonio Silva Teixeira da. *Inovação: Como criar ideias que geram resultados*. Rio de Janeiro: Qualitymark, 2003, p. 13. DUARTE, *O livro das invenções*, 1997, p. 335.
16 SCHULTZ, Howard. *Dedique-se de coração: Como a Starbucks se tornou uma grande empresa de xícara em xícara*. São Paulo: Elsevier, 1999, pp. 29-31.
17 GOULART, *O livro dos erros*, 2001, p. 119.
18 DUARTE, *O livro das invenções*, 1997, p. 381.

19 CRAINER, *As 75 melhores decisões administrativas de todos os tempos...*, 2002, p. 79.
20 MADIA de Souza, *O grande livro do marketing*, 2007, p. 136.
21 MOIN, David. "Nichols Exits as Victoria's Secret CEO". WWD, 30 jan. 2007. Disponível em: wwd.com/business-news/financial/nichols-exits-as-victoria-s-secret-ceo-509358/. Acesso em 2 mar. 2024.
22 Site institucional do Software Atualiza. Disponível em: www.atualiza.com.br. Acesso em 21 set. 2023.
23 MATTOS, Amir. *Invenções: O inventor desconhecido que inventou o conhecido*. Belo Horizonte: Leitura, 2001, p. 36.
24 YENNE, *100 invenções que mudaram a história do mundo*, 2003, p. 153.
25 DUARTE, *O livro das invenções*, 1997, p. 361.
26 PIMENTA, Reinaldo. *A casa da mãe Joana: Curiosidades nas origens de palavras, frases e marcas*. Rio de Janeiro: Campus, 2002, p. 241. DUARTE, *O livro das invenções*, 1997, p. 405.
27 PIMENTA, Reinaldo. *A casa da mãe Joana 2: Mais curiosidades nas origens de palavras, frases e marcas*. Rio de Janeiro: Campus, 2004, p. 38.

OPORTUNIDADES DISFARÇADAS NOS FRACASSOS

1 SCHULTZ, *Dedique-se de coração*, 1999, p. 205.
2 CRAINER, *As 75 melhores decisões administrativas de todos os tempos...*, 2002, p. 258.
3 MAY, *Toyota*, 2007, p. 98.
4 MAY, *Toyota*, 2007, p. 56.
5 MADIA de Souza, *O grande livro do marketing*, 2007, p. 156.
6 DUARTE, *O livro das invenções*, 1997, pp. 322-3.
7 DUARTE, *O livro das invenções*, 1997, pp. 352-3.
8 LESKIN, Paige. "YouTube is 15 years old. Here's a timeline of how YouTube was founded, its rise to video behemoth, and its biggest controversies along away". Insider, 30 mai. 2020. Disponível em: www.businessinsider.com/history-of-youtube-in-photos-2015-10. Acesso em 21 set. 2023.
9 CHURCHILL, Winston, Sir. *Memórias da Segunda Guerra Mundial*. Rio de Janeiro: Nova Fronteira, 1995, pp. 26, 69, 258.
10 MACKAY, Harvey. *We Got Fired!... And It's the Best Thing That Ever Happened to Us*. Nova York: Ballantine Books, 2004, p. 241.
11 RYDLEWSKI, Carlos. "A insuportável leveza de Jobs". *Veja*, 23 jan. 2008, p. 67.
12 SLYWOTZKY, *Do risco à oportunidade*, 2007, p. 38.
13 FORBES. Perfil de JK ROWLING, 2020. Disponível em: www.forbes.com/profile/jk-rowling/?sh=2f3bed6d3aeb. Acesso em 21 set. 2023.
14 MACKAY, *We Got Fired!*, 2004, p. 35.

OPORTUNIDADES DISFARÇADAS NO SOFRIMENTO

1 SCHOPENHAUER, Arthur. *Parerga and Paralipomena*. Oxford: Clarendon Press, 2000, p. 305.
2 BRUM, Gabriel. "Uso de sedativos e antidepressivos cresceu mais de 30% após a pandemia". Agência Brasil, 8 nov. 2023. Disponível em: shorturl.at/isNY9. Acesso em 2 mar. 2024.

3. ÉPOCA. "Como os grandes sábios podem nos ajudar a viver melhor". Especial Felicidade, 20 fev. 2009. Disponível em: revistaepoca.globo.com/Revista/Epoca/0,,ERT56154-15228,00.html. Acesso em 21 set. 2023.
4. KENNEDY, Robert F. University of Capetown, 6 jun. 1966. Disponível em: www.jfklibrary.org/learn/about-jfk/the-kennedy-family/robert-f-kennedy/robert-f-kennedy-speeches/day-of-affirmation-address-university-of-capetown-capetown-south-africa-june-6-1966. Acesso em 21 set. 2023.
5. ÉPOCA, "Como os grandes sábios podem nos ajudar a viver melhor", 2009.

OPORTUNIDADES DISFARÇADAS AO SEU REDOR

1. GROSS, *Forbes*, 1998, pp. 91-2.
2. VON, *A história do brinquedo*, 2001, pp. 10-2.
3. ROTHMAN, *50 empresas que mudaram o mundo*, 2001, p. 105.
4. ARTHUR, Charles. "Son of iMAC: Jonathan Ive on the Shape of Things to Come". *The Independent*, 14 jan. 2022. Disponível em: www.independent.co.uk/news/business/analysis-and-features/son-of-imac-jonathan-ive-on-the-shape-of-things-to-come-9206835.html. Acesso em 21 set. 2023.
5. RIZZO, Alessandra. "Mary Quant at the V&A: Swinging London is back". Sky News, 6 abr. 2019. Disponível em: news.sky.com/story/mary-quant-at-the-v-a-swinging-london-is-back-11695440. Acesso em 21 set. 2023.
6. KENNEDY, Pagan. "William Gibson's Future is Now". *The New York Times*, 13 jan. 2012. Disponível em: www.nytimes.com/2012/01/15/books/review/distrust-that-particular-flavor-by-william-gibson-book-review.html. Acesso em 21 set. 2023.
7. HAVAIANAS: espalhando o espírito brasileiro desde 1962. Havaianas.com. Disponível em: havaianas.com.br/historia-da-marca.html. Acesso em 21 set. 2023.
8. VON, *A história do brinquedo*, 2001, p. 29.
9. HADEN, Jeff. "The Couple Who Sold 300 Million Toys Reveal a Brutal Truth About Success". Inc.com, 24 set. 2020. Disponível em: www.inc.com/jeff-haden/the-couple-who-sold-300-million-toys-reveal-a-brutal-truth-about-success.html. Acesso em 21 set. 2023.
10. MATTOS, Amir. *Invenções: O inventor desconhecido que inventou o conhecido*. Belo Horizonte: Leitura, 2001, pp. 38-9.
11. SCHULTZ, *Dedique-se de coração*, 1999, pp. 24-5.
12. SCHULTZ, *Dedique-se de coração*, 1999, p. 34.
13. Depoimento de Warren Avis. *Warren Avis History:* www.youtube.com/watch?v=lv172MFEGIA. Acesso em 21 set. 2023.
14. EXAME. "Fundador da Localiza começou o negócio com seis fuscas financiados". 10 out. 2010. Disponível em: exame.com/negocios/fundador-da-localiza-comecou-o-negocio-com-seis-fuscas-financiados-m0140221. Acesso em 21 set. 2023.
15. ISTOÉ. "Quanta imaginação! A boia-espaguete é um exemplo de criação aparentemente tola que faz o maior sucesso". 26 abr. 2000. Disponível em: istoe.com.br/36347_QUANTA+IMAGINACAO+. Acesso em 21 set. 2023.
16. PIMENTA, *A casa da mãe Joana*, 2002, p. 231.
17. MADIA de Souza, *O grande livro do marketing*, 2007, p. 260.
18. HEYMANN, Gisela. *A anestesia: a descoberta de substâncias que inibem dores intensas proporcionou um grande salto na cirurgia*. Superinteressante, ago. 1988, p. 64.
19. McGUIRE, Patrick. "Iconic Alka Seltzer developed at Elkhart's Miles Laboratory". South

Bend Tribune, 11 dez. 2016. Disponível em: www.southbendtribune.com/story/news/local/2016/12/11/iconic-alka-seltzer-developed-at-elkharts-miles-laboratory/46303219/. Acesso em 22 fev. 2023.
20 CRAINER, *As 75 melhores decisões administrativas de todos os tempos...*, 2002, p. 207.
21 HEYMANN, Gisela. *Coco Chanel: a revolucionária da moda*. Superinteressante, nov. 1992, p. 75.
22 MADIA de Souza, *O grande livro do marketing*, 2007, pp. 297-8.
23 VON, *A história do brinquedo*, 2001, pp. 70-1.
24 HISTORY.COM. "Hula Hoop patented". 24 nov. 2009. Disponível em: www.history.com/this-day-in-history/hula-hoop-patented. Acesso em 21 set. 2023.
25 DUARTE, *O livro das invenções*, 1997, p. 318.
26 DUARTE, *O livro das invenções*, 1997, pp. 73-4.
27 ROBERT, Royston M. *Descobertas acidentais em ciências*. Campinas: Papirus, 1995, pp. 38-9.
28 LOUIS VUITTON: TRAVELLING THROUGH TIME. *Louis Vuitton Malletier*. Paris: Desgrandchamps. 1996.
29 ATTARBASHI, Brian H. *Karl Elsener:* "The Epitome of Swiss Craftmanship and Practicality". LinkedIn, 1 dez. 2021. Disponível em: www.linkedin.com/pulse/karl-elsener-epitome--swiss-craftmanship-practicality-attarbashi. Acesso em 22 fev. 2023.
30 GROSS, *Forbes*, 1998, pp. 355-7.
31 HILFIGER, Tommy. *Iconic America: a roller-coaster ride through the eye-popping panorama of American pop culture*. Nova York: Universe, 2007, p. 103.
32 Theodore Roosevelt Association. Disponível em: www.theodoreroosevelt.org/content.aspx?page_id=22&club_id=991271&module_id=339333. Acesso em 21 set. 2023.

OPORTUNIDADES DISFARÇADAS NAS FATALIDADES

1 A BRIEF HISTORY OF TIME, documentário, 1991. Ponto exato do depoimento de Isobel Hawking: 51 minutos. Disponível em: www.youtube.com/watch?v=GiIIx6oh0pk. Acesso em 21 set. 2023.
2 ISTOÉ. "Empreendedor do século: Amador Aguiar", 3 nov. 1999, 1570 – Especial 10.
3 CONOT, Robert E. "Thomas Edison, American inventor". Britannica, 7 fev. 2023. Disponível em: www.britannica.com/biography/Thomas-Edison/Menlo-Park. Acesso em 21 set. 2023.
4 LA MER: Our Secret of the Sea. Disponível em: www.lamer.eu/es/en/brand-story. Acesso em 21 set. 2023.
5 PIMENTA, *A casa da mãe Joana*, 2002, pp. 120-1.
6 YENNE, *100 invenções que mudaram a história do mundo*, 2003, pp. 213-4.
7 DUARTE, *O livro das invenções*, 1997, p. 320.
8 VIANA FILHO, Luís. *A vida de Machado de Assis*. Rio de Janeiro: José Olympio, 1989, pp. 113-114.
9 FOLHA DE S.PAULO. "Jô Clemente: 'A APAE ajudou a preparar a sociedade'". 12 mar. 2006. Disponível em: www1.folha.uol.com.br/fsp/cotidian/ff1203200622.htm. Acesso em 21 set. 2023.
10 COTES, Paloma. "A grande dama da filantropia". *Época*, 26 jan. 2004. Disponível em: revistaepoca.globo.com/Revista/Epoca/0,,EDR62325-6014,00.html. Acesso em 21 set. 2023.
11 ICC Netherlands. *Ethics & Progress, Towards Conscious Capitalism*. Bezuidenhoutseweg: VNO-NCW, 2020, p. 79. Disponível em: www.weekofintegrity.org/wp-content/uploads/2020/12/ICC_Book2020_spreads_issuu.pdf. Acesso em 21 set. 2023.

12 HERZOG, Ana L. "Parem de gastar tanto dinheiro, diz Michael Porter". Exame.com, 4 set. 2013. Disponível em: exame.com/mundo/parem-de-gastar-tanto-dinheiro-m0144141/. Acesso em 21 set. 2023.
13 SCHMETTERER, Bob. *Salto: Uma revolução em estratégia criativa nos negócios.* São Paulo: Pensamento-Cultrix, 2003, p. 116.
14 SARAIVA, Alberto. *25 verbos para construir sua vida.* São Paulo: Planeta, 2016, pp. 57, 61, 75, 103.
15 BROKE, Jill. *Don't Let Death Ruin Your Life.* Harmondsworth: Penguin, 2002, pp. 73-4.
16 ROVELL, Darren. *Gatorade: Primeiro lugar na sede.* São Paulo: M. Books, 2007, pp. 1-9, 12-3, 16-8, 20, 22-3, 27.
17 ROSA, Mário. *A era do escândalo.* São Paulo: Geração, 2003, pp. 38-40, 47, 54, 96-7.
18 "TAM é a empresa do ano, segundo a *Exame*". *Folha de Londrina*, 26 jun. 1997. Disponível em: www.folhadelondrina.com.br/economia/tam-e-a-melhor-empresa-do-ano-segundo-a--exame-28269.html. Acesso em 21 set. 2023.
19 GALLAGHER, Sean P. *O método Pilates de condicionamento físico.* Guarulhos: The Pilates Studios do Brasil, 2000, p. 9.
20 CRAINER, Stuart. *As 75 melhores decisões administrativas de todos os tempos...*, 2002, pp. 76-7.
21 DUARTE, *O livro das invenções*, 1997, pp. 399-400.
22 MALTONI, Valeria. "Vespa, an Icon of Style". Italian Style, 2006. Disponível em: italianstyle.me/vespa-an-icon-of-style/. Acesso em 21 set. 2023.
23 *75 fatos e curiosidades dos 75 anos da Jeep.* Jeep Renegade Clube do Brasil, 21 jul. 2016. Disponível em: www.facebook.com/JeepClube4x4/posts/1216692125017390/. Acesso em 21 set. 2023.
24 "From Russian tank to roller coasters". CNN.com, 8 maio 2002. Disponível em: edition.cnn.com/2002/WORLD/europe/05/08/russia.coaster/index.html. Acesso em 24 fev. 2023.
25 MORAIS, Fernando. *Chatô, o rei do Brasil.* São Paulo: Companhia das Letras, 1994, pp. 487-8.
26 ZELLER, Renée. *A vida secreta de Antoine de Saint-Exupéry.* São Paulo: Madras, 2006, p. 43.

OPORTUNIDADES DISFARÇADAS NOS RESSENTIMENTOS

1 MAY, *Toyota*, 2007, p. 30.
2 GROSS, *Forbes*, 1998, p. 139.
3 Entrevista com Isael Pinto. General Brands, 8 mai. 2007.
4 HANLON, Patrick. *O segredo das marcas desejadas: Criando consumidores apaixonados pela sua marca e pelo seu produto.* São Paulo: Gente, 2007, p. 114.
5 VELLOSO, *Oh! Dúvida cruel*, 2000, p. 132.
6 VERÍSSIMO, Suzana. "Mundo de jeans". *Superinteressante*, fev. 1988, pp. 82-3.
7 DAUGHERTY, Greg. "Who invented the Potato Chip?". History.com, 3 fev. 2021. Disponível em: www.history.com/news/who-invented-potato-chip-saratoga. Acesso em 21 set. 2023.
8 GUARACY, *O sonho brasileiro*, 2003, pp. 227-8.
9 MORITA, Akio. *Made in Japan: Akio Morita e a Sony.* São Paulo: Cultura, 1986, pp. 90-2, 96-7.
10 ROBERTS, Kevin. *Lovemarks: O futuro além das marcas.* São Paulo: M. Books, 2005, pp. 171-2.
11 MORITA, *Made in Japan*, 1986, p. 93.
12 IACOCCA, Lee. *Iacocca: Uma autobiografia.* São Paulo: Cultura, 1985, pp. 16, 17, 141, 142, 148-9, 161, 168, 169, 171, 191.
13 IACOCCA, *Iacocca*, 1985, p. 249.

14. MARKOFF, John. "Michael Dell Should Eat His Words, Apple Chief Suggests". *The New York Times*, 16 jan. 2006. Disponível em: www.nytimes.com/2006/01/16/technology/michael-dell-should-eat-his-words-apple-chief-suggests.html. Acesso em 21 set. 2023.
15. HEYMANN, Gisela. "Coco Chanel: A revolucionária da moda". *Superinteressante*, nov. 1992, p. 73.

OPORTUNIDADES DISFARÇADAS NAS DIFICULDADES DE MERCADO EM GERAL

1. SILZER, Kate. "The staying power of the smiley face". CNN, 30 mar. 2020. Disponível em: edition.cnn.com/style/article/artsy-smiley-face-origin/index.html. Acesso em 21 set. 2023.
2. MAY, *Toyota*, 2007, p. 6.
3. SADIA, *Sadia 50 anos*, 1994, pp. 37-42.
4. GARCIA, Roosevelt. "As grandes companhias aéreas do passado no Brasil". *Veja São Paulo*, 16 nov. 2017. Disponível em: vejasp.abril.com.br/coluna/memoria/companhias-aereas-antigas-brasil. Acesso em 21 set. 2023.
5. DAWSON, Chester. "Fabricantes de papinhas investem no mercado da terceira idade". *Valor Econômico*, 27 jan. 2003, p. 14.
6. STATISTA RESEARCH DEPARTMENT, 7 dez. 2022. Disponível em: www.statista.com/statistics/1218457/japan-processed-food-care-elderly-treatment-market-size. Acesso em 21 set. 2023.
7. UNITED NATIONS, Global Issues: Ageing. Disponível em: www.un.org/en/global-issues/ageing. Acesso em 21 set. 2023.
8. GONÇALVES, Rafaela. "IBGE: com 14,7% de idosos, população brasileira está mais velha". *Estado de Minas*, 22 jul. 2022. Disponível em: www.em.com.br/app/noticia/nacional/2022/07/22/interna_nacional,1381955/ibge-com-14-7-de-idosos-populacao-brasileira--esta-mais-velha.shtml. Acesso em 21 set. 2023.
9. SLYWOTZKY, *Do risco à oportunidade*, 2007, p. 174.
10. SLYWOTZKY, *Do risco à oportunidade*, 2007, pp. 49, 177-8.
11. CURRY, David. "Apple Music Revenue and Usage Statistics (2023)". Business of Apps, 1 fev. 2023. Disponível em: www.businessofapps.com/data/apple-music-statistics/. Acesso em 21 set. 2023.
12. CRAINER, *As 75 melhores decisões administrativas de todos os tempos...*, 2002, pp. 21-2.
13. 99 Empreendedores. "De menino engraxate a dono da maior empresa de planos de saúde do país". Disponível em: 99empreendedores.com.br/edson-godoy-bueno. Acesso em 21 set. 2023.
14. MADIA de Souza, *O grande livro do marketing*, 2007, pp. 169-70.
15. MAY, *Toyota*, 2007, pp. 43-7.

10 MANEIRAS DE IDENTIFICAR UMA OPORTUNIDADE DISFARÇADA

1. BUFFET, Mary. *O Tao de Warren Buffet*. Rio de Janeiro: Sextante, 2007, p. 143.
2. DUNCAN, Rodger Dean. "What If What You Think You Know Just Ain't So?". *Forbes*, 31 mai. 2019. Disponível em: www.forbes.com/sites/rodgerdeanduncan/2019/05/31/what-if-what-you-think-you-know-just-aint-so/?sh=4ed9f759355e. Acesso em 21 set. 2023.
3. GABLER, Neal. "Donald Trump is a superhero – but not in a good way". Reuters, 27 jul. 2015. Disponível em: www.reuters.com/article/idUK415705105120150727. Acesso em 21 set. 2023.

4   JOBS, Steve. Discurso na Universidade Stanford, 12 jun. 2005. Disponível em: news.stanford.edu/2005/06/12/youve-got-find-love-jobs-says. Acesso em 21 set. 2023.
5   HSM Management. Entrevista com Jim Collins, nov./dez. 2007, p. 53.
6   MAY, *Toyota*, 2007, pp. 122, 197-8.
7   LIRA, Cauê. "Teste rápido: Toyota Mirai é elétrico movido a hidrogênio, mas é quase impossível de abastecer". *Auto Esporte*, 13 ago. 2022. Disponível em: autoesporte.globo.com/testes/noticia/2022/08/teste-rapido-toyota-mirai-e-eletrico-movido-a-hidrogenio-mas-e-quase-impossivel-de-abastecer.ghtml. Acesso em 21 set. 2023.
8   GROSS, *Forbes*, 1998, p. 200.
9   GUARACY, *O sonho brasileiro*, 2014, p. 23.
10 CASE, Brian. "Mickey taking". *The Times*, 13 nov. 2004. Disponível em: www.thetimes.co.uk/article/mickey-taking-5qdg8jqg70h. Acesso em 21 set. 2023.
11 GOULART, *O livro dos erros*, 2001, p. 202.

ÍNDICE REMISSIVO

A

Abraham Lincoln: His Speeches and Writings (Basler), 259
Abraham Lincoln Historical Digitization Project, 260
ácaros, 189, 252
ações, mercado de, 14, 17, 26, 53, 73, 154, 194, 198, 246
Ad Age, 83
Adams, Thomas, 179
Adidas, "Impossible is Nothing" (Nada é impossível), slogan, 242-243
Aeroporto de Congonhas, São Paulo, 197-199
aeroporto de Detroit, 173
Aeroporto Salgado Filho, Porto Alegre, 118
aeroportos, 84, 118, 173, 197-199
Aerospatiale, 50
África, 204
Age, 45, 135
agressividade no mercado, 41, 51, 214
Aguiar, Amador, 80, 187
Aids, 194
Airbus, 50, 199
Alcântara, Eurípedes, 112
Alemanha, 21-23, 69, 90, 129, 153-154, 181, 199-200
alergias, 188-189
algodão, 151
Aliados, 152-153, 201
alimentos congelados, 179
alimentos processados, 232-233
Alka-Seltzer, 177
Allen, Paul, 181-182
Alpargatas, 170
Alphabet, 123
Altair 8800, 181-182, 237
Amaro, Rolim Adolfo, 25-26, 56, 60, 68, 110, 197-198, 216, 254, 256
Amazon, 27, 255
ame o que faz, 256-257
ameaça terrorista, 18, 62
ameaça *versus* oportunidade, 134-139
América do Sul, 174, 231
   ver também países específicos
Amil, 239
analfabetismo, 64, 194
anedota, 90
anestesia, 175-176
Antarctica, 38
antidepressivos, consumo de, 162
anúncios, 20, 37, 43, 85-87, 124-125, 135-136, 194, 213, 235
aplicativos, 134
Apple, 61-62, 76, 131, 145-147, 154-156, 169, 225-226, 236-238, 250-251, 255
   App Store, 155
   "Pense grande, mas simplifique", slogan, 236
   significado do "i", 147
   ver também produtos específicos
Apple II, 125, 146
Apple III, 145
Apple Arcade, 147
Apple eWorld, 146
Apple Store, 147
Apple TV, 146

Apple Watch, 147, 155-156
Argentina, 141
Aristóteles, 250
Armani, 168
arte da guerra, A (Sun Tzu), 212
artigos esportivos, 86-87, 175, 194, 196-197, 242-243
Ásia, 128, 203, 248
aspiradores, 72-73
Assis, Machado de, 190-191
Associação de Franqueados Independentes do McDonald's (Afim), 82
Associação de Pais e Amigos dos Excepcionais (Apae), 192
Associação Desportiva para Deficientes (ADD), 193-194
Atari, 19
atenção plena, 252-253
atendimento ao cliente, 34, 58-59, 102, 118, 125-126, 198, 228, 254
Atlanta, 112
atletas, 39, 86-87, 168-169, 175, 196-197, 200
Atualiza, software, 138
Audi, 241
audiovisual, mercado, 22-23, 61-62, 216, 235-237
Austrália, 178
Áustria, 153
automobilística, indústria, 20-21, 98, 116, 148-149, 166, 221-225, 230, 240-242, 255
 ver também empresas específicas
Automotive News, 222
autosserviço, 63
Autran, Paulo, 257
Avis, Warren, 173
Avis Budget Group, 173
Avis Rent A Car System, 173
Avon, 23-26, 37

B

baby boom, 63
bagagens, segurança de, 118-119
Baldwin, Jerry, 129-130
Ball, Harvey, 228
bambolê, 178, 253
Banco Imobiliário ver *Monopoly*
Band-Aid, 127-128
banheira de hidromassagem, 188
Barbie, 168
barco a vapor, 180
Bardi, Pietro Maria, 203
Basler, Roy P., 259-260
batatas chips, 216
Batista, Luís Carlos, 85-86
Beals, Vaughn, 73-74
Beardsley, Hub, 176
Beaver, Hugh, 126-127
bebidas isotônicas, 196-197
Beetle, 148
Bell, Graham, 249
Bernardes, Arthur, 44
Bernardini, Micheline, 39
Bernays, Edward, 239-240
Bezos, Jeff, 27
Bic Cristal, 141
Bich, Marcel, 141
Big Issue, The, 72
Bikini, atol de, 39
Biotônico Fontoura, 40
biquíni, invenção do, 38-39
Birdseye, Clarence, 179
Biró, László, 141
Bittencourt, Soraya, 94-95
blefes, 237-238
blogs, 254
Bloomberg, Michael, 157
Blychenden, Richard, 68-69
BMW, 240-242
 BMW 735i, 242
 BMW 7Series, 241-242
Body Shop, The, 71-72, 248, 256
Boeing, 50, 102
bolha da internet, crise da, 17, 27
bolha imobiliária americana, 248
Bolívar, Simon, 196
Bolsa de Valores de Nova York ver Grande Depressão
bombas e armamentos, 38-39, 202
Bombril, 83
bonecas, 63, 167-168
Bósforo, estreito de, 152
Boticário, 84-85
Botox, 109-110
Botticelli, Sandro, 203

Bowerman, Bill, 168-169
Bowker, Gordon, 129-130
Bozo, personagem, 87-88
Bozo's Circus, 87
Bradesco, 80, 187
Brasil, 11, 15, 18, 25-26, 30, 37-40, 42-46,
   49, 60, 63-67, 74, 80, 82-86, 89, 107, 118,
   137-138, 162-163, 169, 171, 173-174,
   178, 187-192, 194-195, 197-199, 203-204,
   210-212, 216, 220, 222, 231-233, 238,
   248, 252
Breathe Right, 86-87
Brin, Sergey, 123-124
brindes, 24, 40-42, 77
Brinquedos Estrela, 44
British Aerospace, 50
British American Tobacco, 239-240
Brooke, Jill, 196
Bueno, Edson, 238-239
Buffett, Warren, 246
Burger King, 195
Business Week, 26, 213

C

Cade, Robert, 196-197
Cadillac, 20-21, 26, 240-241
café/cafeterias, 49, 129-130, 134, 144,
   172-173, 194
calçados, 168-169, 178, 219
California Institute of Technology, 140
Câmara, Dom Hélder, 192
Camp Alimentos, 212
campos de prisioneiros, 199-200, 252
Canadá, 69, 109, 130, 179, 213
Candler, Asa Griggs, 108, 131, 189
canetas, 140-141
canivetes suíços, 72, 181
Capela Sistina, 208
capitalismo, 15, 23, 46
Car and Driver, 242
cardigã, 177
Cardin, Pierre, 168
Carlson, Chester, 140
carros autônomos, 134
Carruthers, Alastair, 109-110
Carruthers, Jean, 109-110
cartão de crédito, 121, 193

cartel *versus joint venture*, 50
Carter, Jimmy, 102
Casa, 50
casa, oportunidades disfarçadas em, 167-169
Casa Branca, Washington D.C., 252
Casa de Saúde São José, Duque de Caxias
   (RJ), 238-239
Casas Bahia, 64-67
   boneco baianinho, 64
Cassettari, Sérgio, 118
Ceilão (atual Sri Lanka), 68
celulose, crise de abastecimento de, 89
Cessna 170, 25
Cézanne, 203-204
chás, mercado de, 68-69, 88, 129
Chase Manhattan, 26
Chateaubriand, Francisco de Assis (Chatô),
   203-204
Chen, Steven, 152
Chevrolet Prizm, 47
Children's Activities, 132
China, 31, 248
chips de memória, 34-35, 251
Cho, Fujio, 36
Chrysler, 220, 223-225, 230
Churchill, Winston, 152-153
Cícero, 164
Cincinnati, Ohio, 105
Citizen, 31
classe C, 64-66
Cláudio II, imperador, 44
Clemente, Jô, 191-192
Clemente, Zequinha, 191-192
clientes, ouvir os, 58, 60-63, 67-69, 71-74,
   76-77, 214-215, 218-219, 253-254
Clinton, Bill, 196
CNN, 118
coador descartável, 129
Coca-Cola, 68, 83, 89-90, 107-108, 111-112,
   131, 189, 201, 218-219, 255
   "A melhor ficou ainda melhor", slogan,
      219
   "Exija Coca-Cola genuína. Recuse
      imitações", slogan, 108
   New Coke, 219
Cochrane, Josephine, 128
Coco Chanel, Gabrielle, 177, 226

cofrinho, 106-107
Cohen, Daniel, 86
Cola Pritt, 96
colaboradores, 43, 57, 91-102, 122, 192-193, 212
    ver também equipe
Collins, Jim, 254
Companhia Suzano Papel e Celulose, 89
companhias aéreas, 18, 25, 40-41, 50, 77, 84, 102, 110, 111, 118, 197, 198, 232
    ver também turismo e aviação, indústria de
Compaq, 147
competitividade, 14, 18, 20, 30, 35, 39, 50, 73, 98-99, 162, 193, 214, 224, 230, 240, 251, 255-256
computação em nuvem, 134
computadores, 35, 62, 85, 122, 125-126, 138, 145-147, 154, 181-182, 236-238, 251-252
comunicação, estratégias de, 66, 76, 85, 87, 193, 233-234
Comunidade Europeia, 174
comunismo, 15, 131
concordatas e falências, 14, 17, 31, 50, 102, 146, 220, 223-224
concorrência, 18, 20-21, 58, 84, 87, 102, 150, 155, 162, 174, 195, 225, 231, 241, 254-255
    oportunidades disfarçadas e, 29-54
conflitos, oportunidades disfarçadas nos, 200-205
    ver também guerras
Congresso americano, 201, 224
conscientização, 40, 60, 192
Conselho Empresarial Mundial para o Desenvolvimento Sustentável, 193
conservadorismo, 75, 132-133
consumidores, 19-20, 32-34, 36, 40, 43, 50-51, 58, 60-67, 70-77, 84, 93-94, 108, 111-112, 124-126, 134, 136-137, 148-150, 155, 193, 195, 198, 215-220, 224, 230, 234, 236, 239-241, 248-249, 253-255
consumo, 20, 46, 49, 125, 134, 162, 235, 253-255
contratos, 18, 39, 47, 81-82, 121, 209
cooperação, 50, 100
Copa do Mundo (1938), 39
Corrida do Ouro na Califórnia, 69

cosméticos, segmento de, 25, 36-37, 42, 70-72, 84-85, 94, 110, 151, 188
crediário, 63-67
crédito, 17, 65, 67, 80, 121, 193, 262
creme dental, 46
criatividade, 15-17, 23, 26, 41, 51-52, 69, 76, 81-90, 93-94, 98-100, 113, 125, 131, 154-155, 175, 189, 201, 219, 230-231, 238-239, 253-255
criptomoedas, 135
crise(s), 11, 31, 36, 49, 73, 89, 102, 112, 137, 140, 155, 162, 174, 191, 193, 198, 202, 221, 223-225, 230, 248, 255
    oportunidades disfarçadas nas, 13-27
    ver também Grande Depressão
Crum, George, 216
CSN, equipamentos médicos, 86
Cunningham, Jim, 100

D

Da Vinci, Leonardo, 117
dados, 134, 196, 218-219, 248, 254-255
Daimer-Benz Aerospace, 50
Dancin' Days (novela), 178
Dapples, Louis, 49
Darrow, Charles, 15-17
Darwin, Charles, 105
D'Ascanio, Corradino, 202
datas comemorativas, marketing e, 43-46
Davis, Jacob, 215
Davis, Miles, 133
Degas, 204
Dell, 126
Dell, Michael, 125-126, 225
Delta Air Lines, 102
demissões, 17-18, 31, 47, 50-51, 66, 89, 102, 145, 154, 156-157, 193, 211-213, 222, 224, 248
Dentsu, 135
depressão, 157, 162
desafios, 11, 14, 23, 42, 45, 49, 52, 57, 62, 85, 96-97, 123, 163, 243, 255
desastres aéreos, 197-199
descartáveis, 119-120, 129, 131, 151
descontos e promoções, 20, 63, 93
desidratação, 196
design, 107-108, 147, 156, 202

desigualdade, 11
desmotivação, 47, 228
desperdício, 48, 100-101, 229-230
D'Este, Mario, 202
Dewar, James, 138
Diablo, 214
Diários Associados, 203
Dickson, Earle, 127-128
Dierichs, Wolfgang, 96
Dietrich, Marlene, 70
dificuldades de mercado, oportunidades disfarçadas nas, 227-243
dinamite, 104
Diners Club, 121
dinheiro como motivação, 99-100
Dior, 168
direitos trabalhistas, 238
disciplina, 250
discriminação, 37, 63-64
Disney, Walt, 157, 209-210, 256
　coelho Oswald, 209
　Mickey Mouse, 57, 210, 256
Disneylândia, 57-58, 100, 113, 256
dispositivos móveis, 134, 253
diversidade de interesses, 117-118
Dixie Copos Descartáveis, 151
DNA das empresas, 74-76, 100, 102, 172, 193-194, 236
doenças, 40, 109, 133, 150, 179-180, 186-190, 200, 209-210, 212
Doria, João, 43-44
Dreystadt, Nicholas, 20-21
drive-ins, 33-34, 120
Drucker, Peter, 98, 254
Drummond de Andrade, Carlos, 46
Dubner, Steven, 193
DuPont, 100-101

E

eBay, 250
economia, 15, 17-19, 21, 23, 49, 62-63, 90, 102, 133, 137-138, 140, 148, 203, 212, 230, 247-249
Edison, Thomas, 117, 131, 147, 187
Editora Cultura, 222
editoração eletrônica, 146
efeito colateral, 109

efeito manada, 18, 246
eficiência, 43, 47, 50, 99-100, 138-139, 156, 161, 230, 242
Einstein, Albert, 23, 162, 186
Eisenhower, general, 201
Eisner, Michael, 113
El País, 112
eletrônicos, 19, 22, 27, 61-62, 64, 111, 140, 155-156, 217
Elsener, Karl, 181
Elsener, Victor, 181
Elsener, Victoria, 181
empreendedorismo, 11, 17, 26, 51, 63, 67, 130, 162, 183, 191, 256
emprego, 15, 23, 25, 33, 48, 80, 95, 120, 140, 156, 164, 224
empresas familiares, 35-36
empresas varejistas, 51-53, 64, 66, 85-86
　ver também empresas específicas
Enciclopédia Britânica, 187
energia atômica, 38-39, 209
entorno, oportunidades disfarçadas no, 165-183
entretenimento, 57, 193, 256
epidemia de gripe (1928), EUA, 176
equipe, 11, 20, 39, 41-42, 48, 56-58, 60, 62, 67, 74, 89, 91-102, 106, 113, 120, 150, 152, 155, 177, 196-197, 217, 223, 238, 241, 247, 249, 250, 255-256
erros, oportunidades disfarçadas nos, 103-113
escassez, 230, 255
　ver também crise(s)
Escócia, 138
Espanha, 118
espaguete, ou macarrão, de piscina, 174
especificidades regionais, importância em avaliar, 149-150
　ver também pesquisas
Estados Unidos, 9, 15-16, 19, 21, 23, 25, 33, 36-38, 43, 47, 50, 52-53, 61-63, 67-69, 73-74, 81, 83, 86-87, 89-90, 93-94, 102, 105-106, 108, 116, 119-122, 128-130, 132, 134, 137, 139-140, 148-151, 153, 166-168, 170-171, 173, 176-179, 182-183, 188, 194, 196, 200-203, 209-210, 213, 215-216, 221, 223, 232, 234, 239-241, 252, 259

Estampas Eucalol, 42
estetoscópio, 138
Eugénie, imperatriz da França, 180
Europa, 21-23, 33, 36, 42, 50, 69, 127, 129, 137, 174, 180, 188, 199, 201, 203, 221, 240, 243
Exame, ranking Melhores e Maiores, 198
Expedia Group, 95

F

Fabra, Paulo, 118
Factor, Max, 70
Failure is an option, 164
"Fala do Homem Nascido" (Gedeão), 257-258
Falco, Luiz Eduardo, 198
falta de recursos, oportunidades disfarçadas na, 79-90
Fanta, 90
Fast Company, 213-214
  "As novas regras para os negócios", slogan, 213
fast-food, 34, 75, 81, 120, 195
  ver também McDonald's
fatalidades, oportunidades disfarçadas nas, 185-205
Feffer, Leon, 89
Feffer, Max, 89
Feira da Bondade de São Paulo, 192
Feira da Providência, 192
feira de brinquedos de Nova York (1959), 168
Ferrari, 214
Ferrari, Enzo, 214-215
Ferreira, Roberto Sampaio, 83
fidelização, 32, 41, 61, 74, 77, 216, 235
Financial Times, 112
Fiorenzano, Alinthor, 188-189, 252
Fleming, Alexander, 109
flexibilidade, 250-252
Florida Gators, 196-197
Fogo de Chão, 107
Fonda, Peter, 73
Fontana, Attilio, 53-54
Fontana, família, 231-232
Fontana, Omar, 231
Fontes, José Carlos, 137-138
Fontoura, Cândido, 40
Food and Drug Administration (FDA), 86
Forbes, 213

Forbes: Greatest Business Stories of All Time, 82
Ford, 58, 131, 148, 221-225, 230, 250, 255
  Ford Edsel, 148
  Ford Fiesta, 221
Ford, Edsel, 148
Ford, Henry, 166, 250, 257
Ford, Henry, II, 221-225
fornecedores, 43, 51, 97, 194-195, 222
Fortune, 19-20, 26, 133, 213
  Fortune 500, lista, 126, 133-134
fracassos, oportunidades disfarçadas nos, 143-57
França, 122, 177-178, 180, 203
Frank, Anne, 41
Franklin, Benjamin, 147
franquias, 81-85, 121
frigorífico, 166, 231-232
Frisbee, 77
Frisbee, William Russell, 77
Fry, Arthur, 101-102
fuckedcompany.com, 17
Fusca, 173-174
futebol americano, 86-87, 196

G

Galaxy, 174
Garbo, Greta, 70
garrafa térmica, 138-139
Gates, Bill, 94-95, 181-182, 237-238, 250
Gatorade, 196-197
Gedeão, António, 257-258
General Company of Swiss Watchmaking, 31-32
General Electric (GE), 26, 131, 253
General Motors (GM), 47-48, 224, 230
genética, 135
Gessy, 42
Giannulli, Mossimo, 52
Gibson, William, 169
Gillette, 120, 131, 139
Gillette, King Camp, 119-120, 131
globalização, 150, 161
Gnezdilov, Vladimir, 202
Gol Linhas Aéreas, 18, 26
goma de mascar, 179
Google, 122-125, 134, 152, 255
Goya, 203

Graham, Bette, 139-140
Grande Depressão (1929), 15, 19-20, 49, 140, 248
Graves, Michael, 52
Greenpeace, 72
Grendene, Alexandre, 178
Grendene, Pedro, 178
Gross, Daniel, 82
Grove, Andy, 34-35
Grupo Via, 66
Gucci, 36
Guerra de Secessão (EUA), 259
guerra de preços, 20, 30
   ver também concorrência
guerras, 11, 21, 38, 44, 73, 89-90, 104, 148, 151-154, 199-203, 230, 259
Guinness: O livro dos recordes, 127

H

Häagen-Dazs, 37-38
Habib's, 195
hábitos de consumo, 134, 150-151, 172, 179, 216, 218-220, 241, 255
Hall da Fama dos Inventores Nacionais, 128
Halley, cometa, 33
Haloid Company *ver* Xerox Corporation
Hamel, Gary, 92
Hammarplast, 172
Hammer, Armand, 131
Hamster Revolution, The: How to Manage Your Email Before It Manages You (Song e Halsey), 253
Handler, Elliot, 168
Handler, Ruth, 167-168
hardware, 182
Hari, Mata, 41
Harley-Davidson, 73-74, 76
Harley Owners Group, 74
Harry Potter e a pedra filosofal (Rowling), 157
Harvard Business Review, 212-214
Havaianas, 38, 169-170
Hawking, Isobel, 186
Hawking, Stephen, 83, 186
Hebraica (clube), 89
Hefner, Hugh (Hef), 132-133
Henkel, 96
Hepburn, Katharine, 70

Hermès, 36
hidroterapia, 188
Hill, George, 239
Hiroshima e Nagasaki, bombas atômicas, 38
Hitler, Adolf, 152-153
Holanda, 40-41
Holiday Inn, 119
Hollywood, 70, 167
HomePod, 146
Honda, 26, 67-68, 73, 223
Hopper, Denis, 73
Hospital Albert Einstein, São Paulo, 89
HP, 126
Huber, Max, 187-188
Hungria, 141
Hurley, Chad, 152

I

Iacocca, Lee, 157, 220-225
Iacocca, Mary, 222
Iacocca: Uma autobiografia (Iacocca), 222
IBM, 26, 113, 237-238
Ibuka, Masaru, 217
Ice Tea, 68-69
ideias, 23, 26-27, 32, 48-49, 85, 88, 92-100, 117, 122, 134, 155, 175, 189-190, 218, 230, 247, 250, 253, 257
   ver também criatividade
identificando uma oportunidade disfarçada, 245-258
Igreja católica, 208
iMac, 61-62, 147, 156, 169
Império Britânico, 137
impossível, definindo o, 242-243
impostos/tributos, 58, 162-163, 193, 255
imprensa, 38-39, 52, 71, 111-112, 155, 161, 175, 180, 182, 194, 198, 201, 222, 224, 255
impressão 3D, 134
improvisar, 87, 128, 138, 170, 199, 250
inadimplência, 65-67
Inal, fabricante de preservativos, 45
indenizações, 47, 109, 198, 224
índices de natalidade, 63, 232
indústrias de alimentos, 53, 71, 179, 212, 231-233
indústrias farmacêuticas, 40, 71, 110, 176
inflação, 137

informações, processamento das, 35
Inglaterra, 61, 71, 94, 106, 109, 137, 152-153, 157, 169, 179, 199, 203
iniciativa, 34, 44-45, 52, 93-94, 102, 111, 134, 137, 193
inovações, 11, 33-34, 36, 39-42, 49-52, 69, 92, 98-99, 120-121, 131, 133-134, 155-156, 173, 178, 189, 216-218, 226, 230, 249-250, 253, 255-256
  versus invenções, 249-250
  ver também reinvenção
insatisfação de clientes, oportunidades disfarçadas na, 55-77
Insinuante, 86
instituições beneficentes, 193-194
Instituto Brasileiro do Café (IBC), 49
institutos de pesquisa, 218-220
Intel, 34-35, 251
Intel Inside, 35
inteligência artificial (AI), 135
internet das coisas (IoT), 134
internet, 42, 45, 62, 74, 94-95, 123, 147, 213, 235, 248, 250
  estouro da bolha da, 17, 27
invenções, 117, 128, 187-188, 250
iPad, 147, 155-156
iPhone, 134, 146-147, 155-56
iPod, 61-62, 146-147, 155, 216, 218, 225, 251
iPod HiFi, 146
Irlanda, 126-127
Itália, 21, 35-36, 90, 201-202, 214, 252
ítens colecionáveis, 33, 41-42, 74, 168
iTunes Music Store, 147, 155, 225, 237, 251
Itunes Ping, 146
Ive, Jonathan, 169
Ivester, Douglas, 112
Ivory, sabonete, 106

J

Jacuzzi, família, 188
Jaguar, 240-241
James, Richard, 170-171
Japan Society of New York, 212
Japão, 21-22, 31, 34-35, 38, 48, 148-49, 212-213, 223-224, 230, 232-233, 248
jeans, 69-70, 215
Jeca Tatu, personagem, 39-40
Jeep, 202, 225
Jefferson, Thomas, 182
Jenner, Edward, 179
Jobs, Steve, 62, 131, 145-146, 154-157, 169, 225, 236-238, 250, 252
  discurso em Stanford (2005), 252
jogos de tabuleiro, 15-16
Johnson & Johnson, 44, 128
joint venture, 47-48, 50
jornalismo, 20, 117, 214
Júlio II, papa, 208

K

Kaplan, Philip J., 17
Kato, Seisi, 149
Kawasaki, 73
Keene, Tom, 176
Kennedy, Robert, 163
Kenzo, 168
Kettering, Charles, 116
Kimberly-Clark, Cellucoton, 151
Kleenex, "Não ponha um resfriado no bolso. Use Kleenex", slogan, 151
Klein, Calvin, 168
Klein, Michel, 66
Klein, Samuel, 63-64, 66-67
KLM Airlines, 41
Kmart, 51
Knerr, Richard, 178
Knight, Phil, 169
Komashio, 22-23
Krigsner, Miguel, 83-85
Kroc, Ray, 34, 81-82, 120-121, 256
Kubitschek, Juscelino, 25, 232

L

lã de aço, 83
La Mer, 188
Laboratório Fontoura, 40
Lacoste, Jean René (Le Crocodile), 175
Lacta, Diamante Negro, 39
Laennec, René, 138
Laguna Beach, 241
Lamborghini, 214-215
Lamborghini 350GT, 214
Lamborghini, Ferruccio, 214
lâmpada, 117, 147

Lancashire, campo de, 199
Land, Edwin, 177
LaserWriter, 146
Latam *ver* TAM
lava-louças, 128
Lazarus, Charles, 63
lenços de papel, 151
Lenovo, 126
Lexus, "A inabalável busca da perfeição", slogan, 242
Lexus LS400, 242
líderes, 11, 14, 31, 35, 42, 63, 94, 120, 126, 129, 152, 161, 197, 200, 210, 212-213, 218, 239, 251, 259
Lili, boneca, 168
Lincoln, Abraham, 9-10, 196, 259-260
lingerie, 136-137
linha de produção, 32, 61, 100, 105-106, 120, 166, 250
link patrocinado, 124
Lionel, Joshua, 170
Lionel Manufacturing Company, 170
Lisa, 145
livre concorrência, 50, 102
Lobato, Monteiro, 39-40
Localiza, 173-174
logística, 51
Lojas Americanas, 38
Lojas Clipper, 43-44
lojas de departamentos, 16, 63, 93-94, 240
lojas virtuais, 85, 94
Lombardi, locutor, 86
Lovelock, James, 32
Lucas, George, 154
Lucasfilm *ver* Pixar
Lucky Strike, 239-240
lucro, 17, 20, 47, 51, 61, 63, 81-82, 97, 123, 126, 133, 137, 173, 193-195, 225, 235, 255
luxo, mercado de, 19-21, 137, 240-42

M

MacBook Air, 156
Macintosh, 146, 252
Macintosh Portable, 145
Mackay, Harvey, 157
Macy's, 172
Made in Japan (Morita), 217
Magazine Luiza, 85
Magie, Lizzie, 15-17
"Manifesto em favor do novo" (Domingos), 135-136
Man, ilha de, campo na, 199
máquinas de escrever, 139, 251
Mark III, 221
marketing, 39, 42-45, 60, 82, 151, 216, 233
Marshall, general George, 202
Marshall Fields, Chicago, 93-94
mascotes, 64, 87-88, 132-133
materialismo, 46
Matisse, Henri, 204
Mattar, Salim, 173-174
Mattel, 168
Mattus, Reuben, 37-38
Mattus, Rose, 37
May, Matthew, 99
McConnell, David, 23-25
McDonald, Maurice, 33-34, 81, 120
McDonald, Richard, 33-34, 81, 120
McDonald's, 33-34, 75, 81-82, 120-121, 195, 255-256
  Franchise Realty Corporation, 82
  Ronald McDonald, 87-88
McLuhan, Marshall, 237
McNamara, Frank, 121
mecanismos de busca na internet, 122-125
medicamentos, 83-84, 86, 109-110, 162, 176, 189, 235
medo de errar *versus* ousadia, 152
meio ambiente, 46, 72, 75, 248
Melhor é impossível (1997), 157
Melin, Arthur, 178
Melissa, 178
Melitta, 129, 131
Melitta, Amalie, 129
Melville, Herman, 130
Memórias da Segunda Guerra Mundial (Churchill), 153-154
Memórias póstumas de Brás Cubas (Assis), 190-191
mercado clandestino, 230
mercado editorial, 127, 132-134, 212-214
Mercedes 420SEL, 242
Mercedes S Class, 241-242
Mercedes-Benz, 240-242

Mercosul, 174
meritocracia, 98
Mestral, George de, 175
Meta, 255
Método Pilates de Condicionamento Físico, 200, 252
México, 179
Miami Herald, 197
Michelangelo, 196, 208
micro-ondas, 171
microprocessadores, 35
Microsoft, 26, 94-95, 181-182, 238, 250
　MS-DOS, 237-238
　Windows, 252
migrantes, 63-64, 231
minissaia, 169, 253
Mintzberg, Henry, 90
Mistake Out Company, Liquid Paper, 139
Miura, 214
Mizrahi, Isaac, 52
Moby Dick (Melville), 130
moda, 169-170, 175, 215
　ver também empresas específicas
Modigliani, 203
momentos de lazer, oportunidades disfarçadas nos, 174-176
Mondrian, 41
Monopoly (*Banco Imobiliário*, no Brasil), 15-17, 262
Monroe, Marilyn, 133
Monstros S.A., 155
Montagu, lorde, 60-61
Montaigne, 163
Moore, Gordon, 35
Moore, Hugh, 150
Morita, Akio, 217-218, 220
mortes, 21, 53, 104, 179, 190, 200, 203
motocicletas, 67-68, 73-74, 202
Motorola, 146
móveis, lojas de, 52, 62-64, 67
MP3, 62, 147
mudanças, 12, 32, 36, 135-137, 180, 252-255
mudanças climáticas, 46, 117
mulheres, 23-25, 37-38, 70, 83, 132-133, 136-137, 151, 167, 169, 177, 234, 239-240
Murdoch, Rupert, 196
Museu de Arte de São Paulo (Masp), 203
Museu de Arte Moderna de Nova York (MoMA), 52, 107
música *ver* audiovisual, mercado
Musk, Elon, 157
Mustang, 148, 221

N

Napoleão Bonaparte, 180, 196
Napster, 235
Nasa, 187
Natal, 44, 52, 63, 94, 170
National Football League, 86
Natura, 37
nazismo, 141, 152
Nescafé, 49
Nestlé, 49
Newton, 145
NeXT Computers, 154-155
NeXT Cube, 154
Nicholson, Jack, 157
Nike, 87, 169
Nintendo, 19, 26
　Super Mario Bros., 19
Nobel, Alfred, 104
Northwest Airlines, 50
Nova Guiné, 201

O

obras de arte, 203-204
observe ao redor, 252-253
OD Brasil (Oportunidades Disfarçadas Brasil), 11
Odissey, 19
odontologia, 175-176
oferta e procura, Coca-Cola e, 112
Olivetti, 251
Olla, 45
Ongaratto, Albino, 107
11 de Setembro de 2001, 18, 62
opinião pública, 75-76, 224, 254
oportunidade disfarçada *versus* oportunismo explícito, 203-204
orgulho, 31-32, 50, 68
Oriente Médio, 221, 223
origem das espécies, A (Darwin), 105
Oscar, 157
óxido nitroso (gás hilariante) *ver* anestesia

P

Pacífico, oceano, 38
Page, Larry, 123-124
Painter, William, 119, 131
Panair, DC-3 alugado pela Sadia, 231
pandemia de covid-19, 11, 67, 162, 248
papel-toalha, 109
paradigmas, quebra de, 32, 124
Parker Brothers, 16
Parlamento inglês, 153
parques de diversões, 202
    ver também Disneylândia
Partido Comunista (URSS), 15
Partido Republicano (EUA), 9
Pasteur, Louis, 171
pasteurização, 171
patentes, 116-117, 139-141, 187, 189, 215
Paul, Art, 132
Pax, 203
paz, movimentos em favor da, 104
penicilina, 109
Pepsi-Cola, 87, 108, 144, 154
pequeno príncipe, O (Saint-Exupéry), 204-205
perestroika (1988), 202
Perfumaria Stern & Cia, Eucalol, 42
Perón, Eva, 196
personagens, 39-40, 64, 87-88, 209-210, 256
pesquisas, 11, 19, 38-39, 46, 49, 58, 72, 76, 89, 108, 110, 123, 134, 138, 140, 148-149, 179, 187, 194, 200, 217-220, 239, 248, 251, 254, 259
pessoas com deficiências, 191-192, 194
petróleo, 100, 102, 104, 225, 255
    crise do (anos 1970), 102, 174, 221, 223, 225, 248
Pfizer, 110
Philadelphia Eagles, 86
Philip Morris, 211-212
Piaggio, Enrico, 201-202
Picasso, Pablo, 204
Pilates, Joseph, 199-200, 252
Pinto, Isael, 210-212
pirataria, 235-236
Pixar, 154
Plano Marshall, 203
Plano Real, 138
plástico, 32, 77, 100-101, 151, 178

Playboy, 132-133
    coelhinho da, 133
Plaza Athénée, Paris, 203
pneu, 98
Polaroid, 177
polietano, 100
Polônia, 23, 153
Popular Electronics, 181
Porter, Michael, 193
pós-guerra, 21, 42, 62, 67, 151
Post-it, 101-102
Pour Your Heart into it: How Starbucks Built a Company One Cup a Time (Schultz), 256
Power Mac G4 Cube, 146
PowerBook série 100, 147
Prada, 35-36
Prada, Miuccia, 36, 252
prazos curtos, 155
preço *versus* valor, 20
premiar boas ideias, 99-100
Prêmio Nobel, 104, 154
preocupação ética, 71-72
previdência, 224
Primeira Guerra Mundial, 73, 151-152, 199-200
problemas, oportunidades disfarçadas nos, 115-123, 229-231
problemas com a equipe, oportunidades disfarçadas nos, 91-102
Procter & Gamble (P&G), 26, 72-73, 76, 106, 254
produção artesanal, 31, 37, 84
produção em série, 31, 34, 126, 223
produtividade, 47-48, 161, 166, 229, 253
Produto Interno Bruto (PIB), 15, 163
produtos infantis, 44, 63, 168, 171, 182, 232
produtos locais, investimento em, 52
Programa Silvio Santos, 85-86
projetos sociais, 71, 192-194
Protec Bag, 118
publicidade e propaganda, 17, 22-23, 33, 43-45, 52, 66, 68, 87, 123-24, 144, 151, 178, 219, 224, 239-240
    ver também marketing
pygg (argila), 106-107

Q

Q-Refresko, 210-211
Quant, Mary, 169
queimaduras, 187, 189
questões de diversidade de gênero e igualdade, 52
Quintana, Mario, 233

R

radiogravadores, 217
rankings empresariais, 134, 198
Raymond, Roy, 137
Reagan, Ronald, 252
realidade aumentada (AR), 52, 135
realidade virtual (VR), 134-135
Réard, Louis, 38-39
recessão *ver* crise(s)
recompensa, 100
redes sociais, 45, 76, 134, 146, 253-254
refrigerante, 81, 89-90, 108, 112, 201, 219
  ver também Coca-Cola
regulamentação governamental, 86, 255
Reino Unido, 127
reinvenção, 23-24, 32-36, 69, 136-137, 173, 250, 252
relação custo-benefício, 34
Rembrandt, 41, 203
Renoir, 203
reputação, 32, 67, 208
responsabilidade socioambiental, 71-72, 192-194
ressentimentos, oportunidades disfarçadas nos, 207-226
restaurantes, 33, 71, 107, 121-122, 171, 195, 216, 241
Revolução Comunista, 131
revolução tecnológica, 43, 58, 248
Roberts, Kevin, 58
robótica avançada, 135
Roddick, Anita, 71-72, 256
Roddick, Gordon, 71-72
Rodin, 203
rodízio, restaurantes e, 107
Rodrigues, Luiza Helena, 85
Rodrigues, Nelson, 39
Rolling Stone, 214
Rolls-Royce, 60-61
Ronald McDonald, 87-88
Roosevelt, Eleanor, 111
Roosevelt, Theodore, 182-183
Root Glass Company, 108
Rowling, J. K., 156-157
royalties, 17, 209, 228, 262
ruas ao redor, oportunidades disfarçadas nas, 169-170
Russell, William, 77
Rússia, 131, 202-203

S

Saara, 201, 204-205
Sabino, Adriano, 174
sabonetes, 42
Sadia, 53, 231-232
  "Pelo ar, para o seu lar", slogan, 232
  Sadia Transportes Aéreos, 232
Sagan, Carl, 133
Saint-Exupéry, Antoine de, 204-205
Saint-Laurent, Yves, 70, 168
salários atrasados, oportunidades disfarçadas em, 238-239
Salve as Baleias (campanha), 72
Samsung, "A qualidade vem em primeiro lugar", slogan, 111
San Francisco 49ers, 86
Santa Casa de Misericórdia, São Paulo, 194
Santos Dumont, Alberto, 188
Saraiva, Antônio, 194-195
saúde, criatividade e, 238-239
SBT, 85-86
Schmidheiny, Stephan, 193
Schopenhauer, Arthur, 160, 242
Schultz, Howard, 144, 172-173, 256
ScotchGard, 96
Scott, Willard, 87
Sculley, John, 145, 154
Sears, 51
seda chinesa, chá e, 88
segregação racial, 21
Segunda Guerra Mundial, 21, 23, 38, 89-90, 148, 152-154, 201, 203-204, 230
seguros, 198, 224
Seiko, 31
Selfridge, Harry, 93-94
Selfridges, 94

Sem destino (1969), 73
semicondutores, 35, 251
Senado americano, 9
sensibilidade, 63, 65, 180, 219
sentimentos negativos, 207-226
Serviço de Atendimento ao Consumidor (SAC), 125, 198, 254
Siegl, Zev, 129-130
Silva, Leônidas da (Diamante Negro), 39
Silva, Orlando, 39
Silver, Spencer, 97, 101
Silvio Santos, 85-86
sindicatos, 47, 112, 223
síndrome de Down, 191-192
Sistema da Melhoria Contínua, 229, 242
sistema operacional, 155, 181, 237-238
Sistema Toyota de Produção, 47-48, 98-100, 230-231
sites, 17, 27, 45, 73, 95, 102, 123-125, 128, 152, 235
Slinky (mola maluca), 171
slogans
　"A inabalável busca da perfeição", 242
　"A melhor ficou ainda melhor", 219
　"A qualidade vem em primeiro lugar", 111
　"As novas regras para os negócios", 213
　"É comigo, sim", 60
　"Exija Coca-Cola genuína. Recuse imitações", 108
　"Impossible is Nothing" (Nada é impossível), 242-243
　"Não ponha um resfriado no bolso. Use Kleenex", 151
　"Pelo ar, para o seu lar", 232
Smiley, 228
SMS, 250
Só os paranoicos sobrevivem (Grove), 35
Société Suisse pour l'Industrie Horlogère, 32
sofrimento, oportunidades disfarçadas no, 159-164
software, 138, 181-182, 236, 238
Song, Mike, 253
Sonneborn, Harry, 82
Sony, 22, 23, 26, 217-218
Spencer, Percy, 171
Spirit of Delta, The (primeiro Boeing 767), 102

Spirit of Ecstasy (Sykes), 61
St. Paul, Minnesota, 101-102
Starbucks, 130, 144, 172, 173, 194, 256
Starbucks Coffee, Tea, and Spice, Seattle, 130
Starck, Philippe, 23, 52
status *ver* luxo, mercado de
Sterilair, 189, 252
Stern, irmãos, 42
Strauss, Levi, 70, 215
Studio Pilates, EUA, 200
Suíça, 31-33, 49, 72, 168, 175, 180-181
Sullivan, Thomas, 88
Sun Tzu, 212
suor, composição do, 196
Super Bowl (1994), 87
Super Cub ("cinquentinhas"), 67-68
Super Mario Bros. (Nintendo), 19
Surowiecki, James, 17-18
sustentabilidade, 43, 46, 192-194
Swiffer, 73
Swiss Watch (Swatch), 33
Sykes, Charles, 61

T

talentos, reter os, 93-94, 100-102
TAM, 25-26, 56, 60, 111, 216
　acidente do Focker 100 (1996), plano de ação, 197-198
　explosão do Airbus (2007), 199
　"Fale com o Presidente", serviço da TAM, 60
　ver também Amaro, Rolim Adolfo
Tang, 210, 212
Target, 51-53
Taylor, Bill, 213
Tchecoslováquia, 153
Teatro do Mundo (Gedeão), 257-258
tecnologia, 17, 32, 62, 70, 74, 104, 99, 134-135, 145-147, 152, 161, 182, 200, 213, 233, 248, 253-255
Teddy (urso de pelúcia), 182
telemarketing, 58-59
Teoria da Evolução, 105
teorias e regras, necessidade de adaptá-las, 248-249
terceira idade, mercado da, 232-235
termodinâmica, 116
Tesla, 255

testagem, 70-71, 89-90, 109-110, 139, 147, 151, 188-189, 219, 230-231
The ROKR, 146
Tigres Asiáticos, 248
Time, 202, 204
Toshiba, 147
Toulouse-Lautrec, 203
toxina botulínica (Botox), 109-110
Toy Power, 174
Toy Story (1 e 2), 154
Toyoda, Kiichiro, 230
Toyota, 36, 47, 48, 98-100, 148-150, 223, 229-231, 240-242, 255-256
    Idea Expo Annual, 99
    Obituário Corporativo, 255-256
    Sistema da Melhoria Contínua, 229, 242
    Sistema Toyota de Produção, 47-48, 98-100, 230-231
Toyota: A fórmula da inovação (May), 99
Toyota Celica, 150
Toyota Corolla, 47-48, 150
Toyota Crown, 148-150
Toyota Mirai, 256
Toyota Prius, 256
Toys "R" Us, 63
trabalho, oportunidades disfarçadas no, 170-174
trabalho informal, 63-64
tradição, 31-32, 35-36, 73, 76
Transbrasil S.A., 232
transformações ao redor, oportunidades disfarçadas nas, 180-182
treinamentos, 47-48, 57, 59, 113, 137, 194
trens em miniatura, 170
3M, 26, 95-96, 101
Tupper, Earl Silas, 100-101
Tupperware, 101
turismo e aviação, indústria de, 18, 50, 94-95, 102, 119, 180
Turner, Ted, 118, 131
TV, 43, 86-87, 118, 125, 178, 224
Twain, Mark, 122, 251

U

Ulrich, Bob, 51
União Soviética, 15, 131, 153
União, 30
United Airlines, 50
UnitedHealth, 239
Universidade da Flórida, 89, 196
Universidade de Oregon, 168
Universidade do Texas, 125
Universidade Harvard, 181
Universidade Yale, 77
urânio, 209
Urus Super, 214
US Airways, 50

V

vacina antirrábica, 171
Vale do Silício, 17
Valentim, padre, 44
vale-presente, 94
Valor Econômico, 131
Van Gogh, 41
Vanderbilt, Cornelius, 216
vantagem competitiva, 63, 105, 248
Vargas, Getúlio, 39
varíola, 179-180
Veja, 111-113
Velásquez, 203
velcro, 175
Veloso, Caetano, 141
Veloso, Janete, 82
Verissimo, Luis Fernando, 19
Vermeer, 41
Versace, 168
Vespa, 202
viagens, oportunidades disfarçadas nas, 94, 119, 177-180
Viagra, 110
Victoria's Secret, 137
Victorinox, 72, 181
Vida de inseto (1998), 154
videogames, 19
Virgin Atlantic, 77
Vitória, rainha, 137
Volkswagen, 148
Volvo, 241
Vuitton, Louis, 180
Vulcabrás, 43

W

walkman, 62, 216-220

Wall Street Journal, 112
Walmart, 51-53, 59
Walton, Sam, 51, 59
Ward, William Arthur, 231
Warhol, Andy, 107
Washington Post, 27
Watson, Thomas, Jr., 113
We Got Fired!... And It's the Best Thing That Ever Happened to Us (Mackay), 157
Webber, Alan, 212-214
Welch, Jack, 96, 253
Wells, Horace, 176
Wexner, Leslie, 136-137
Wham-o Company, Frisbee, 77
WhatsApp, 250
Willys-Overland, 202
Wilson, Charles, 119
Winfrey, Oprah, 157

Woodruff, Robert, 201
World Publishing Company, 260
World Trade Center, 62

X

Xerox Corporation, 14, 140, 250

Y

Yahoo!, 122
Yashica, 189
YouTube, 152

Z

Zagat, 122
Zagat, Nina, 122
Zagat, Tim, 122
zona de corforto, sair da, 255-256

CONHEÇA OS LIVROS DE CARLOS DOMINGOS

Oportunidades disfarçadas

Oportunidades disfarçadas 2

Para saber mais sobre os títulos e autores da Editora Sextante,
visite o nosso site e siga as nossas redes sociais.
Além de informações sobre os próximos lançamentos,
você terá acesso a conteúdos exclusivos
e poderá participar de promoções e sorteios.

sextante.com.br